大模型前沿技术与应用丛书

机密虚拟化
云计算大模型时代的数据安全新范式

宋川 朱运阁 ◎ 主编
杜凡 惠思远 王立刚 ◎ 著

電子工業出版社

Publishing House of Electronics Industry

北京·BEIJING

内 容 简 介

伴随着人类社会对数据隐私保护需求的增长,隐私计算尤其是机密计算已经成为技术领域的焦点。本书重点介绍了机密计算,特别是机密虚拟化的核心概念、实现原理以及实际应用案例。本书分为四篇:基础概念、架构实现、实践案例和未来展望。基础概念篇介绍了云计算对数据安全与隐私保护的需求,重点讨论了隐私计算,尤其是机密计算的基础概念及技术演进趋势。架构实现篇则聚焦于机密虚拟化,分析了其出现的背景及典型的技术实现,并以英特尔的TDX技术为例,深入探讨其微架构、指令体系、系统软件实现等内容。实践案例篇通过剖析具体案例,探讨了机密计算在云业务场景中的应用及其带来的收益,涵盖了人工智能、大模型、数据库等领域。未来展望篇则从技术、生态和规范等角度,展望了机密计算未来发展的方向和机遇。

本书适合具有一定数据安全基础的高等院校学生、研究机构的研究者,以及希望深入研究机密计算技术原理和应用的工程师阅读。同时,本书也适合对云数据安全、机密计算、机密虚拟化等技术领域感兴趣的从业者参考。

未经许可,不得以任何方式复制或抄袭本书之部分或全部内容。
版权所有,侵权必究。

图书在版编目(CIP)数据

机密虚拟化 : 云计算大模型时代的数据安全新范式 / 宋川,朱运阁主编. -- 北京 : 电子工业出版社, 2025. 8. -- (大模型前沿技术与应用丛书). -- ISBN 978-7-121-51106-6

Ⅰ. TP274

中国国家版本馆 CIP 数据核字第 2025M9H453 号

责任编辑:宋亚东　　　文字编辑:张　晶
印　　刷:三河市兴达印务有限公司
装　　订:三河市兴达印务有限公司
出版发行:电子工业出版社
　　　　　北京市海淀区万寿路 173 信箱　邮编:100036
开　　本:720×1000　1/16　印张:15.75　字数:353 千字
版　　次:2025 年 8 月第 1 版
印　　次:2025 年 8 月第 1 次印刷
定　　价:108.00 元

凡所购买电子工业出版社图书有缺损问题,请向购买书店调换。若书店售缺,请与本社发行部联系,联系及邮购电话:(010)88254888,88258888。
质量投诉请发邮件至 zlts@phei.com.cn,盗版侵权举报请发邮件至 dbqq@phei.com.cn。
本书咨询联系方式:syd@phei.com.cn。

推荐序 1

在数字经济时代,数据已成为核心生产要素,但其流动性与共享需求也面临前所未有的挑战。数据安全与隐私保护是数字经济健康发展的基石,如何在充分发挥数据价值的同时保障数据安全,成为亟待解决的重要课题。

机密计算通过构建基于硬件的可信执行环境,实现对数据在使用过程中的保护,为解决上述问题提供了创新方案。机密虚拟化技术融合了机密计算与虚拟化技术,在保持虚拟化灵活性和兼容性的基础上,为虚拟机环境提供了强大的安全保障。相较于进程级机密计算,机密虚拟化显著降低了应用门槛。在严谨安全设计的保障下,基于机密虚拟化的数据要素流通实践将加速涌现。

本书系统且全面地介绍了机密虚拟化技术的理论基础、架构实现、实践应用和未来发展。作者从基础概念入手,深入剖析了以英特尔 TDX 为代表的机密虚拟化技术架构,并通过联邦学习、可信大模型、机密数据库等典型应用场景,展示了机密虚拟化技术的实际价值。

在数据要素市场化进程加速的背景下,本书的出版恰逢其时。相较于机密计算领域已出版书籍,本书独树一帜,通过理论与实践的结合、多技术路线的并举、前沿性与实用性的兼具,为读者提供了一本全面、深入、实用的技术指南。

正如加密技术重塑了互联网的信任机制,以机密计算为代表的密态计算技术,将重塑数据安全使用的规则,引领我们进入密态时代。本书正是理解并驾驭这次时代变革的必备指南,推荐所有关心数据安全、系统安全、数据要素流通的同仁阅读。

闫守孟

蚂蚁密算科技 CTO

推荐序 2

随着企业数字化进程的加速，企业 IT 系统上云已经成为广大企业的首选。云计算技术的资源弹性灵活和开箱即用的特点，满足了企业 IT 系统建设的需求。同时，云计算多租户的技术属性也让人们更重视云上数据的安全，而大模型技术的广泛应用，进一步引起了让人们对训练数据和大模型安全的重视。

然而，数据和信息安全技术覆盖范围广泛，芯片计算和数据安全涉及芯片底层的技术原理，往往难以理解。同时，市面上缺少对机密计算技术尤其是最新的机密虚拟化技术进行系统化介绍的文献或者书籍。

英特尔作为计算机芯片技术的开拓者，在 CPU 芯片和基础架构安全等领域有着深厚的技术积累。本书作者均来自英特尔，在机密计算、虚拟化和云计算领域深耕多年，具备丰富的实战经验和扎实的技术积累。本书聚焦最新的机密虚拟化技术，围绕其技术原理、工程实现与应用路径，进行了全面和深入的分析，能够帮助大家理解并合理运用该项技术。

本书首先介绍了数据安全和机密计算的发展历程和基本概念，然后从芯片指令体系、虚拟化软件、I/O 设备虚拟化等方面详细讲述机密虚拟化技术的技术架构，最后通过联邦学习、可信大模型、云数据库、区块链、异构计算、远程认证服务等几个方面介绍了机密计算技术的实践案例和应用场景。

本书可以帮助 IT 技术人员及云计算从业者理解机密计算技术的核心原理，保障企业 IT 系统和数据的云上安全。

郑然

百度杰出架构师，百度智能云技术委员会联席主席

推荐序 3

数智化技术的快速发展与广泛应用显著加快了社会创新的步伐，并深刻引领着产业变革的浪潮。数智化系统及数据资源的重要性急剧增加，成为不可或缺的核心要素。与此同时，其价值与风险并存，从个人隐私到企业机密，从国家安全到数字经济的健康发展，数据安全与隐私保护已不再是一个技术命题，而是关乎社会信任与科技发展的核心议题。然而，传统安全架构在应对 AI 大模型、异构计算等新兴场景时逐渐显露出局限性，亟须一种全新的范式来重构安全边界。

作为一本兼具深度与广度的技术著作，本书以机密计算技术为核心主线，构建了一个完整的知识体系。从基础概念到技术内核，作者以严谨的工程和全栈安全视角还原了机密计算的实现路径，展现了硬件虚拟化与安全隔离的深度融合。同时，结合联邦学习、可信大模型、区块链等前沿场景，通过对阿里云、蚂蚁、英伟达等真实产品案例的介绍，为行业提供了重要的实践价值和参考范式。此外，本书展望了机密计算技术演进的路线，强调了标准化生态与法规监管的重要性，体现了对技术发展与治理平衡的思考。

本书不仅是一本技术手册，更是一份推动行业生态协同的指南。在数据安全成为全球竞争高地的今天，本书的出版恰逢其时，它不仅回应了时代的迫切需求，更为技术革新与产业变革提供了坚实的理论支撑与实践指引。

龙勤

阿里云基础软件系统安全团队负责人，龙蜥社区安全联盟主席

推荐序 4

数据已经成为数字时代的基石！过去十年，全球数据量以约 25% 的年复合增长率迅猛增长，预计到 2025 年将达到惊人的 181ZB。传统的数据安全手段主要聚焦于数据在传输和存储过程中的保护，但在使用和处理阶段，数据的安全依然存在明显的短板。机密计算正是为此而生，它通过基于硬件的可信执行环境，在数据使用和处理过程中实现持续保护。在云部署时代，数据使用和处理阶段往往也是面临风险最大的阶段。

虚拟化技术是支撑云计算和大模型的基础计算架构，本书深入探讨了机密计算与其的融合方法。

本书第一部分介绍了数据隐私的基本原理，概述了数字时代面临的安全挑战，并系统梳理了各类隐私保护技术。第二部分介绍了多种机密计算架构，随后以英特尔的信任域扩展技术为例深入剖析了机密虚拟化技术的实现原理。

尤为重要的是，本书并未局限于理论探讨，第三部分着力将理论转化为实践，带领读者深入探索机密计算以及机密虚拟化技术在联邦学习、云数据库、大语言模型、区块链及异构计算场景中的实际应用。这些案例不仅彰显了机密虚拟化技术的巨大潜力，亦为从业者、研究人员及企业实施同类解决方案提供了实用性的操作指南。

第四部分着眼未来，探讨攻击者与防御者间持续的攻防博弈，剖析生态系统标准化的必要性，并阐释政策法规在构建可信数字基础设施过程中起到的关键作用。本书借此提示读者：技术并非万能的，信任需要系统性构建、持续性维护与科学性治理。

本书是技术人员、云架构师、网络安全从业者及政策制定者的必备工具书。无论您是从事安全平台设计、隐私技术研究，还是制定数字政策，都能从中获得兼具技术深度与战略前瞻的专业指导。

  信任、隐私与安全终将定义人类的数字未来。作者通过这本著作，为构建可信安全的数字未来提供了一份路线图与实践工具指南。

Mohan J. Kumar

英特尔院士

推荐序 5

机密计算范式是过去十年计算机安全领域中最令人兴奋的发展之一。它推动了进攻性和防御性安全研究探索,在数据和信息的价值成为影响当今世界的关键因素,并在人工智能驱动的未来愈发重要的背景下,这些探索变得日益重要。

英特尔在开放平台的安全技术研发上有着引以为傲的历史,这些技术最终推动了计算范式向机密计算的演进。今天的机密计算技术可以追溯到英特尔可信执行技术和可信平台模块,它们首次引入了认证原则以及对软件系统进行度量的能力。从那时起,英特尔推出了软件保护扩展技术,为应用程序提供了强大的机密计算安全隔离能力,而最近推出的可信域扩展技术,将数据安全隔离能力延伸至整个虚拟机。

机密计算范式开启了全新的数据安全工具时代,赋能全球信息经济持续发展。之所以称其为"范式",是因为迈向机密计算不仅需要硬件的变革(处理器和关键计算设备),还需要对其上运行的软件栈(操作系统、虚拟机管理器、应用程序等)进行调整,并引入通过认证来满足平台可信度的需求。

本书作者团队长期致力于机密计算技术的研究与实践,并积极将其应用于解决当今乃至未来的关键问题。这本书凝聚了他们在多年使用机密计算技术解决现实问题过程中积累的实践经验和理论知识。

本书分为四部分:第一部分提供理解机密计算范式所需的基本概念和背景;第二部讲解机密虚拟化所需的硬件和软件架构实现;第三部分展示机密计算以及机密虚拟化令人兴奋的实际应用;第四部分展望机密计算的发展前景。

相信任何对机密计算感兴趣的从业者和研究者都能从本书中得到有益的收获。

Simon Johnson

英特尔院士,机密计算架构负责人

专家寄语 1

大模型的快速发展加速了云计算的普及,也让数据安全和隐私保护面临前所未有的挑战。本书凝聚了作者在机密计算领域的深厚造诣,系统梳理了从机密虚拟化的架构设计到应用落地的技术全景。内容兼具理论深度与实践价值,为构建可信基础设施提供了宝贵参考,是相关领域从业者和研究者深入了解这个领域的重要读物。

刘煜堃

阿里云安全保障研发负责人

专家寄语 2

在大模型引领的数字化浪潮中,数据安全与隐私保护已成为技术发展的核心命题。本书以机密计算为技术支点,系统解析虚拟化场景中可信执行环境的底层架构,覆盖了机密大模型推理等前沿场景的案例,并探讨了异构计算协同防护等技术趋势,为云计算与人工智能安全领域的从业者及研究者构建了从理论到产业落地的知识体系,非常值得一读!

张尧

抖音集团机密计算技术专家

专家寄语 3

机密计算作为一项融合体系架构、操作系统、密码学等多元领域的创新安全技术，其复杂性使得深入理解颇具挑战。本书难能可贵地以"垂直整合"的视角，系统梳理了机密虚拟化的核心技术栈，为读者构建起全面且深入的认知框架。它不仅有助于突破技术门槛，更能启发业界在数据安全与隐私保护领域的新思考，是理论与实践兼备的扛鼎之作。

田洪亮
蚂蚁集团技术研究院研究员

专家寄语 4

在云计算与大模型技术迅猛发展的今天，数据安全与隐私保护已成为全球关注的焦点。本书的问世恰逢其时，为这个领域提供了系统和深入的理论指导与实践参考。本书从基础概念到架构实现，从技术原理到实践案例，全面剖析了机密虚拟化的技术原理与应用场景，不仅深入探讨了数据安全、隐私保护和机密计算等关键技术，还结合联邦学习、可信大模型和云数据库等前沿应用，介绍了机密虚拟化的广阔前景。书中对异构计算、远程认证服务等新兴领域的探索，更是为读者打开了未来技术发展的新视野。

作为一项颠覆性的技术，机密虚拟化正在重塑云计算与大模型时代的安全范式。本书的出版，不仅为从业者提供了宝贵的知识资源，也为学术界和产业界的进一步研究与实践奠定了坚实基础。相信本书将成为推动数据安全技术发展的重要力量，助力构建更加安全、可信的数字未来。衷心祝愿本书的读者能够从中汲取灵感，共同探索机密虚拟化技术的无限可能，为数字时代的安全与创新贡献力量。

张锋巍

南方科技大学研究生院副院长，长聘副教授、研究员、博导、国家级青年人才

前　　言

随着数据安全和隐私保护需求的不断提升，以实现"数据可用不可见"为核心目标的隐私计算理念逐渐深入人心。其中，基于硬件辅助的机密计算技术凭借卓越的安全性与高效性，在数据隐私保护与计算效率之间取得良好平衡，成为隐私计算领域"鱼与熊掌可兼得"的主线技术方案。

今天的云计算和数据中心主要构建在虚拟化架构之上，虚拟化技术提供了资源隔离、弹性扩展等多种技术优势，实现计算资源的高效分配和灵活调度。然而，虚拟化技术诞生伊始主要侧重于提升资源利用率和系统性能，而数据安全和隐私保护，尤其是"数据可用而不见"的理念，并不是传统的虚拟化架构设计时的核心考量。伴随着云计算的应用以及数据价值的不断提升，其在数据安全及隐私保护等方面面临诸多挑战，例如，宿主机、虚拟机管理器（VMM）或云服务商可能在未经授权的情况下访问用户数据，带来潜在的隐私泄露和安全风险，因此亟须引入更强的数据隔离机制以及可信的运行环境，来应对新一代云计算对数据安全的更高要求。

将机密计算技术应用于虚拟化领域，催生了机密虚拟化技术的诞生。机密虚拟化通过将机密计算构建的硬件级可信执行环境用于承载虚拟机，确保在即使多租户的云环境下，租户的数据和业务逻辑也能始终处于被机密计算保护的状态，有效消除传统虚拟化架构中的数据安全风险，提升云计算环境中的数据保护能力。这一技术的应用，使云服务提供商和企业租户能够在保障数据隐私的同时，灵活、高效地享受云计算带来的便捷和成本优势，推动了机密计算的普惠化和大众化。

顺应这种技术趋势，主流的处理器提供商，无论是 x86、ARM 还是 RISC-V，都纷纷推出支持机密虚拟化的架构方案，以保障云端和本地计算环境中的数据机密性。同时，各大云服务提供商也在积极部署相关技术，国外的谷歌、Azure、AWS 以及国内的阿里云、百度智能云、字节火山云等纷纷推出了涵盖机密虚拟机、机密容器以及异构机密实例在内的多种机密计算的云服务能力，旨在满足企业在互联网应用、机器学习、模型推理、云数据库等不同场景下对数据安全和隐私保护的迫切需求。

2024年，伴随着终端场景中大模型应用的兴起以及从业者对数据安全和隐私保护的日益关注，苹果公司推出了私人云计算（Private Cloud Computing，PCC），首次将机密计算的需求透射到数以亿计的手机终端的消费者市场。今天，无论是"数据可用不可见"的理念，还是隐私计算与机密计算的技术实现，已不再是曲高和寡、养在深闺人未知的神奇魔法，而是逐渐成为普罗大众触手可及且能广泛应用的普惠能力，不仅为个人和企业提供了更加安全和高效的计算体验，也为数据隐私和安全带来前所未有的保障。

中国作为全球最大的互联网市场，数字化转型的步伐不断加快，推动数据要素市场做大做强已成为经济转型成功的关键所在。在这一过程中，提升数据安全和隐私保护能力，正逐渐成为构建数据要素市场，保障数字经济健康发展的核心要素。机密虚拟化技术作为应对数据保护需求的重要手段，在中国市场正展现出巨大的潜力和广阔的应用前景。

自2021年起，本书作者所在的团队便与国内多家头部互联网企业紧密合作，共同推进机密虚拟化技术的产品研发、完善及业务落地。在实践过程中，我们深刻感受到中国这一庞大市场孕育出的多样、复杂且具有前瞻性的需求，不仅为机密计算技术的发展提供了肥沃的土壤，也持续推动着其技术理论与应用模式的持续创新。为更好应对这一趋势，一本能够系统阐述机密虚拟化的技术背景、实现原理及业务应用的专业著作显得尤为重要。

为什么撰写本书

机密虚拟化作为保障云上数据安全的关键技术，近年来受到广泛关注。然而，其体系庞杂，涉及多个技术领域，学习门槛较高。作为长期深耕于该领域的从业者，我们在实践中积累了丰富的经验和技术心得。在研究和实践过程中，我们也深感市面上缺乏一本系统、深入且注重实操的关于该领域的技术参考书。

为此，我们希望从实践视角出发，整理长期积累的认知与应用经验，撰写本书，全面解析机密虚拟化的核心原理与应用实践，阐明其在数据安全与隐私保护中的关键价值，帮助读者更好地理解、掌握并应用这项重要技术。为确保内容的系统性与前沿性，我们查阅了大量国内外资料，跟踪行业动态，最终完成了本书的写作。限于时间与能力，书中难免存在不足，恳请读者批评指正。

本书特色鲜明，知识体系清晰，从云时代对数据安全与隐私保护的基础需求出发，层层递进，深入剖析机密虚拟化技术的演进路径、架构原理、工程实现及应用案例，娓娓道来，力求为读者勾勒出一幅理论与实践并行的技术全景图。一方面，注重理论与工程实践结合，考虑到机密虚拟化的技术复杂性，选取英特尔可信域扩展（TDX）为核心案例，系统剖析其微架构设计、指令机制、高级特性及软件生态，帮助读者真正做到"知其然，更知其所以然"。另一方面，紧贴行业需求，结合联邦学习、大模型、异构计算、云数据库、区块链等典型应用，全面展示机密计算，尤其是机密虚拟化技术在云计算与大模型时代的应用模式与行业价值。

无论是对于初入门的技术爱好者，还是对于有意深入探索的专业人士，本书都将是一本极具参考价值的实用指南。

如何阅读本书

这是一本关于机密计算技术的专业书籍，内容丰富且具有深度，读者该如何高效利用这本书呢？

在阅读本书前，建议读者具备数据安全、云计算、计算机技术等相关基础知识，对常见的加密技术、虚拟化概念有一定了解，这样更有助于理解书中内容。

本书采用由浅入深的结构，按"基础概念 → 架构实现 → 应用案例 → 未来展望"的顺序编排，适合初学者循序渐进地学习。为充分吸收书中知识，建议按照以下三个阶段进行阅读。

第一阶段：整体通读。

先通读全书，重点理解数据安全、机密计算与机密虚拟化的基本概念与总体框架。

对于技术细节和复杂实现，可以先略读，为后续深入学习打下基础。

第二阶段：深入剖析。

以 Intel TDX 技术为主线，深入理解机密虚拟化的微架构、指令系统和安全机制，并结合 AMD、ARM 等技术的实现，分析不同技术路径的差异与共性，形成系统认知。

第三阶段：针对性研读。

结合自身兴趣或项目需求，有选择地阅读相关章节。例如从事大模型应用的读者可重点关注对应章节的可信大模型方案以及异构机密计算的内容；关注云数据库安全的读者可深入研究机密数据库技术与方案。

若读者已具备机密计算领域的实践经验，则可按需跳读，直接查阅感兴趣的技术细节或案例内容。值得强调的是，学习机密计算不仅需要阅读，更需要实践。建议读者在研读本书的同时，结合实验环境、开源项目或实际系统，动手构建和验证相关技术，持续探索，不断深化理解与应用能力。

本书得以顺利付梓，离不开多方的鼎力支持。在此，谨向所有为本书提供指导、审阅以及帮助的人士致以诚挚谢意。特别要感谢参与本书审稿的国内外专家（名单按笔画和字母顺序排列）：于国瑞、刘双、刘煜堃、龙勤、田洪亮、闫守孟、张尧、张佳、张锋巍、汪晟、李志明、郑然、周翔、周爱辉、杨继国、胡潇、郭伟、Mohan J. Kumar、Mona Vij、Simon Johnson 等，感谢他们在百忙之中不辞辛劳、拨冗审阅书稿，提出了许多宝贵而深刻的意见，或慨然作序，或惠赐寄语，或细致批阅。专家们的专业视角与真知灼见，对提升本书内容质量与专业水平起到了关键作用。同时，特别感谢电子工业出版社的出版团队及本书责任编辑宋亚东先生，感谢他们严谨细致的工作与全程支持。还要对在成书过程中给予我们关心和帮助的各位同仁与朋友，致以诚挚谢意。

在本节完成之际，2025 年火山引擎春季 FORCE 原动力大会正在北京召开。会上，字节跳动火山引擎正式发布了 Jeddak AICC，以及联想依托该技术推出的面向大模型应用的 PC 终端领域首个"可信个人云"。还记得两年前，阿里云发布国内首个机密虚拟化的计算实例产品时，产品负责人曾提出，"机密计算应该是普惠的，是通用化、平民化的"，当时坐在台下的我深以为然。短短数年，国内的机密计算市场经历了快速而深刻的变革：从 IaaS 到 PaaS，到 SaaS，再到 MaaS，部署形态和应用场景日益丰富；从数据库、科学计算，到大模型、生成式 AI，再到如今终端智能体场景下的"可信个人云"，无不体现出数据安全与隐私保护已成为这个时代的基本诉求，也彰显了中国市场对创新技术的高度包容与快速响应。

在这一路的探索与实践中，我有一个愈发深刻的体会：我们始终被客户、被需求"推着"走。这种推力不仅源于技术自身的演进，更来自市场和需求的内在驱动，带来前所未有的紧迫感与现实感。正是这股力量，让技术创新不再抽象或枯燥，而是变得真实、具体、有温度。也正因此，我们更应以坚定的技术信念和务实的行动，持续前行，全力以赴。

宋川 朱运阁
2025 年 6 月

读者服务

微信扫码回复：51106

- 获取本书配套代码资源。
- 加入本书读者交流群，与更多读者互动。
- 获取【百场业界大咖直播合集】（持续更新），仅需 1 元。

目 录

第一篇 基础概念

第1章 数据安全与隐私保护 ... 3
1.1 数字化发展带来的机遇 ... 4
1.1.1 数字化的价值 ... 4
1.1.2 国内数字化发展战略 ... 5
1.1.3 全球各国数字化发展战略 ... 6
1.2 数据安全面临的挑战 ... 7
1.2.1 数据隐私保护的重要性 ... 7
1.2.2 数据安全的影响 ... 8
1.2.3 数据生命周期的安全 ... 9
1.3 隐私保护技术 ... 11
1.3.1 隐私保护技术基本概念 ... 11
1.3.2 隐私保护技术基本分类 ... 12
1.3.3 各类技术比较 ... 17

第2章 云计算中的机密计算 ... 19
2.1 云计算及数据安全需求 ... 20
2.1.1 云部署下的数据安全 ... 20

2.1.2 数据全生命周期保护 ································ 21
2.2 机密计算技术演进 ·· 22
    2.2.1 机密计算的定义 ··································· 22
    2.2.2 发展历程及现状 ··································· 23

第二篇　架构实现

第 3 章　机密计算技术 ·· 29
3.1 可信执行环境技术产生 ···································· 30
3.2 防护域和攻击模型 ·· 30
3.3 机密计算和可信执行环境技术纵览 ························ 31
    3.3.1 ARM 架构 ·· 32
    3.3.2 x86 架构 ··· 36
    3.3.3 RISC-V 架构 ······································· 42
    3.3.4 特性差异 ·· 46
3.4 机密虚拟化 ··· 47

第 4 章　机密虚拟化架构与实现 ································ 48
4.1 微架构 ·· 49
    4.1.1 威胁模型 ·· 50
    4.1.2 架构设计 ·· 51
    4.1.3 TCB 构成 ·· 53
    4.1.4 内存保护机制 ····································· 54
4.2 指令体系 ··· 54
    4.2.1 指令体系 ·· 55
    4.2.2 元数据管理 ······································· 57
    4.2.3 内存管理 ·· 60
    4.2.4 处理器虚拟化 ····································· 62
    4.2.5 服务型可信域 ····································· 66

目　录

  4.2.6　度量与认证 66
4.3　虚拟化软件 68
  4.3.1　虚拟化原理 68
  4.3.2　虚拟机软件的实现 69
  4.3.3　虚拟机监控器实现 72
4.4　I/O 设备虚拟化 77
  4.4.1　传统 I/O 设备 77
  4.4.2　TEE-I/O 设备 79
  4.4.3　TEE-I/O 安全模型 81
  4.4.4　TEE-I/O 设备认证 84

第 5 章　高级特性探秘 89

5.1　远程认证 90
  5.1.1　可信域度量信息生成 91
  5.1.2　可信域引证生成 93
  5.1.3　度量报告及生成 94
  5.1.4　可信域引证数据结构 98
  5.1.5　可信域引证验证 100
5.2　热迁移 102
  5.2.1　热迁移流程 103
  5.2.2　状态和数据迁移 107
5.3　嵌套虚拟化 108
5.4　TCB 在线升级 108
5.5　内存完整性 109

第 6 章　机密虚拟化软件形态 115

6.1　机密虚拟机 116
  6.1.1　虚拟化技术原理 116
  6.1.2　机密虚拟机技术概念及发展 117

    6.1.3 安全机制 ··· 118
    6.1.4 I/O 数据保护 ·· 120
  6.2 机密容器 ··· 121
    6.2.1 容器运行时安全 ·· 121
    6.2.2 机密容器架构 ··· 123
    6.2.3 主要特性 ··· 124
  6.3 安全操作系统 ··· 129
    6.3.1 操作系统安全 ··· 129
    6.3.2 星绽操作系统内核 ··· 132
    6.3.3 基于机密计算构建安全操作系统 ·· 133
  6.4 TDX 的系统软件栈 ·· 138
    6.4.1 基本组件 ··· 138
    6.4.2 Linux 发行版的支持 ··· 140

第三篇　实践案例

第 7 章　联邦学习 ··· 145
  7.1 联邦学习介绍 ··· 146
  7.2 机密计算与联邦学习的结合 ·· 148
  7.3 横向联邦学习方案 ··· 149

第 8 章　可信大模型 ··· 153
  8.1 构建安全可信大模型 ··· 154
    8.1.1 大模型数据安全隐患 ··· 154
    8.1.2 机密计算助力构建可信大模型 ·· 156
  8.2 可信大模型应用场景 ··· 157
  8.3 大模型密态计算平台案例 ·· 159
    8.3.1 TrustFlow ·· 160

8.3.2　蚂蚁密算大模型服务 163

第 9 章　云数据库 167

9.1　云数据库与数据安全 168

9.2　全密态数据库 169

9.3　典型案例 173

　　9.3.1　瑶池全密态数据库 173

　　9.3.2　EdgelessDB 174

　　9.3.3　高斯密态数据库 175

第 10 章　区块链 177

10.1　区块链技术 178

10.2　区块链应用的挑战 179

10.3　典型案例 181

　　10.3.1　Azure 机密账本 181

　　10.3.2　蚂蚁隐私保护合约链 182

　　10.3.3　机密计算在隐私公链中的应用 184

第 11 章　异构计算 187

11.1　异构计算与安全性挑战 188

　　11.1.1　异构计算 188

　　11.1.2　优势分析 189

　　11.1.3　安全性挑战 189

11.2　异构机密计算 191

　　11.2.1　发展历程 192

　　11.2.2　商用机密计算 GPU 193

11.3　应用案例 195

　　11.3.1　异构计算中的远程认证 195

　　11.3.2　构建机密 AI 训练 197

第 12 章　远程认证服务 ……………………………………………………… 199
12.1　MAA ………………………………………………………………… 200
12.1.1　MAA 概览 …………………………………………………… 200
12.1.2　MAA 应用案例 ……………………………………………… 201
12.2　ITA …………………………………………………………………… 202
12.2.1　ITA 架构 …………………………………………………… 202
12.2.2　ITA 应用案例 ……………………………………………… 205

第四篇　未来展望

第 13 章　安全防护的持续完善 ……………………………………………… 213
13.1　侧信道防御能力提升 ………………………………………………… 214
13.2　可信性的增强 ………………………………………………………… 215
13.2.1　主要局限 …………………………………………………… 215
13.2.2　发展方向 …………………………………………………… 216
13.2.3　零知识证明应用 …………………………………………… 217
13.3　异构计算的协同保护 ………………………………………………… 218

第 14 章　生态系统的协同发展 ……………………………………………… 221
14.1　法规与监管体系 ……………………………………………………… 222
14.1.1　隐私保护立法 ……………………………………………… 222
14.1.2　跨境数据流动体系建设 …………………………………… 223
14.2　多元技术融合 ………………………………………………………… 224
14.2.1　隐私计算融合 ……………………………………………… 224
14.2.2　软件供应链安全 …………………………………………… 225
14.3　标准化生态 …………………………………………………………… 226

参考文献 ………………………………………………………………………… 228

第一篇

基础概念

本篇旨在为读者讲解数据安全、隐私保护、云计算及机密计算等领域的基础概念和核心技术。

第 1 章

数据安全与隐私保护

本章首先讨论数字化带来的机遇，包括数字化的价值以及国内外数字化发展战略，并描述数据安全所面临的挑战，特别是数据隐私保护的重要性和数据安全对企业的影响，同时，延伸出数据生命周期各阶段的安全需求。另外，本章介绍几种主要的数据隐私保护技术，包括安全多方计算、同态加密、差分隐私和可信执行环境，并对这些技术进行比较和分析。

1.1 数字化发展带来的机遇

1.1.1 数字化的价值

我们正处于一个科技高速发展的时代，数字化已经渗透到生活的方方面面，无论是个人消费、企业运营，还是政府管理，都在经历数字化的变革。互联网、移动设备、物联网等技术的普及，为数字化提供了坚实的基础。

在商业领域，数字化已经不再是一种营销策略，而是贯穿整个业务流程的重要工具。以电子商务为例，传统实体店的经营受到时间和地理位置的制约，而电子商务的兴起打破了这些限制，使消费者可以在任何时间、任何地点进行购物。此外，通过数据分析和人工智能技术，商家可以更精准地了解消费者的需求，提供个性化的产品和服务，进一步提升业务效率。

金融行业是数字化技术发展的另一个重要领域。通过大数据、人工智能等技术，金融服务变得更快速、更便捷。例如，移动支付、网上银行等数字化金融产品，使人们可以随时随地进行转账、查询账户等操作。此外，数字化金融还通过风险评估、数据分析等方式，为消费者提供更个性化的金融服务。

在医疗领域，数字化技术的应用也日益广泛。例如，基因测序技术的发展使人们可以更准确地评估疾病风险，从而实现早期预防和治疗。此外，数字化医疗系统可以实时收集患者的健康数据，为医生提供更全面的诊断依据。同时，大数据和人工智能技术在药物研发、治疗方案优化等方面也发挥着重要作用。

数字化已经深入影响了我们的生活和工作，数据作为数字化的核心，其海量、多样、实时的特点为我们带来巨大的价值。有效地利用和管理数据，对于个人、企业和组织来说，都是在数字化时代取得成功的关键。在数字化时代，数据具有以下特点。

- 海量性：随着互联网、物联网、移动设备等技术的发展，数据的产生速度和数量都呈现爆炸性增长。每天都有大量的数据被生成，覆盖了各领域和各方面。
- 多样性：数据的来源和类型变得越来越多样。从社交媒体、电子商务到物联网设备，数据的来源无处不在。同时，数据类型包括了结构化数据、非结构化数据、半结构化数据等。
- 实时性：随着物联网、移动设备等技术的发展，数据可以实时地产生并被处理和分析。这使人们可以更快速地获取信息并做出决策。
- 价值性：数据中蕴含着巨大的价值，尤其是在商业、金融、医疗等领域。通过数据分析和挖掘，人们可以更好地了解市场需求、优化产品和服务、提高效率。

1.1.2 国内数字化发展战略

近年来，我国数字化发展势头强劲，取得了举世瞩目的成就。在数字化技术的推动下，我国经济、社会、文化等各领域都发生了深刻变革。

在经济领域，数字化技术正成为推动经济高质量发展的新引擎。随着互联网、大数据、人工智能等技术的快速发展和应用，传统产业数字化转型升级的步伐不断加快。例如，制造业领域的数字化转型已经成为行业发展的重要趋势。数字化技术的广泛应用不仅提高了生产效率，还降低了生产成本、优化了供应链管理。

在社会领域，数字化技术为人们的生活带来前所未有的便利。移动支付、在线教育、远程医疗等新业态的兴起，让人们的生活更加便捷、高效。同时，数字化技术也为政府管理提供了有力支持，推动了政府数字化转型，提高了政府服务效率和水平。

在文化领域，数字化技术为文化传播和交流提供了新的平台和工具。数字阅读、数字音乐、数字影视等新兴文化形态的快速发展，丰富了人们的精神文化生活，也促进了文化产业的繁荣和发展。

面对数字化发展的新形势和新机遇，我国政府制定了一系列数字化发展战略，以推动数字化技术的广泛应用和深度发展。其中，以下三个方面的战略尤为重要。

- 数字基础设施建设：我国政府加大了对数字基础设施建设的投入力度，加快了

5G 网络、工业互联网、物联网等新型基础设施的建设步伐。这些基础设施的建设将为数字化技术的广泛应用提供有力支持。

- 产业数字化转型：我国政府鼓励和支持传统产业进行数字化转型，通过数字化技术的应用提高生产效率和竞争力。同时，政府加大了对新兴产业的扶持力度，推动数字经济快速发展。
- 数字创新驱动：我国政府高度重视数字创新在推动经济社会发展中的重要作用，加大了对数字创新的投入和支持力度。通过鼓励企业、科研机构等进行数字创新，推动数字化技术的研发和应用，为经济社会发展注入新的动力。

在数字化发展战略的推动下，我国已经涌现出一批数字化发展的典型案例。例如，阿里巴巴集团通过应用大数据、云计算等技术，推动了电商、金融、物流等多个领域的数字化转型，成为全球领先的数字经济体之一。腾讯公司则通过社交网络、游戏、云计算等业务，打造了具有全球影响力的数字生态体系。

除此之外，还有众多传统企业通过数字化转型实现了业务的升级和拓展。例如，海尔集团通过智能化、网络化等技术，推动了家电产业的数字化转型，提高了产品质量和用户体验。中国石化则通过数字化技术提高了油气勘探、生产、销售等各环节的效率和质量。

1.1.3 全球各国数字化发展战略

全球各国都认识到了数字化技术的重要性和战略价值，纷纷制定和实施数字化发展战略，以推动经济发展，抢占未来科技发展的制高点。

美国作为全球科技强国之一，在数字化技术领域具有领先地位，其数字化发展战略主要关注科技创新、产业升级，以及数据治理等方面。例如，美国政府提出了"数字经济"战略，旨在通过加强科技创新和数字化转型，推动经济发展和产业升级。同时，加强数据安全保护，管理维护国家利益和社会公共利益。此外，美国政府还实施了一系列措施鼓励科技创新和数字化转型，例如，增加科研经费、鼓励企业研发创新等。

欧盟作为全球经济最发达的地区之一，高度重视数字化技术的发展，通过制定和实施"单一数字市场"战略等措施，推动数字经济发展，促进产业转型和社会治理创新。例如，欧盟提出了"欧洲数字化议程"，旨在建立统一的数字化市场，促进信息通信技术的创新和应用，同时加强数据安全保护，以维护国家利益和社会公共利益。此外，欧盟还实施了一系列措施鼓励科技创新和数字化转型，如增加科研经费、鼓励企业研发创新等。

全球数字经济规模持续扩展，各主要国家纷纷把数字经济作为缓解疫情冲击、提升经济发展能力的重要手段，并加快发展半导体、人工智能、数字基础设施、电子商务等领域。2022 年，全球 51 个主要经济体数字经济规模为 41.4 万亿美元，较 2021 年增长 2.9 万亿美元，数字经济发展活力持续释放。

1.2 数据安全面临的挑战

随着数字经济的迅速发展和全球化普及，数据已经成为现代社会的重要资源。然而，在数据的收集、存储、使用和传输过程中，数据隐私保护问题也日益凸显。数据隐私保护不仅关乎个人隐私权和信息安全，还涉及社会信任、经济发展和国家安全等方面。

1.2.1 数据隐私保护的重要性

个人隐私是每个人的基本权利之一，包括个人的姓名、地址、电话号码、电子邮件地址、身份证号码等，在未经个人同意的情况下，这些信息不应被收集、使用或泄露。然而，现实生活中侵犯个人隐私的情况屡见不鲜。例如，2018 年，原 Facebook 被曝出 5000 万名用户的信息被黑客攻击，导致用户的姓名、电话号码、电子邮件地址等个人信息泄露。这一事件引起了全球的关注和谴责，人们开始意识到个人信息的脆弱性和数据隐私保护的重要性。这个例子表明，个人隐私保护对于每个人都至关重要，一旦个人信息被泄露，就可能面临各种安全风险，例如诈骗、骚扰，甚至身份盗用等。因此，个人隐私保护是维护个人权益和安全的重要手段。

当个人信息被非法获取、泄露或滥用时，人们容易对相关机构产生不信任感，这种不信任感会影响社会的稳定和和谐。例如，2018 年，Cambridge Analytica 公司通过社交媒体收集了 5000 万名用户的个人信息，并利用这些信息对用户进行心理分析和政治操控。这一事件引发了公众对社交媒体平台和数据隐私保护的强烈关注，对相关平台的信任度下降。这个例子说明，数据隐私保护对于维护社会信任具有重要作用。当个人信息被滥用时，不仅会损害个人的权益和安全，还会破坏社会的稳定和和谐。因此，政府和企业应该加强数据隐私保护的措施和力度，确保个人信息不被滥用和操控。

数据的收集、使用和交易已成为产业，是经济发展的重大机遇。然而，非法获取、泄露、滥用个人信息不仅会破坏市场秩序，还会影响投资者的信心和消费者权益。例如,2019 年 Marriott 酒店集团宣布其全球客户数据库遭到黑客攻击,导致客户的姓名、地址、电话号码等个人信息泄露。这一事件引起了公众对酒店数据保护能力的质疑,导致 Marriott 酒店的股价下跌和客户信任度下降。这个例子表明,数据隐私保护对于经济发展至关重要,当个人信息被泄露时,不仅会影响企业的声誉和形象,还会导致消费者对整个行业失去信心。因此,政府和企业应该加强数据隐私保护的监管力度,确保个人信息不被滥用和泄露。近年来的重大隐私泄露事件及影响如表 1-1 所示。

表 1-1　近年来的重大隐私泄露事件及影响

时间	行业	泄露事件	影　　响
2020 年	医疗保健	Anthem 数据泄露事件	导致医疗欺诈等问题,对医疗保健行业产生负面影响
2021 年	金融	Equifax 数据泄露事件	导致金融欺诈等问题,对金融行业产生负面影响
2022 年	互联网	Zoom 数据泄露事件	导致用户信任度下降等问题,对视频会议软件行业产生负面影响

数据隐私保护还与国家安全密切相关。在信息化战争中,网络攻击和网络犯罪已经成为国家安全的重要威胁。加强数据隐私保护能够提高国家的网络安全防护能力,保障国家安全。例如,2020 年发生的 SolarWinds 攻击事件涉及多个国家和地区的重要机构和组织,包括美国联邦政府、金融机构等。攻击者将恶意软件植入 SolarWinds 公司的软件更新文件,从而获取受害者的网络访问权限和敏感信息。这一事件引起了全球对网络安全的关注和国家安全意识的提高。这个例子说明,数据隐私保护对于保障国家安全具有重要意义。当个人信息和国家机密被泄露时,可能会遭遇敌对势力的网络攻击和间谍活动,导致国家安全受到威胁。因此,政府和企业应该加强数据隐私保护,防范网络攻击和网络犯罪。

综上所述,数据隐私保护对各行业领域的生产建设产生了举足轻重的影响。它不仅能够维护个人隐私权和信息安全,还涉及社会信任、经济发展和国家安全等方面。

1.2.2　数据安全的影响

数字化转型正在全方位地深刻影响当今企业的运营和竞争态势。企业创建、控制和存储的数据量正在急速增长,导致数据治理的需求不断增加。此外,当下的计算环境比以往更为复杂,通常包含公共云、企业数据中心,以及众多边缘设备,如物联网传感器、机器人和远程服务器等。这种复杂性导致攻击面扩大,进而使监测和安全保障的难度增加。

同时，消费者对数据隐私的重视程度也日益提升。公众对数据保护计划的渴求推动了多项新的隐私法规的实施，例如欧盟的《通用数据保护条例》（General Data Protection Regulation，GDPR）和美国的《加州消费者隐私保护法案》（California Consumer Privacy Act，CCPA）等。这些新法规补充并完善了长期存在的数据安全法规体系，例如，《健康保险流通和责任法案》（Health Insurance Portability and Accountability Act，HIPAA）旨在保护健康信息的电子记录，《萨班斯-奥克斯利法案》（Sarbanes-Oxley Act，SOX）旨在保护上市公司股东免受会计错误和财务欺诈的侵害。

数据的商业价值在现代社会显得尤为突出，一旦商业秘密或知识产权（Intellectual Property，IP）丧失，将对企业未来的创新和盈利能力造成重大打击。因此，消费者越来越重视企业的可信度。实际上，有75%的消费者表示，如果他们不相信一家企业能够妥善保护其数据隐私，他们将不会购买该企业的产品。在这样一个数字化快速发展的时代，维护数据安全和隐私已经成为企业取得消费者信任，保持竞争力并确保可持续发展的关键。

1.2.3 数据生命周期的安全

数据是流动的，具有自己的生命周期。根据《信息安全技术 数据安全能力成熟度模型》（GB/T 37988-2019，DSMM），数据生命周期分为数据采集、数据传输、数据存储、数据处理、数据交换和数据销毁六个核心阶段，如图1-1所示。然而需要注意的是，特定的数据所处的生命周期阶段是由其所在的实际业务场景决定的。因此，并非所有数据都会完整地经历上述六个阶段，每个阶段都在特定的场景下发挥作用，并共同构建了一个完整的数据生命周期。这种灵活性确保了数据生命周期能够与实际业务需求相匹配，以实现最佳的数据管理和应用效果。

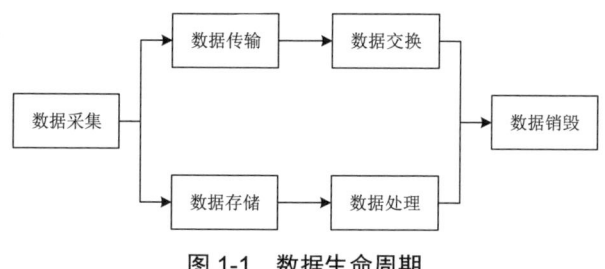

图1-1 数据生命周期

数据采集：该阶段涉及新的数据的产生或现有数据内容发生显著改变和更新。对于组织机构而言，这涵盖了内部系统生成的数据以及从外部获取的数据。数据采集范围广泛，包括语音数据、图片数据、视频数据、用户上网行为埋点、设备地理位置信息、业务或管理系统日志、可穿戴设备等生活信息以及网站信息等，这些都为组织提供了多元化的数据来源。

数据传输：该阶段涉及数据在组织机构内部从一个实体通过网络传输到另一个实体的过程，这个过程中需要保障数据的稳定可靠传输，避免数据在传输过程中的泄露和破坏。

数据存储：该阶段是指非动态数据以任何数字格式进行物理存储的过程。在选择存储技术时，需要根据数据的热度、存储量需求、时效性和读写查询性能等因素进行权衡。存储技术包括传统关系数据库、分布式关系数据库、NoSQL 存储、消息系统、文件系统等，为不同的数据需求提供了多样化的解决方案。

数据处理：该阶段是组织机构针对动态数据进行的一系列活动的组合。它通常涉及数据标准制定、数据清洗、数据质量管理、元数据管理、ETL（提取、转换、加载）过程，以及数据模型设计等，确保数据在后续分析和应用中的准确性和有效性。

数据交换：该阶段发生在组织机构内部与外部组织及个人之间进行数据交互的过程中。在这个阶段，需要确保数据的交换符合相关法规，同时维护数据的完整性和安全性，防止数据泄露。

数据销毁：该阶段通过特定操作对数据和其存储介质进行处理，使数据彻底消失且无法恢复。随着存储成本的降低，很多企业选择"保留全部数据"的策略。但从价值成本角度看，存储超出业务需求的数据并非最佳选择，因此合理的数据销毁策略也是数据管理中不可忽视的一部分。数据全生命周期安全风险如表 1-2 所示。

表 1-2 数据全生命周期安全风险

数据生命周期	数据安全风险
数据采集	数据来源的验证和可信度问题 非法或未经授权的数据采集 数据泄露的风险，特别是在传输过程中 数据分类和标记错误，可能导致敏感数据得不到保护
数据传输	数据在传输过程中被截获或篡改 使用不安全的传输协议，导致数据泄露 网络攻击，如中间人攻击等
数据存储	数据存储不当，导致数据泄露或被篡改 未经授权的访问，包括内部和外部人员 确保存储设备的物理安全，防止数据被盗或损坏 数据备份和恢复过程中的数据丢失或泄露

(续表)

数据生命周期	数据安全风险
数据处理	未经授权的数据访问和处理 数据处理错误，导致数据失真或丢失 恶意软件或病毒对数据造成损坏 算法或模型的偏见，导致不公平的数据处理结果
数据交换	数据在交换过程中被泄露给未经授权的第三方 数据交换协议中的漏洞，允许攻击者获取敏感信息 交换数据的完整性和真实性验证问题
数据销毁	数据未被彻底销毁，仍可被恢复 销毁过程中的数据泄露，如未加密的存储介质被处理 不合规的销毁方法可能导致法律或合规性问题

1.3 隐私保护技术

1.3.1 隐私保护技术基本概念

随着大数据产业的迅速发展，通过优化算法和协议、云平台融合、软硬件协同设计等融合创新，提升计算、交互效率，将是当下和未来隐私计算发展的重要方向，国家政策也对隐私计算产业发展起到了有力的助推作用。工信部发布的《大数据产业发展规划》和《工业大数据发展指导意见（2022）》相继提出，支持企业加强安全多方计算等数据流通的关键技术攻关和测试验证，促进工业数据安全流通。通过技术与制度配套推进的方式实现数据保护，将是隐私计算发展的有效路径。隐私计算从技术层面实现了隐私保护与数据协作之间的动态平衡，对打破数据孤岛、释放数据价值具有不可替代的作用。

隐私计算是一个跨越众多领域的综合性技术体系，该体系在保护数据隐私的基础上，致力于解决数据存储、数据流通、数据应用等一系列数据安全问题，在充分挖掘数据价值的过程中，实现数据的"可用不可见"。从实现方式上，可以将隐私保护技术分为两大类。一类是基于算法加密保护的隐私计算，它通过多种技术手段实现数据在处理和分析过程中的隐私保护，例如，同态加密允许在加密数据上直接进行计算，计算结果解密后与在明文上计算的结果相同。全同态加密（Fully Homomorphic Encryption，FHE）作为同态加密的高级形式，支持更复杂的计算操作。另一类是新兴的安全计算范式——机密计算，它通过在基于硬件的可信执行环境（Trusted Execution Environment，TEE）中进行计算来保护使用中的数据（data in use），确保数据在计算过程中的机密性和完整性。机密虚拟化是机密计算领域的一个重要分支，它通过结合虚拟化技术和机密计算的硬件安全特性，为运行在虚拟机中的工作负载提供了更高级别的安全保护。

1.3.2　隐私保护技术基本分类

1. 安全多方计算

安全多方计算[1]这一概念由姚期智院士于 1986 年首次提出，其核心问题在于如何在缺乏可信第三方的情况下，确保参与方的输入信息在计算过程中的安全性，同时避免向参与方泄露除结果外的任何信息。这一创新理念为数据安全计算领域的发展奠定了基础，并持续引领该领域的进步与突破。

如图 1-2 所示，参与方 A、B、C 参与了安全多方计算。他们分别将各自的输入数据 x_A、x_B、x_C 输入安全多方计算框架，该框架确保数据在计算过程中的安全性。计算完成后，框架返回计算结果 y 到三个参与方，确保他们只能获取计算结果，而无法获取其他任何信息。这种安全多方计算方式确保了数据的隐私性，并防止了信息泄露。

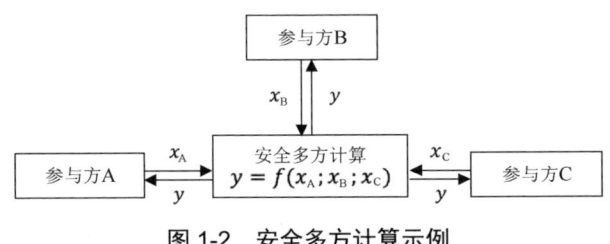

图 1-2　安全多方计算示例

百万富翁问题是安全多方计算领域的一个著名例子。该问题描述了两个富翁希望比较他们的财富，但又不希望对方或第三方知晓自己财富的具体数额。通过安全多方计算，这两个富翁可以在不暴露财富具体数额的前提下进行比较，从而确保了自己的财富隐私。

目前，实现安全多方计算主要有四种隐私计算框架，它们分别是不经意传输（Oblivious Transfer，OT）[2]、混淆电路[3]（Garbled Circuit，GC）、秘密共享[4]（Secret Sharing，SS）以及零知识证明[5]（Zero-Knowledge Proof，ZKP）。这 4 种框架为保障数据安全提供了多元化的解决方案。同时，安全多方计算技术已被成功应用于多种机器学习模型中，包括但不限于决策树、线性回归、逻辑回归、朴素贝叶斯分类器，以及 K-Means 聚类。可以看出，安全多方计算在提升机器学习模型的安全性方面发挥着广泛作用。

2．同态加密

同态加密[6]是一种具有革新性的加密技术，它可以在不解密的情况下对密文进行特定形式的代数运算，得到的结果仍然是加密的，并且解密后的结果与对明文进行相同运算的结果完全一致。这意味着我们能够在加密的数据上执行诸如检索、比较等操作，并得到准确的结果。而在整个处理过程中，数据始终保持加密状态，不会被泄露，如图 1-3 所示。因此，同态加密从根本上解决了将数据及其操作委托给第三方时的保密问题，对于云计算等各种应用场景具有巨大的实际意义。

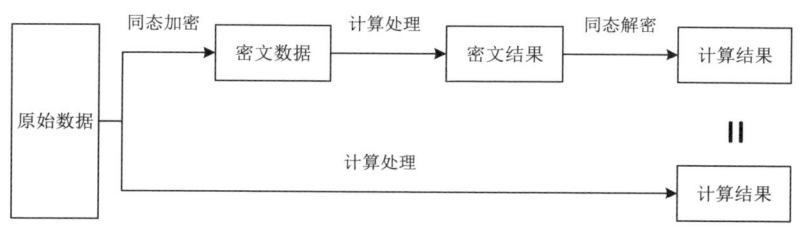

图 1-3　同态加密示例

同态加密一直是密码学领域的热点研究课题。在以往的研究中，人们只发现了一些部分实现同态加密的方法，这些方法通常只能执行有限的运算操作。2009 年 9 月，克雷格·金特里发表了一篇突破性的论文[7]，从数学角度提出了一种全同态加密的可行方法。这种方法允许在不解密的条件下对加密数据进行任何可以在明文上进行的运算，从而实现了同态加密的全面突破。这一突破为同态加密技术的进一步发展和实用化奠定了坚实的基础，并引发了密码学和信息技术产业的广泛关注和研究热潮。

同态加密技术的发展历程是不断追求创新和突破的过程，如图 1-4 所示。它的概念起源于 20 世纪 70 年代，Ron Rivest、Leonard Adleman 和 Michael L. Dertouzos 于 1978 年首次提出了同态加密的思想。这一创新的加密方式不同于以往关注数据存储和传输安全的加密技术，更注重在数据处理过程中保护数据不被泄露。

随着研究的深入，同态加密算法根据支持的同态运算的类型和深度被划分为三大类：部分同态加密（Partially Homomorphic Encryption，PHE）、类同态加密（Somewhat Homomorphic Encryption，SWHE）和全同态加密（Fully Homomorphic Encryption，FHE）。在同态加密技术发展的前 30 年里，部分同态加密和类同态加密取得了显著进步。其中，部分同态加密被进一步分为乘法同态加密和加法同态加密，RSA 算法和 Elgamal 算法是乘法同态加密的典型代表，Paillier 算法则是加法同态加密的杰出代表。此外，BGN 方案由于仅支持一次乘法同态运算，被视为类同态加密的代表算法。

算法理论发展

工程研发发展

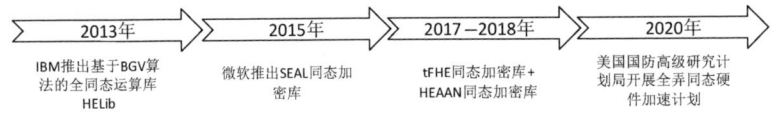

图 1-4　同态加密发展历程

2009 年，克雷格·金特里在一篇里程碑式的论文[7]中提出了基于理想假设的全同态加密系统，该系统被认为是第一代全同态加密系统。随后，BGV 和 BFV 作为第二代全同态加密系统进一步推动了这一领域的发展。而 tFHE 和 FHEW 则代表了第三代全同态加密系统的进步。近年来，于 2017 年被提出的 CKKS 引起了广泛关注，它支持针对实数或复数的浮点数加法和乘法同态运算，虽然计算结果为近似值，但这一特性恰好适用于机器学习模型训练等无须精确结果的场景。

今天的同态加密技术已经取得了显著的进展，它们不仅在理论层面丰富了密码学的研究内容，更在实际应用中展现了巨大的潜力和价值。

3．差分隐私

差分隐私[8]（Differential Privacy，DP）是一项创新的隐私保护技术，由 Dwork 在 2006 年提出，旨在解决数据查询过程中的隐私泄露问题。该技术的核心思想是，在数据查询中，确保相近的查询有较高概率产生相同的结果，从而有效地避免攻击者通过对比查询结果的差异来窃取用户数据。同时，差分隐私还保证了数据查询的准确性，使数据查询方能够获得完整的数据统计特征，但无法获取精确到单条记录的信息。

差分隐私作为一种通用的隐私保护模型，在实现上主要依赖添加噪声的方法。这一技术具有广泛的应用范围，任何需要隐私保护的算法都可使用。只要算法中的每个步骤都符合差分隐私的要求，其最终结果便符合差分隐私的特性。因此，差分隐私技术适用于算法流程中的多个环节。

目前，差分隐私技术已经在推荐系统、用户行为分析、社交网络分析，以及联邦学习等多个领域得到了实际应用。例如，通过收集和分析用户的行为统计数据，差分隐私技术能够提高推荐算法、输入法和搜索算法等的性能。在这些领域中应用差分隐私技术，不仅能够保护用户的隐私数据，还能优化用户使用互联网产品的体验。

在联邦学习中，差分隐私技术主要应用在横向联邦学习中。具体而言，在联邦学习的参与方上传通过本地训练得到的模型梯度信息时，差分隐私技术能够通过添加扰动噪声的方式来防止攻击者从中推测出用户数据。这种技术在不导致过多通信和计算开销的情况下，有效地防止了用户隐私数据的泄露。然而，模型的收敛速度可能会在一定程度上受到梯度信息中噪声的影响，从而增加联邦学习的训练时间。此外，在实际应用中，确定合适的隐私预算是一个挑战。过高的隐私预算可能导致数据过度失真，过低的隐私预算则可能带来隐私泄露风险。因此，如何设定适当的隐私预算是差分隐私技术在实际应用中需要解决的一个重要问题。

通过这种方式，差分隐私不仅在理论层面为隐私保护提供了新的解决方案，更在实际应用层面推动了隐私保护技术的发展和进步，是平衡数据利用和用户隐私保护的强大工具。

4．零知识证明

零知识证明这一概念最早由麻省理工学院的沙菲·戈德瓦塞尔（Shafi Goldwasser）与西尔维奥·米卡利（Silvio Micali）于 1985 年在一篇题为《互动式证明系统的知识复杂性》的论文中正式提出。在该论文中，作者指出，证明者（Prover）能够在不泄露具体数据信息的前提下，让验证者（Verifier）确信数据的真实性。

零知识证明主要存在两种形式：交互式与非交互式。交互式零知识证明需要证明者针对每位验证者逐一证明数据的真实性；非交互式零知识证明则需要证明者生成一份证明文件，任何获取并使用该证明文件的人都能够进行验证。

目前，零知识证明有多种实现方式，例如 zk-SNARKS、zk-STARKS、PLONK，以及 Bulletproofs。这些实现方式在证明规模大小、证明者所需时间，以及验证时间等方面具备独特的优势与不足。

零知识证明具备以下三个基本特征。

- 完整性：若陈述（Statement）为真，那么诚实的验证者能够相信诚实的证明者确实掌握了正确的信息。
- 可靠性：若陈述为假，那么任何不诚实的证明者都无法成功说服诚实的验证者，使其相信自己拥有正确信息。
- 零知识性：若陈述为真，那么验证者除了从证明者处得知该陈述为真这一事实，无法获取其他任何信息。

简而言之，创建零知识证明时，验证者会要求证明者执行一系列操作，而证明者只有在知晓底层信息的前提下，才能够正确完成这些操作。若证明者随意猜测一个结果，那么验证者很可能在验证过程中察觉并证实其错误。

5. 可信执行环境

机密计算联盟（Confidential Computing Consortium，CCC）给出了机密计算的定义：通过在基于硬件的可信执行环境中计算，保护使用中的数据的机密性与完整性，防止未经授权的访问或篡改。

机密计算技术的核心在于通过基于硬件的可信执行环境进行计算，从而保护数据和应用，实现隐私计算的预期效果。作为机密计算的底层支撑技术，可信执行环境通常需要实现隔离执行、远程认证、内存加密等技术目标。目前主流的 CPU 厂商提供可信执行环境的实现方案。例如，英特尔的 SGX 和 TDX、ARM 的 Trust Zone，以及 AMD 的 SEV 等，它们都是目前行业内广泛认可的可信执行环境实现方式。

具体来说，隔离执行利用软硬结合的隔离技术，将可信执行环境与非可信执行环境完全隔离，确保可信应用的可信计算基（Trusted Computing Base，TCB）仅用于应用本身和实现可信执行环境的基础软硬件；而其他软件，甚至操作系统内核等特权软件都可能被视为不可信或恶意的。远程认证则能够对可信执行环境中的代码进行度量，并向远程系统证明符合预期的代码正在合法的可信执行环境中运行。内存加密确保在可信执行环境中的代码和数据在内存中计算时保持加密状态，防止特权软件甚至硬件的窥探。

在机密计算的上下文中，未经授权的实体包括主机上的应用程序，主机操作系统，以及 Hypervisor、系统管理员、服务提供商、基础设施所有者或对硬件具有物理访问权限的任何人。机密计算中的数据机密性指未经授权的实体无法查看可信执行环境中的数据；机密计算中的数据完整性指防止未经授权的实体篡改正在处理中的数据；机密计算中的代码完整性意味着可信执行环境中的代码不能被未经授权的实体替换或修改。总之，这些安全属性不仅保证了数据的机密性，还保证了所执行的计算是符合预期的，从而使人们可以相信计算的结果。

机密虚拟化技术是机密计算领域的一个重要分支。机密虚拟化技术通过可信执行环境技术，在虚拟化环境中创建隔离的执行空间，来保护虚拟机（Virtual Machine，VM）中的应用程序和数据。机密虚拟化技术为云服务提供商提供了安全技术底座，阿里云、谷歌云、微软 Azure 等也在积极探索机密虚拟化技术的应用，市场上已经出现了一些基于机密虚拟化技术的产品和服务，例如阿里云的机密虚拟机服务、蚂蚁金服的机密计算平台等。这些服务通过提供加密的虚拟机镜像和远程认证机制，确保数据在云环境中的安全。机密虚拟化技术的发展正在推动云计算和数据安全领域的进步，为敏感数据处理提供了新的安全范式。随着技术的不断成熟和应用场景的拓展，机密虚拟化技术有望在未来发挥更大的作用。

1.3.3 各类技术比较

为了更全面地理解和比较前面章节介绍的各类隐私保护技术，本节对隐私保护计算技术进行综合性的对比与总结，如表 1-3 所示。

表 1-3 隐私保护计算技术比较

类　　别	数据运行时保护	数据计算性能	精　　度	软件/硬件依赖
安全多方计算	强	较低	高	纯软件
同态加密	强	较低	较高	纯软件
差分隐私	无	较高	低	纯软件
零知识证明	强	较低	较高	纯软件
可信执行环境	强	高	高	软硬件

安全多方计算以密码学为基础，其安全性可以得到密码学理论的严格验证。在整个计算过程中，各参与方的除计算结果外的任何信息都不会被泄露，保证了计算的高准确性。然而，由于包含了复杂的密码学操作，安全多方计算开销大、通信耗时长，在复杂计算场景中的应用受到一定限制。目前，安全多方计算主要适用于一些简单场景，如密钥管理、简单统计，以及线性的机器学习模型等。要想将其应用于更复杂的场景，一方面需要底层理论的创新突破，另一方面需要提升计算效率并优化通信复杂度。

同态加密拥有严格的密码学理论支撑，其所有运算均在密文状态下进行，从而确保了隐私数据的高级别保护和计算的准确性。但值得注意的是，某些同态加密算法可能仅适用于特定领域，或作为其他解决方案的一个组件。尽管全同态加密在理论上能够进行任何计算，但其巨大的计算负担使其只有借助专用硬件加速才能满足实际应用的性能需求。

差分隐私的核心目标在于保护计算结果，而不涉及具体的计算步骤。例如，当我们训练一个机器学习模型时，差分隐私通过在模型参数中引入适量的随机噪声，使攻击者难以从模型参数推测出训练数据的具体内容。需要明确的是，差分隐私并不涵盖建模过程的保护，这需要依赖其他隐私保护手段，如可信执行环境等。另外，由于差分隐私通过添加噪声来保护数据，不可避免地会对结果的精确性产生一定影响。因此，在那些对计算精度有极高要求的场合，差分隐私可能不是一个理想的选择。

零知识证明技术通常涉及复杂的数学运算，如大整数运算、椭圆曲线运算等，导致证明生成与验证过程的计算成本高昂，尤其在大规模数据或复杂命题证明场景下，对计算资源要求极高。同时，生成的零知识证明可能占用较大存储空间，给存储设备带来压力。例如，在处理海量金融交易数据的零知识证明时，所需的计算资源和存储容量可能超出普通服务器的承载能力。此外，在实际应用中，零知识证明系统的参与者之间需要建立一定的信任基础，确保各方遵循协议规则，否则可能出现恶意攻击行为，破坏系统的安全性与可靠性。

与其他隐私技术相比，可信执行环境展现出了独特的优势，因为它成功地平衡了安全性、通用性和高效性这三大关键要素。相较于其他隐私保护计算技术，可信执行环境的通用性和高效性尤为突出，它不仅能顺畅地支持通用计算框架和应用，计算性能也能与明文计算媲美。可信执行环境既可以作为独立的隐私计算工具，也可以与其他技术融合，共同强化隐私保护，特别是在涉及大数据、高性能和通用隐私计算的场景中，如安全可信云计算、大规模数据保密协作，以及隐私保护的深度学习等领域，可信执行环境成为一项至关重要的技术。然而，可信执行环境也存在一些不足，例如其信任链与硬件厂商紧密相连，这可能对机密计算技术的可信度造成一定影响。此外，从理论角度来看，目前的可信执行环境实现存在侧信道攻击的可能性，这是需要在实际应用中加以防范和考虑的风险。

第 2 章

云计算中的机密计算

云计算的快速发展为数据安全引入了新的需求，本章首先论述云部署与传统部署场景下数据安全的不同需求，接着介绍数据全生命周期保护的理念及实现手段，最后探讨机密计算的定义及发展历程。

2.1 云计算及数据安全需求

大数据时代，互联网上的企业、设备，以及每个个体时时刻刻都在生成大量的数据，这些数据中不可避免会包含很多业务或者用户敏感的信息。云部署已经成为主流的生产工具，企业需要通过云服务来提升业务部署的弹性能力、加速产品推向市场的速度，并降低日常的运维费用；个人也越来越依赖云上部署的各种应用来提升日常生活的便利性及工作效率。从安全角度来看，云化带来的一个巨大影响是，传统的基于部署拓扑和物理访问构建的安全控制边界被打破，用户和企业的数据在各种受控或不受控的环境中流动，并被处理和使用。数据的拥有者，无论是个体还是企业，都面临同样的难题：如何确保数据中的敏感信息在流动和处理过程中不被恶意程序或恶意用户窃取，以及如何解决数据保护和权限管理中的难题。

2.1.1 云部署下的数据安全

在传统私有数据中心部署模式中，企业或者用户的数据一般在自建的数据中心或服务器集群中处理，用户需要特别担心数据在处理和使用阶段的安全问题。数据安全的关注点在于数据离开用户控制的区域时的安全，例如数据中心的本地网络或用户管理的服务器集群，常用的数据保护手段是在数据传输或存储阶段进行加密。

图 2-1 展示了云部署与数据生命周期保护的不同场景。在云部署场景下，对数据的处理和访问很难严格限定在用户可以完全控制的区域。例如，在最常用的基础设施即服务（Infrastructure-as-a-service，IaaS）和平台即服务（Platform-as-a-service，PaaS）模式下，主机操作系统、虚拟化软件一般是由云业务提供商提供的，而这些软件系统通常会拥有较高的系统访问权限，用户很难将它们隔离在数据处理的安全依赖之外；而在软件即服务（Software-as-a-service，SaaS）或者函数即服务（Function-as-a-service，

FaaS）模式下，直接访问或者处理数据的应用和服务也是由第三方提供的。哪怕用户出于安全和性能的考虑，仅租用裸金属硬件环境，即裸金属机即服务（Bare Metal-as-a-service，BMaaS），部署自己信赖的操作系统和虚拟化软件，但是针对硬件系统的系统固件，如 BIOS，依然无法被排除在安全依赖之外。在一个混杂了不同服务提供方的软件的云计算环境中，如果在数据处理阶段不采取有效的数据保护手段，那么很难认为系统中的数据是安全的。

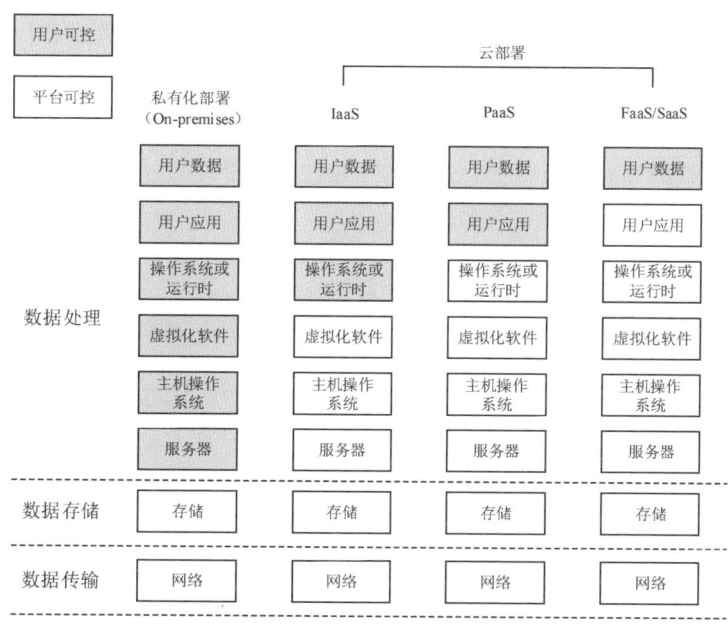

图 2-1 云部署与数据生命周期保护的不同场景

云部署为数据安全带来了新的挑战，我们需要构建覆盖数据传输阶段、数据存储阶段及数据处理阶段，即数据全生命周期的数据保护能力。

2.1.2 数据全生命周期保护

数据在云端存在的阶段包括网络中的传输、磁盘中的存储，以及在处理器和内存中的计算处理。构建数据全生命周期保护的机制就是要确保在数据的传输、存储，以及处理等阶段都应用数据安全技术对数据进行持续性保护，实现数据在流动过程中不被攻击和泄露，保障用户和企业的数据在云端处理和访问的安全。

数据生命周期中常用的安全工具和手段有数据加密、权限隔离、访问控制，以及日志和审计等。数据的传输和存储阶段的保护手段比较直接，因为数据的传输和存储阶段不会对数据的内容本身进行访问或者处理，一般采用数据加密的方式防止非授权用户访问数据的原始信息。数据处理阶段的保护听上去是一个两难的问题：一方面需要实现数据的访问和处理，而传统的计算架构基于数据明文的方式进行运算；另一方面要确保数据在运算处理过程中不被泄露，即数据可用不可见。

实现数据可用不可见，主要有两种技术手段。

- 密态计算：如安全多方计算、同态加密、差分隐私等，主要方式是采用密码学的算法和协议，基于数据的密文进行运算，在运算过程中程序和代码不接触数据的原始信息。
- 机密计算：利用硬件辅助构建一个数据处理的可信执行环境。在可信执行环境中运行数据拥有方信赖的程序，实现数据处理阶段与外界软件环境的隔离，防止数据泄露。

2.2 机密计算技术演进

2.2.1 机密计算的定义

机密计算是隐私计算的技术之一，其核心思想是在一个不完全可信的计算环境中，借助硬件构建一个可信执行环境来保护数据处理过程的安全。在传统的计算模式中，数据在处理和运算阶段通常以明文的形式暂存于计算机的计算单元或内存单元中。在不可信的计算环境中，如云计算场景，这些数据容易被未经授权的软件系统或管理员窃取或篡改。可信执行环境构建了一个与外界软件和硬件系统隔离的计算环境，确保只有经过严格授权的软件系统能够访问位于可信执行环境中的数据，大大降低了数据在处理阶段被窃取或篡改的风险。

根据机密计算联盟的定义，机密计算场景中定义的可信执行环境需要满足以下 3 个基本的安全要求。

- 数据机密性：未授权的软件或实体不能访问可信执行环境中的数据。
- 数据完整性：未授权的软件或实体不能添加、删除或者变更可信执行环境中的数据。
- 程序完整性：未授权的软件或实体不能添加、删除或者变更可信执行环境中的程序。

特定于云计算环境，未授权的实体可以是云平台上运行的其他租户程序、主机操作系统、虚拟机控制器、系统管理员和云服务提供商等。机密计算不仅需要保证在可信执行环境中处理的数据处于机密性保护之下，也需要确保在数据上执行的操作和计算是安全可信的。

当然，机密计算中定义的可信执行环境并不局限于处理器中对数据的处理和访问过程，也包含计算系统中需要对用户数据进行处理的其他环节，如机器学习及人工智能中的异构加速器处理数据的过程，即任何使用和处理数据的阶段。

2.2.2 发展历程及现状

机密计算的发展可以追溯到可信计算，可信计算和机密计算既有紧密联系又有区别。可信计算是一种计算模式，强调计算系统从硬件到软件各层面的可信性，通过建立信任根，利用可信平台模块（Trusted Platform Module，TPM）等硬件设备，为系统提供可信赖的基础，确保系统按照预期的方式运行，防止恶意软件或非法操作的干扰。机密计算主要依赖硬件级的加密和隔离技术，在处理器内部，通过特殊的指令集和内存管理机制，创建出可信执行环境。在这个环境中，数据的加密和解密由硬件自动完成，从而保证数据在处理过程中的安全性。

如图 2-2 所示，可信计算、可信执行环境，以及机密计算构成了一条持续演进和发展的技术路径。可信计算中发展起来的硬件可信任根、程序和环境的可信度量等技术也已经成为机密计算的可信执行环境构建的信任基础。

图 2-2　可信计算与机密计算的演进

1. 可信计算

可信计算（Trusted Computing）是可信计算组织（Trusted Computing Group，TCG）推动和开发的技术。其兴起和发展最早可以追溯到 20 世纪 90 年代中期，当时，一些计算机厂商开始提出可信计算的解决方案，基于硬件密码技术构建平台的可信任根、安全存储及信任链条机制。后来，这些方案逐渐被 IT 产业界接受并最终形成了今天的可信计算组织及其可信技术的基础规范。

今天，在客户机和服务器端被广泛使用的可信平台模块技术就是可信计算组织定义的技术规范，该技术将含有密码运算和存储的组件封装成一个片上系统，并具备物理安全机制以防止被非法篡改。该技术常用于对系统完整性的度量。在系统启动过程中，它测量并记录加载启动代码的安全特征，并可以作为启动或执行环境是否安全的证据。

2．可信执行技术

基于可信计算逐渐发展出可信执行技术，如英特尔的 TXT（Trusted Execution Technology），这项技术从 21 世纪初开始在英特尔个人计算机处理器上提供支持。英特尔的 TXT 技术通过特定硬件和固件，利用启动过程的层层度量，构建出一个根植于处理器及硬件平台的信任链，该信任链可以帮助用户度量待加载执行环境的完整性，并构建出一个可信的程序执行环境。

ARM 的 Trust Zone 技术也在同一时期出现，该技术提供了在片上系统构建安全执行环境的能力。通过特定的执行权限模式，Trust Zone 可以在同一个片上系统（SoC）中创建两个并行的隔离软件环境，一个运行主操作系统及用户软件，另外一个运行具备一定安全等级的可信操作环境及软件栈，保证了即使设备中的主操作系统环境不完全可信，用户依然可以利用另一个受保护的安全环境运行安全敏感的程序和数据。

这一阶段发展起来的技术能够构建一个程序可信的执行环境，但尚无法实现严格意义上的对数据处理阶段的机密保护。尽管 Trust Zone 与 TXT 都实现了与外部软件环境之间访问权限的隔离，但它们并不能支持数据在内存中的机密性隔离，换句话说，它们无法满足机密计算联盟对机密计算的关键需求。

3．机密计算

英特尔于 2015 年正式发布支持英特尔的软件保护扩展（Software Guard Extension，SGX）技术的处理器，SGX 能够为用户程序在内存地址空间中构建加密保护的可信执行环境。SGX 通过严格的访问控制机制以及集成在内存控制器中的加密引擎，实现了对程序及数据的机密性、完整性保护。即使是虚拟机监控器（Hypervisor）、系统固件、操作系统等也无法随意访问位于 SGX 保护区域中的程序和数据，确保了数据处理过程的安全性。

英特尔的 SGX 可以算作严格意义上满足机密计算需求的硬件可信执行环境技术，它实现了对数据机密性、完整性以及程序完整性的保护。从 SGX 技术诞生开始，商用处理器逐步进入了机密计算时代，越来越多的处理器架构和厂商开始加速研发并推出各类硬件可信执行环境技术，以应对日益复杂的安全挑战和数据保护需求，如 AMD 的安全加密虚拟化-安全嵌套寻呼（Secure Encryption Virtualization，Secure Nested

Paging，SEV-SNP）技术、英特尔的 TDX 可信域扩展技术、ARM 的机密计算架构（Confidential Computing Architecture，CCA）等。

在这个阶段，英特尔和 AMD 还分别推出了单独的内存加密技术，如英特尔的全机内存加密（Total Memory Encryption，TME）技术、多密钥全内存加密（Multi-Key Total Memory Encryption，MKTME）技术，以及 AMD 的安全内存加密（Secure Memory Encryption，SME）技术，这些技术能够在数据写入内存时提供加密保护，从而增强内存安全性。然而，它们未能提供满足机密计算要求的全面数据保护能力，只能归为内存安全增强技术。

2019 年 8 月，Linux 基金会发起成立机密计算联盟，联盟创始成员包括谷歌、微软、英特尔、ARM、阿里巴巴、腾讯等。机密计算联盟旨在针对云计算及其硬件生态，进一步规范机密计算中的核心技术，实现可信执行环境的硬件与软件需求及规范定义，以加速机密计算相关技术、标准及产品的落地。以机密计算联盟成立为节点，机密计算进入高速发展期。

随着机器学习、人工智能及大语言模型技术的快速发展，数据需要卸载到异构加速卡中进行加速。为了满足异构计算场景对数据机密保护的要求，需要将处理器端的可信执行环境的能力扩展到异构加速卡上，来构建跨异构计算架构的机密计算能力。英伟达于 2022 年推出了第一款支持可信执行环境的加速器 H100，从而将机密计算的能力拓展到通用图形处理器（General-Purpose Graphics Processing Unit，GPGPU）上，实现了用户数据在 GPGPU 加速阶段的机密保护能力。英特尔也于同一阶段率先发布了 TDX-I/O 技术规范及产品路线图，以支持处理器端可信执行环境与异构加速卡设备可信执行环境的无缝协同，实现数据在异构可信执行环境中的高效安全的交互。

第二篇

架构实现

本篇将深入探讨机密虚拟化技术的实现,并以英特尔的 TDX 技术为例,详细论述其微架构、指令系统、面向云部署的高级特性以及软件生态系统。通过对 TDX 技术栈的全面剖析,向读者展示机密虚拟化技术如何结合硬件安全特性和虚拟化能力,为云计算虚拟化环境中的数据提供机密性和完整性保护。

第 3 章

机密计算技术

本章从业界主流的机密计算架构及具体的可信执行环境技术实现入手，概述机密计算的产生背景、场景需求，以及架构实现，归纳通用部分和差异点。

3.1 可信执行环境技术产生

可信执行环境概念源自移动通信领域，已知最早公开定义是 2009 年开源移动终端平台（Open Mobile Terminal Platform，OMTP）组织在其白皮书中提出的。可信执行环境的提出是移动通信领域发展的必然结果。

20 世纪 90 年代，芬兰公共移动网络 ARP（Auto Radio Puhelin）和第一代北欧移动电话（Nordisk Mobile Telephon，NMT）系统都采用明文传输数据。鉴于整个系统架构的封闭性和运行都是由政府管理的，当时的环境并不需要对数据进行加密。随着移动通信技术进一步发展，全球移动通信系统（Global System for Mobile Communication，GSM）引入数据加密传输方案，移动设备小型化，移动通信市场逐步向企业开放，数据安全问题日益凸显。20 世纪 90 年代，诺基亚为解决移动支付的安全问题，提出为无线电应用处理器（Radio Application Processor，RAP）引入安全模式。2004 年，ARM 正式推出 Trust Zone 技术，在同一个应用处理器上实现了硬件运行时的隔离功能。2009 年，OMTP 组织在公开的标准协议中正式定义了可信执行环境的概念，从攻击模型、核心组件设计、安全启动和存储等方面给出了可信执行环境的整体架构。2010 年，Global Platform 正式发布了定义可信应用程序和通用 OS 应用程序之间的调用接口，可信执行环境的标准化流程逐步丰富和完善起来。

3.2 防护域和攻击模型

不同可信执行环境的设计针对的攻击模型不同，如图 3-1 所示，可能的攻击模型有以下几种。

- 非可信应用程序对可信应用程序的攻击。
- 可信应用程序（A_{app}）对可信应用程序 B 的攻击。

第 3 章 机密计算技术

- TCB 之外的操作系统（A_{ssw}）对可信应用程序 A 的攻击。
- 虚拟机监控器（A_{ssw}）对可信虚拟机的攻击。
- 片上设备，或者其他外设（A_{per}）在 I/O 链路层（A_{bus}）对可信执行环境（A_{tee}）的攻击。

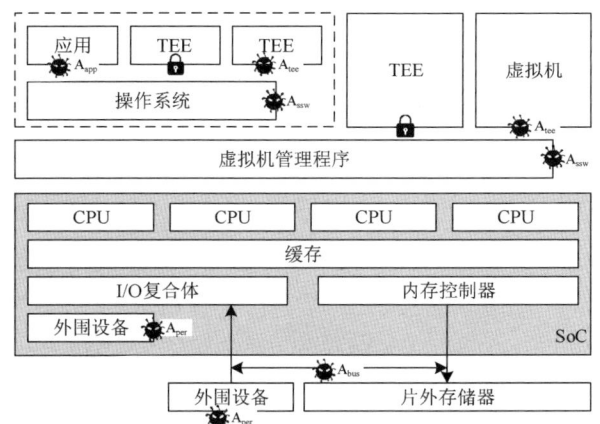

图 3-1　针对可信执行环境的攻击模型

可能的攻击方法有以下几种。

- 非可信应用直接访问可信应用的内存。
- 侧信道攻击、字典攻击、PMU、调试模式、Row Hammer。
- 恶意注入中断、异常，硬性改变可信应用的正确执行。
- 设备通过 DMA 访问可信应用内存。
- 将可信执行环境的安全固件回滚到有安全漏洞的版本。
- 篡改 MMU/IOMMU 中影响可信执行环境应用的地址映射关系。
- 电压抖动（Power Glitching）攻击。

3.3　机密计算和可信执行环境技术纵览

近几年，为了满足不同应用领域的安全保护需求，例如移动设备、物联网、云计算、汽车电子和人工智能等，各大芯片厂商相继推出了基于不同芯片架构的可信执行环境技术。不同计算架构（如 ARM、x86、RISC-V 及 GPGPU）的特性不同，在机密计算架构实现，尤其是与芯片紧密相关的程序的可信执行环境方案的构建上，存在显著差异，如表 3-1 所示。

表 3-1 不同芯片架构下的典型可信执行环境方案

芯片架构	典型可信执行环境方案	安全保护级别	典型使用场景
x86 架构	英特尔：SGX/TDX	SGX：应用程序级别 TDX：虚拟化级别	云计算、人工智能与机器学习、区块链、工业物联网等
	AMD：SEV/SEV-ES/SEV-SNP	虚拟化级别	云计算、人工智能与机器学习、区块链、工业物联网等
	海光：CSV	虚拟化级别	云计算、人工智能与机器学习、区块链、工业物联网等
ARM 架构	Trust Zone（ARM v8）	硬件级别	移动设备、汽车电子、物联网等
	VirtCCA（ARM v8，华为） CCA（ARM v9）	虚拟化级别	云计算、人工智能与机器学习、汽车电子等
RISC-V 架构	Keystone CoVE	应用程序/虚拟化级别	云计算、人工智能与机器学习、区块链、工业物联网等
GPGPU 架构	英伟达：Hopper 系列机密 GPU	硬件级别	云计算、人工智能与机器学习、区块链、工业物联网等

接下来，深入介绍在这些架构下，机密计算，特别是可信执行环境技术的实现方式、核心特性，一同探索它们如何在各自的领域为数据安全保驾护航。

3.3.1　ARM 架构

ARM 处理器最早在 ARMv8 微架构中引入 Trust Zone 功能，用于数字版权管理、支付和安全固件等场景。Trust Zone 在硬件层面增加新的安全模式（Secure World），该模式的物理地址空间与宿主机所运行的正常模式（Normal World）的物理地址空间隔离，通过特权模式（S_EL1）和用户模式（S_EL0）分别运行操作系统和用户态应用程序。针对安全负载的多样化和动态加载的需求，Trust Zone 在安全模式下引入虚拟化的概念，即硬件引入特权模式（S_EL2），在该模式下，具有虚拟机监控器的软件组件安全分区管理器（Secure Partition Manager，SPM）负责调度多个操作系统的安全分区（Secure Partitions，SP）。Trust Zone 的使用场景更多的是与硬件平台紧耦合在一起的，所以参与方以芯片生产方或者 OEM 为主。为了更好地利用现有支持 Trust Zone 特性的 ARM 资源，华为公司开创性地提出 VirtCCA 架构，实现可扩展的机密虚拟化架构。VirtCCA 基于 S-EL2 实现，软兼容 ARM CCA 机密虚拟机架构 API。此外，针对 ARM v8.4 之前不支持的 S-EL2 版本，VirtCCA 亦可通过适配实现功能支持。

第 3 章 机密计算技术

为了适应通用的可信执行环境技术，让更多的上层业务迁移到云上，并保护业务负载的数据不被计算资源的提供方窥探，ARM v9-A 微架构引入了可信执行环境的实现方案——ARM CCA，在硬件层面增加了领域管理扩展（Realm Management Extension，RME）。领域（Realm）本质上是一种虚拟机的实例，在 ARM CCA 实现中，Realm 虚拟机的内存和状态都在 TCB 范围内，不会被 TCB 之外的宿主机看到。RME 与运行在 EL2 模式下的领域管理监控器（Realm Management Monitor，RMM）交互，由于硬件资源还是由正常模式下的宿主机管理的，因此，Realm 的创建、销毁及调度都是宿主机通过 EL3 模式下的安全监控器来实现的，RMM 会为宿主机侧提供领域管理接口（Realm Management Interface，RMI），而 RMM 也会为 Realm 虚拟机提供领域服务接口（Realm Service Interface，RSI），进而提供远程认证等功能。ARM 机密计算架构如图 3-2 所示。

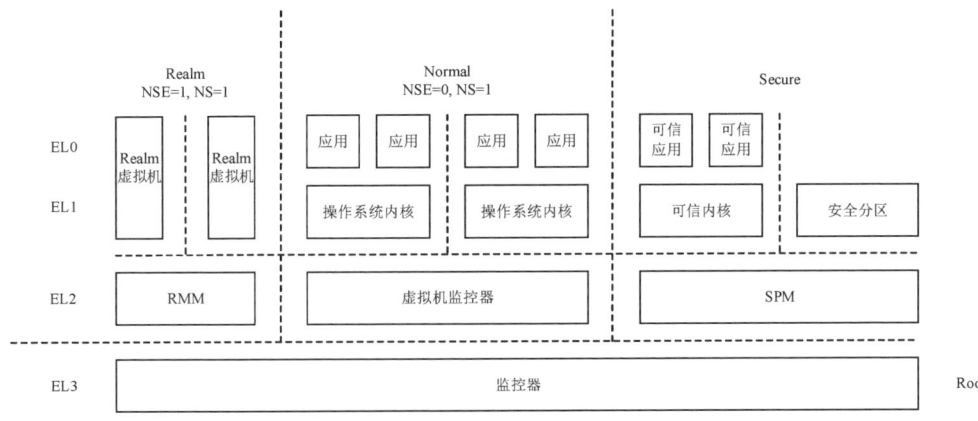

图 3-2　ARM 机密计算架构

当前处理器的状态是根据 SCR_EL3 的 NS（Bit0）和 NSE（Bit62）位决定的。如表 3-2 所示，NS 和 NSE 两个比特位共同决定当前处理器的运行模式，对应的特权等级分类，以及能够访问的物理地址空间（Physical Address Space，PAS），如表 3-3 所示。可以看到，Root 模式下的安全等级最高，在该模式中，处理器能够访问所有物理地址空间。

表 3-2　NS 和 NSE 位对应的处理器状态

SCR_EL3.NS	SCR_EL3.NSE	World	EL0	EL1	EL2	EL3
0	0	Normal	EL0	EL1	EL2	—
1	0	Secure	S-EL0	S-EL1	S-EL2	—
0	1	Realm	R-EL0	R-EL1	R-EL2	—
1	1	Root	—	—	—	EL3

表 3-3 不同安全状态下访问物理地址空间的权限

安全状态	Non-secure PAS	Secure PAS	Realm PAS	Root PAS
非安全	Yes	No	No	No
安全	Yes	Yes	No	No
Realm	Yes	No	Yes	No
Root	Yes	Yes	Yes	Yes

关于内存的完整性，Realm 虚拟机和宿主机，以及安全模式下的可信操作系统（Trusted OS，TOS）和 Realm 虚拟机之间的隔离都是通过粒度保护表（Granule Protection Table，GPT）实现的，如图 3-3 所示。粒度保护表负责跟踪记录物理内存的安全属性，在地址翻译的最后阶段，当前处理器的运行模式所允许的访问权限会与 GPT 中记录的该物理页的安全属性对比，例如，如果宿主机试图访问属于 Realm 虚拟机的内存，硬件就会触发 GPF 检查异常。

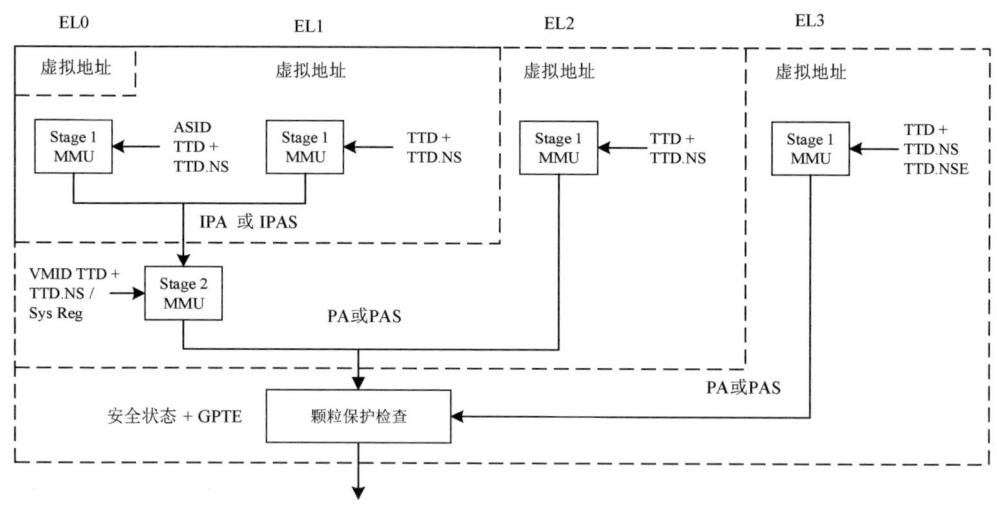

图 3-3 粒度保护表机制

在 ARM RME 扩展架构中，处理器的每个运行模式（如 Real 模式、Secure 模式和 Root 模式）下的地址空间都需要内存加密的功能，每个地址空间内部都使用全局唯一密钥进行内存加解密。RME 内存上下文（Memory Encryption Context，MEC）扩展了内存机密性的粒度，RME 扩展架构 MEC 如图 3-4 所示，它在 MEC 基础之上的多个 Realm 虚拟机上具有独立的密钥，以此实现深度防御。内存保护引擎（Memory Protection Engine）维护密钥表，RME 扩展架构 MPE 如图 3-5 所示，密钥的索引为 MECID。MECID 支持的最大可配置值为 16 比特，对应页表项预留的比特位。因此，MEC 能够使用不同的 MECID 实现多个 Realm 虚拟机之间的内存机密性隔离，也可以使用同一个 MECID 实现 Realm 虚拟机之间的内存共享。

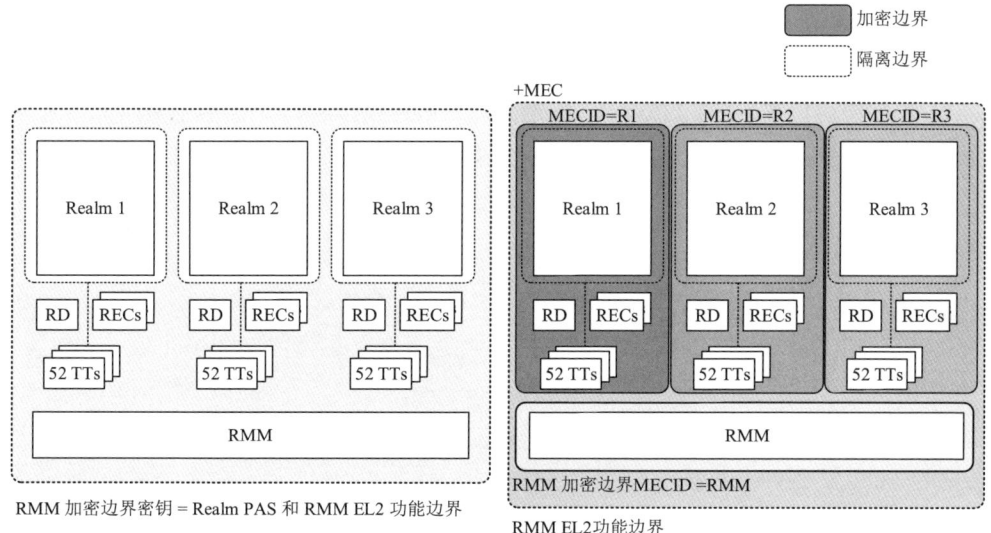

图 3-4 RME 扩展架构 MEC

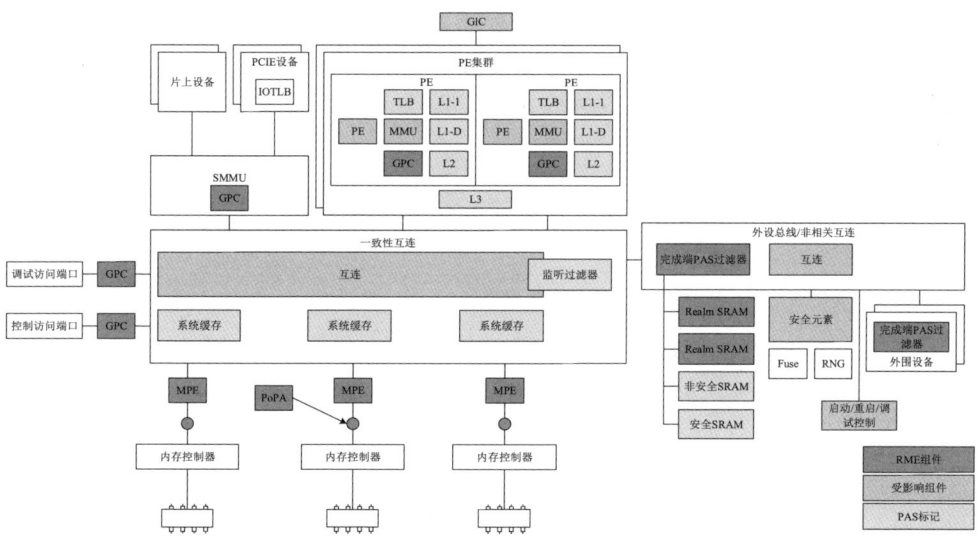

图 3-5 RME 扩展架构 MPE

3.3.2　x86 架构

1. AMD 可信执行环境技术栈

AMD SME 在内存控制器中增加 AES 引擎,可以通过内存控制器对数据加解密。加解密需要的密钥由硬件在每次系统启动时随机生成,为全局密钥,并且对软件不可见。SME 密钥由遵循 NIST SP800-90 标准的随机数产生器生成,存储于专用的系统寄存器中,保证不会暴露给 SOC 外部的组件。如图 3-6 所示,该密钥由 AMD 安全处理器(AMD-SP)管理,不需要在 CPU 之上的软件管理。AMD-SP 最初是 32 位的 ARM Cortex-A5 处理器,内嵌在 AMD SOC 内部。

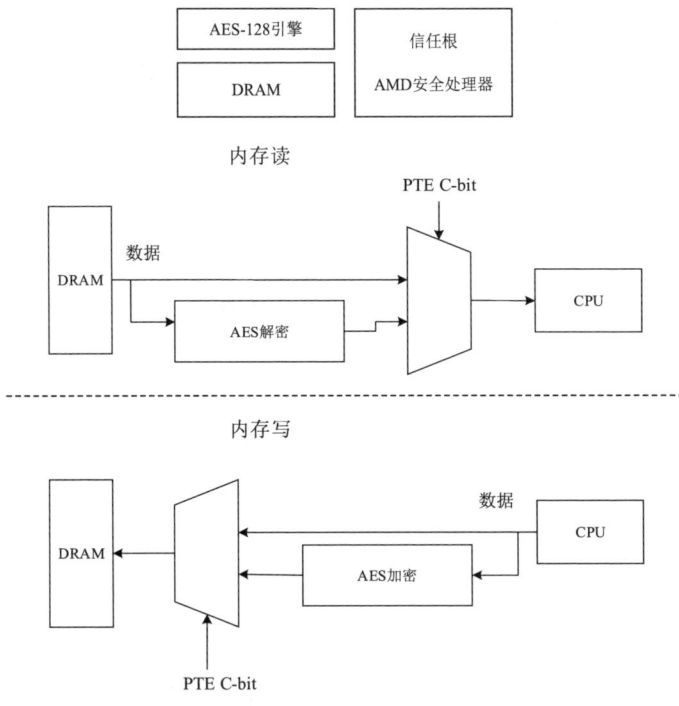

图 3-6　AMD SME 内存访问

SME 加密内存的粒度是按页面大小来确定的。如图 3-6 所示,在页表项定义第 47 位为 C(enCrypted)比特的情况下,操作系统可以设置页表项中对应的 C 比特来控制当前的映射关系是否通过 SME 进行特殊的加解密操作。全透明 SME,即 T-MSE 在 BIOS 中设置,不需要 CPU 中的任何软件,即可默认对所有内存访问请求进行加解密操作。

SEV 作为 AMD-V 的扩展，从硬件层面提供一种能力，即用全局的地址空间标识符（Address Space Identifiers，ASID）标记每个 SEV 虚拟机的代码和数据，ASID 可以溯源数据从属关系，从而在 SOC 内部阻止非数据所有者对数据的非法访问。当 SEV 虚拟机访问外部存储器上的数据时，与 ASID 关联的密钥会对进出 SOC 的数据进行加解密。每个 SEV 虚拟机，也包括 Hypervisor，都有对应的 ASID，数据的访问仅限于同一个 ASID 域内，跨 ASID 的访问仅能看到密文数据（SEV 虚拟机和 Hypervisor 之间的 I/O 数据通过共享内存的方式进行交换）。这样，在 SEV 虚拟机之间，以及 SEV 虚拟机和 Hypervisor 之间，存在硬件层面提供的强隔离功能。

如图 3-7 所示，SEV-ES 的目标是保证 SEV 虚拟机在虚拟机的执行被打断，退到 VMM 侧时，SEV 的 vCPU 寄存器的状态信息被硬件按需进行加密，以防止 VMM 获取敏感数据信息。

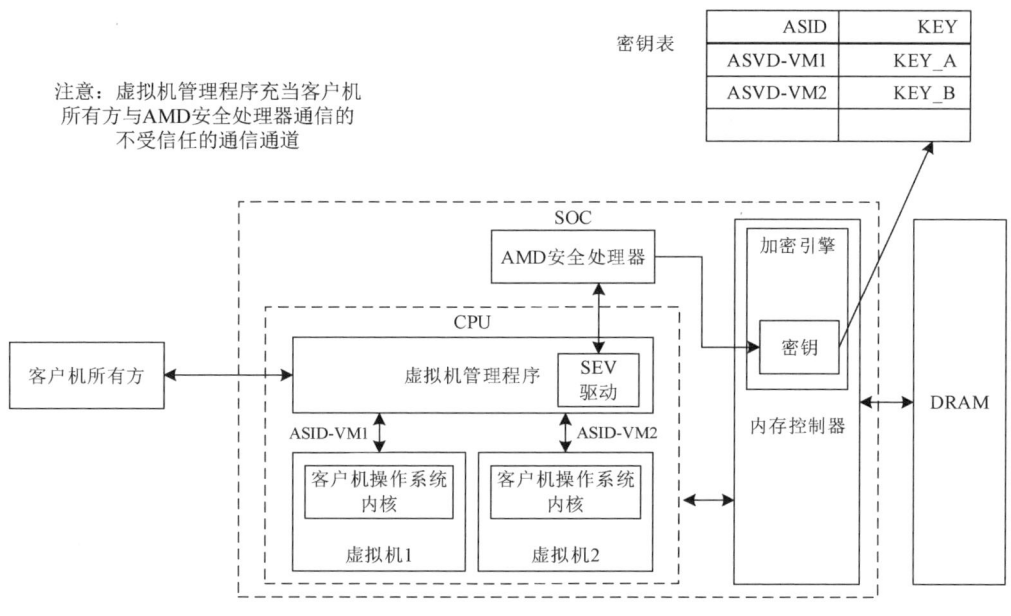

图 3-7　SEV-ES

图 3-8 展示了从虚拟机中窃取 AES 密钥的过程。SEV-ES 通过在如图 3-9 所示的虚拟机控制块（Virtual Machine Control Block，VMCB）中引入新的域来存放虚拟机退到 VMM 侧时 vCPU 的状态信息，并需要以密文形式保存。这些信息在 vCPU 重新执行时再从内存中的密文状态被恢复至 vCPU 对应的寄存器中。

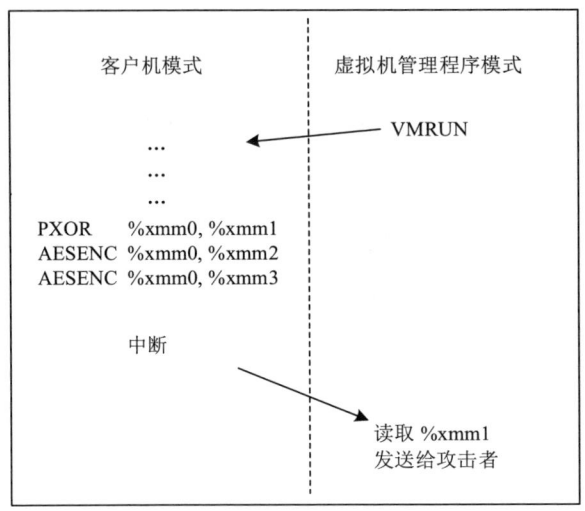

图 3-8　从虚拟机中窃取 AES 密钥

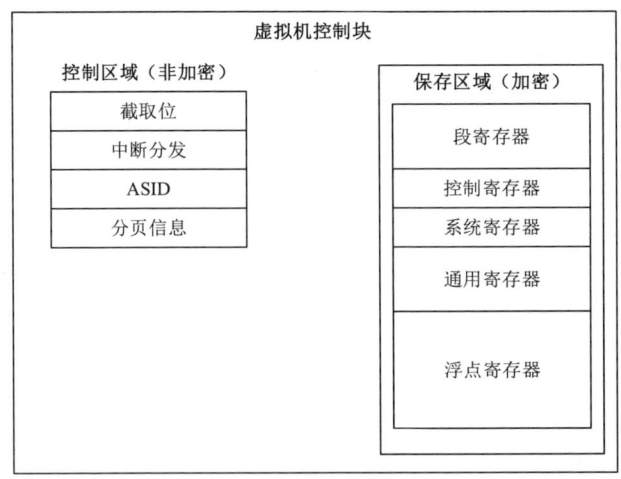

图 3-9　虚拟机控制块

在 SEV-ES 中，虚拟机执行敏感指令后，硬件会将 #VC 异常注入虚拟机中，然后 #VC 处理程序会把需要由 VMM 侧模拟的特殊指令所访问的寄存器信息复制到客户机与管理程序通信块（Guest Hypervisor Communication Block，GHCB）中，VMM 无须访问的寄存器信息都会由 CPU 以密文的形式存放在 VMCB 的"保存区域"中。VMM 侧处理完虚拟机退出后，当 vCPU 再次执行时，之前保存在"保存区域"的密文状态信息又被恢复到 vCPU 关联的寄存器中，vCPU 得以继续执行，如图 3-10 所示。

第 3 章 机密计算技术

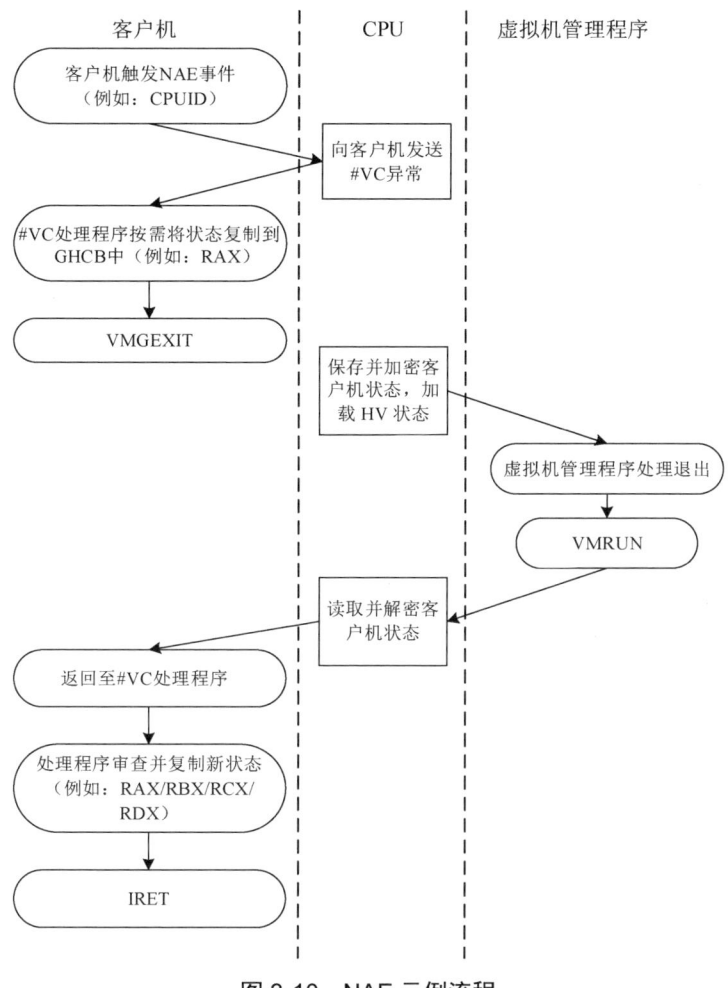

图 3-10 NAE 示例流程

SEV-SNP 是在 SEV 和 SEV-ES 的基础上构建的，意在提供更完善的完整性保护特性。例如防止数据重放、内存重映射等攻击手段。除此之外，SEV-SNP 还新增虚拟机特权等级（Virtual Machine Privilege Level，VMPL），针对中断及侧信道攻击提供更好的保护。

在完整性保护方面，SEV-SNP 引入了反向映射表（Reverse Mapping Table，RMP）。RMP 是系统启动时由 BIOS 预留的一段内存，RMP 中的 RMP 项用于跟踪对应物理内存的状态信息，这些状态信息记录了对应物理页的所有者及其对应的映射关系。从微架构层面来看，在 CPU MMU 页表及 IOMMU 页表遍历结束后，增加了该访问请求针对 RMP 的额外检查。如图 3-11 所示，VMM 侧的写访存请求通过 MMU 翻译得到的物理地址会在 RMP 中找到对应的条目，如果 RMP 中记录的物理地址不属于 VMM 侧，那么 CPU 会触发#PF 异常。同样，在 SEV-SNP VM 的读写访存请求中，客户机虚拟地址（Guest Virtual Address，GVA）通过嵌套页表（Nested Page Table，NPT）被翻译为客户机物理地址（Guest Physical Address，GPA），然后被翻译为宿主机物理地址（Host Physical Address，HPA），最后判断 HPA 在 RMP 中对应的 GPA 是否与翻译得到的 GPA 一致，如果一致，则访问被允许，否则 CPU 触发#NPF 异常。

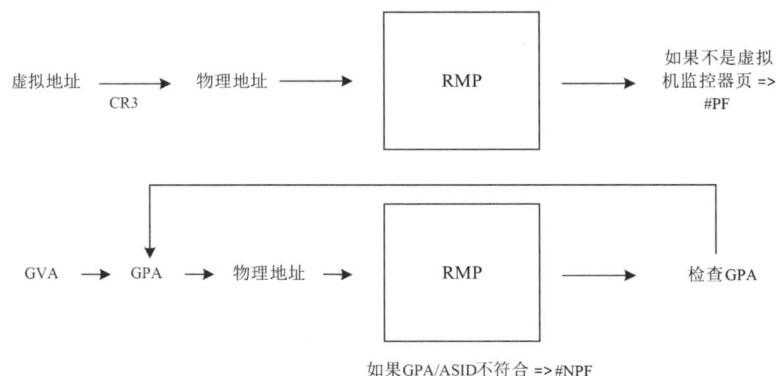

图 3-11　SEV-SNP 中的 RMP

为了管理 RMP，SEV-SNP 引入了专用的指令来更新 RMP。例如 RMPUPDATE、PVALIDATE 等，如图 3-12 所示。VMM 通过 RMPUPDATE 设置物理内存的状态信息，SEV-SNP 虚拟机通过 PVALIDATE 来验证 RMPUPDATE 声明的映射信息的有效性，之后该映射关系变为可用。

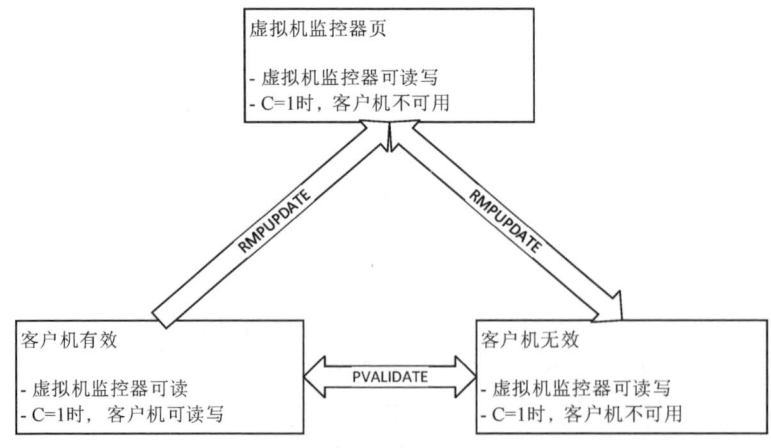

图 3-12　RMP 更新机制

2. 英特尔可信执行环境技术栈

英特尔在保护运行时数据的机密性方面给出了两种不同级别的技术栈——SGX 和 TDX。其中，SGX 就像保险箱，把应用程序中的一段虚拟地址空间中对应的数据和代码放到可信执行环境飞地（Enclave）中，该功能适用于应用程序层面的机密数据和代码保护。当然，借助库操作系统（Library Operation System，LibOS），用户可以在不改动应用程序的情况下直接将应用程序运行在 SGX 功能之上。另外，Intel TDX 拓展了多密钥全内存加密功能和虚拟化技术，提供虚拟机层面的可信执行环境，保证整个虚拟机运行环境的机密性和完整性，其架构如图 3-13 所示。可信域（Trust Domain，TD）实际上是具备内存数据和 CPU 状态机密性和完整性保护的虚拟机实例，可信域之间可以通过使用不同的密钥加密进行隔离。TDX 模块为运行在新的 SEAM 模式的安全固件，负责为宿主机提供构建可信域、上下文状态切换的功能，为可信域提供远程认证和 Hypercall 功能。

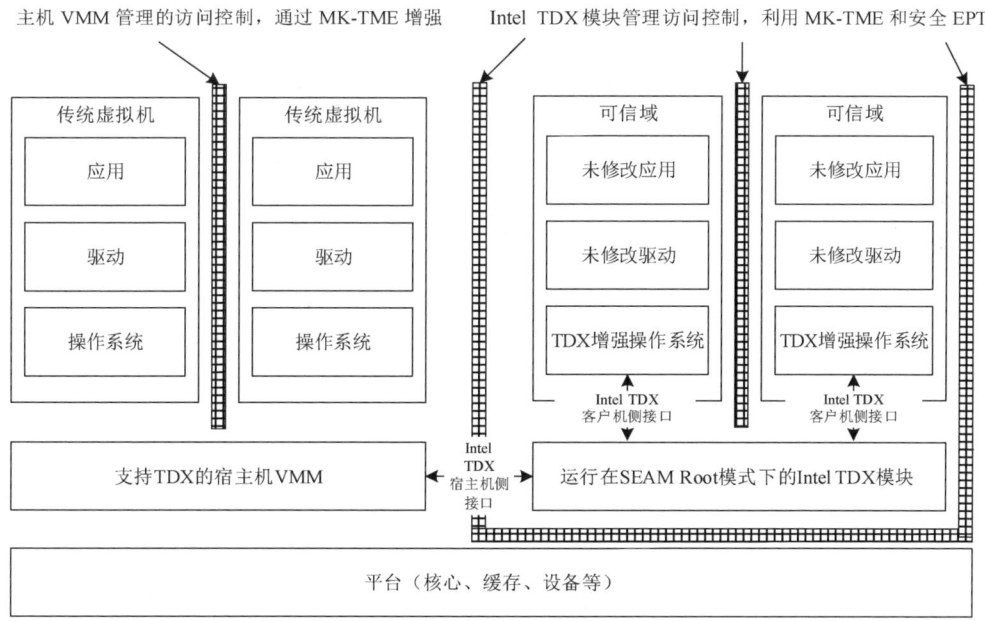

图 3-13　Intel TDX 架构图

3. 海光 CSV 可信执行环境技术栈

海光 CSV（China Secure Virtualization）是中国海光信息技术有限公司开发的基于硬件的虚拟化技术，类似于国际主流的虚拟化技术，如 Intel VT-x 和 AMD-V，主要用于支持在海光处理器上运行虚拟机，实现硬件资源的高效分配和隔离。CSV 实现的安全虚拟化技术采用国密算法，CSV 虚拟机在访问内存时由硬件自动完成加解密操作，每个 CSV 虚拟机都拥有不同的密钥。海光 CPU 使用 ASID（Address Space ID）来区分不同的 CSV 虚拟机和宿主机，标记 CPU 缓存和 TLB 等资源，实现 CSV 虚拟机之间，以及 CSV 虚拟机和宿主机之间的隔离。另外，CSV 支持磁盘加密远程认证等功能。CSV 的技术架构现已演进出 CSV1、CSV2、CSV3 三个系列，其中，CSV1 实现基础的 CSV 虚拟机内存加密保护功能，CSV2 在 CSV1 的基础上实现 CPU 状态的保护，CSV3 提供增强数据完整性的功能。CSV 实例的运行时状态（如内存数据）均受到 CPU 硬件的加密保护，云厂商和外部攻击者无法监控或定向篡改 CSV 实例的内部运行状态（如运行的进程、计算中的敏感数据等）。

3.3.3　RISC-V 架构

RISC-V 架构采用精简指令集架构，具备指令集开源、模块化设计的特点，可以根据具体场景选择合适的指令集架构，从传感器中的 CPU，到工控 CPU、家用电器 CPU 及服务器 CPU，RISC-V 都能够很好地实现扩展。

RISC-V 虚拟化扩展了特权模式（Supervisor Mode），并引入超级特权模式（Hypervisor-extended Supervisor Mode，HS Mode），如图 3-14 所示。在超级特权模式下，通过新增的指令集和控制状态寄存器实现内存虚拟化。在地址翻译过程中，引入 G 阶段页表来控制虚拟机物理地址和宿主机物理地址的映射关系。

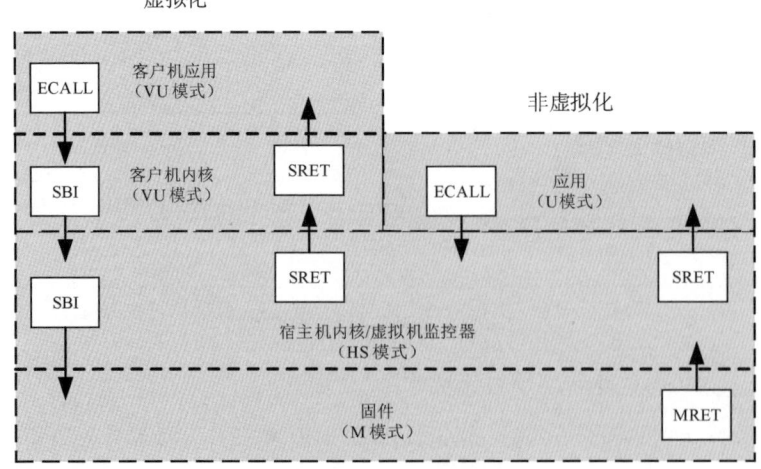

图 3-14　具有虚拟机监控器扩展的 RISC-V 超级特权模式

在 RISC-V 的特权等级分层中，用户（User，U）模式运行用户态应用程序。特权模式和超级特权模式运行操作系统内核。机器（Machine，M）模式运行固件程序，这种模式的优先级最高。当前的运行级别可以通过调用 ECALL 进入高一层的运行等级来申请所需服务，可以调用 MRET 从机器模式返回特权模式，可以调用 SRET 从特权模式返回用户模式。虚拟机内核运行在虚拟特权（Virtual Supervisor，VS）模式，虚拟机用户态程序运行在虚拟用户（Virtual User，VU）模式。RISC-V 特权等级和虚拟化模式如表 3-4 所示。

表 3-4 RISC-V 特权等级和虚拟化模式

虚拟化模式（V）	特权等级	缩写及模式名	G 阶段转换
0	U	U：User	关闭
0	S	HS：Hypervisor-extended Supervisor	关闭
0	M	M：Machine	关闭
1	U	VU：Virtual User	开启
1	S	VS：Virtual Supervisor	开启

RISC-V 机密虚拟机扩展（Confidential Virtual Machine Extension，CoVE）在原来的虚拟机架构基础之上引入了可信执行环境安全管理器（Trusted Execution Environment Security Manager，TSM）来管理业务的安全特性。TSM 和宿主机的隔离由运行在最高安全等级机器模式的 TSM 驱动，使用新增指令集控制。TSM 实施各种安全隔离策略，通过 G 阶段地址翻译机制来控制机密虚拟机之间的隔离。

RISC-V 可信执行环境的 TCB 包括 TSM、TSM 驱动及处理器微架构逻辑。TSM 和 TSM 驱动都被信任根（Root-of-Trust，RoT）度量。

CoVE 引入内存跟踪表（Memory Tracking Table，MTT）实现 TSM 和宿主机之间的隔离。宿主机作为资源管理、调度的角色没有变，可以设置 CoVE 虚拟机的加密内存区域，或者为其添加物理页。而内存跟踪表由 TSM 和 TSM driver 更新维护，记录跟踪 CoVE 虚拟机物理内存的安全属性。内存跟踪表被用于地址翻译的最后一步来实现内存隔离的功能。当 RISC-V 硬件线程（Hardware Thread，Hart）运行在可信执行环境模式时，该线程的访存操作都会用一个机密比特位来标记，即 Confidential-mode qualifier（C Bit），并根据不同的地址翻译配置。此外，借助物理内存保护（Physical Memory Protection，PMP）硬件机制，可以限制机器模式和用户模式对物理内存地址的访问权限，从而提高系统的安全性和稳定性，如表 3-5 所示。

虚拟机中的地址被翻译成系统的物理地址时，都会强制与内存跟踪表比对，如

图 3-15 所示。比对条件之一是被访问内存的安全属性，被访问的物理内存的属性记录在内存跟踪表中，即被访问的内存是机密内存（C）还是共享内存（NC）。比对条件之二是当前 Hart 是否处于可信执行环境模式，即机密模式（Confidential Mode）是否被置位。如果当前 Hart 处于可信执行环境模式，那么访问机密内存是合法的，允许访存操作继续执行，否则该访存操作被禁止，触发相应的异常。除了运行在机器模式，硬件都会被强制检查访存操作与内存跟踪表记录的内存安全属性是否一致，以此来实现完整的宿主机、机密虚拟机及 TSM 的隔离。

表 3-5　Hart 机密限定符和特权模式

C	模　式	地　址　转　换
0	机器模式	裸机（TSM 驱动在 TCB 中）
0	用户模式	单阶段 + PMP + MTT
0	扩展的虚拟机监控器—监督程序模式	单阶段 + PMP + MTT
0	虚拟用户	二阶段 + PMP + MTT
0	虚拟管理器	二阶段 + PMP + MTT
1	可信虚拟用户	二阶段 + PMP + [MTT]
1	可信虚拟管理器	二阶段 + PMP + [MTT]

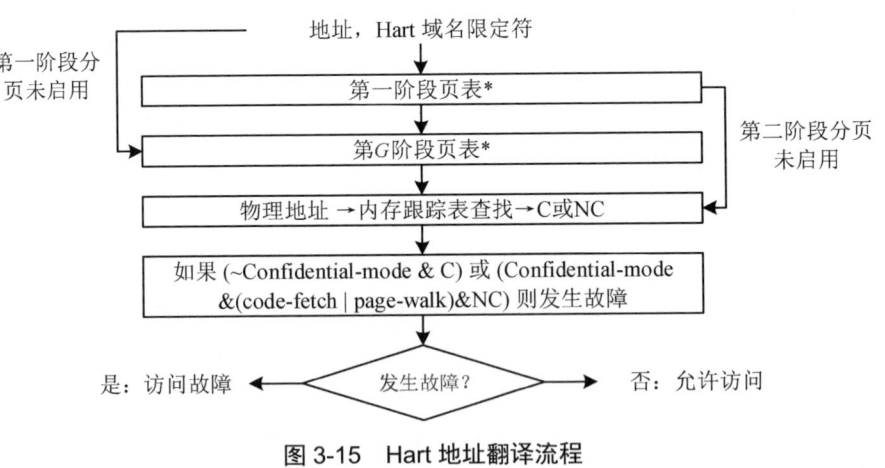

图 3-15　Hart 地址翻译流程

内存跟踪表不仅可以用作 CPU 端 Hart 访问内存的内存完整性隔离，还可以用于设备直通 CoVE 虚拟机场景，实现设备访问内存的完整性隔离。RISC-V IOMMU 扩展了支持 CoVE 的安全接口，为宿主机提供设置 IOMMU 的接口，当设备访问内存时，IOMMU 进行地址翻译的最后阶段也需要与内存跟踪表进行比对。除此之外，还需要配合链路层的标准协议，例如 TDISP、SPDM、PCIe/CXL 的 IDE 协议，实现完整的 CPU 可信执行环境和设备可信执行环境之间的链路层保护，如图 3-16 所示。

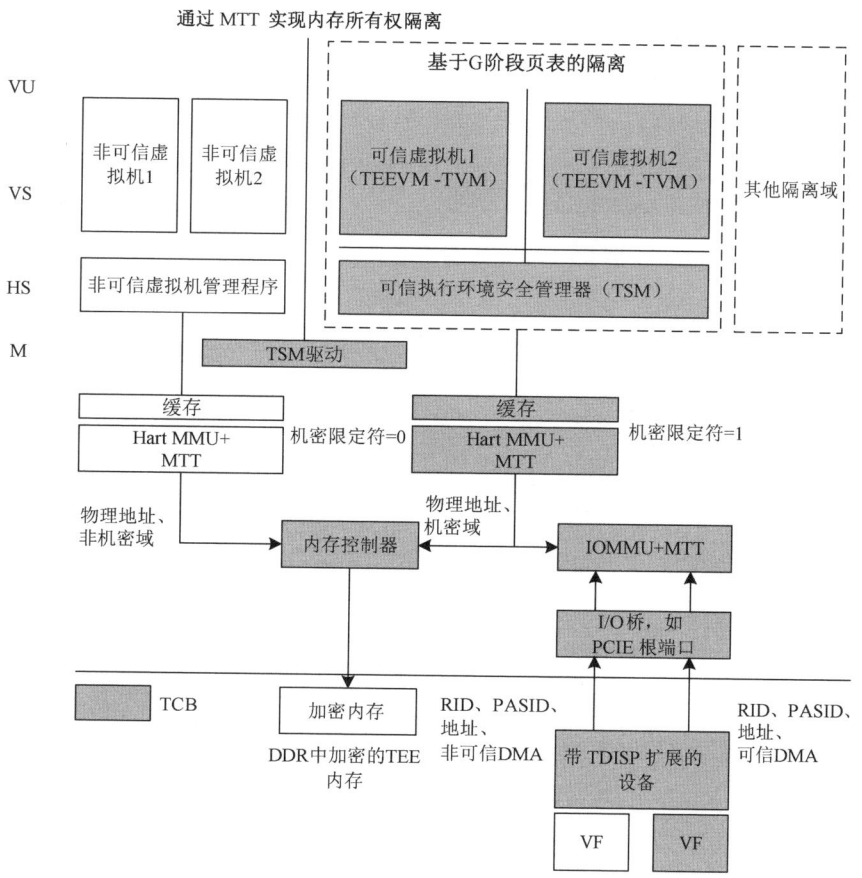

图 3-16 MTT 内存隔离机制

综上所述，RISC-V CoVE 的整体架构如图 3-17 所示。TH-ABI 定义的接口为宿主机提供 TSM 实现的安全功能，例如构建、销毁 CoVE 虚拟机的接口，而 TG-ABI 为 CoVE 虚拟机提供远程认证、声明 MMIO 空间、动态转换加密内存和共享内存的接口。TH-ABI 和 TG-ABI 的指令集层面的实现是依靠 ECALL、MRET 完成的。内存的机密性可以通过 CPU Hart 的机密模式实现，并配合更多元数据在 SoC 内部标记数据，实现 CoVE 虚拟机和宿主机的数据在缓存、网络结构中的隔离，并在内存控制器层面做多密钥加密。

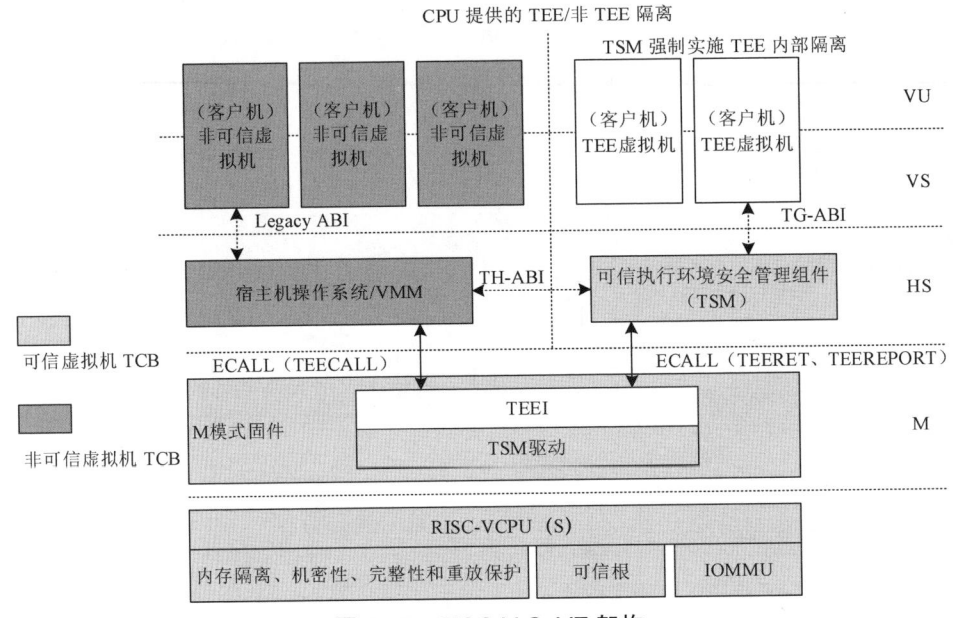

图 3-17 RISC-V CoVE 架构

3.3.4 特性差异

本节横向对比这些不同的可信执行环境特性差异，如表 3-6 所示。

表 3-6 可信执行环境特性差异

可信执行环境特性	Trust Zone[①]	SGX	SEV	TDX	CCA	CSV	CoVE
多密钥功能	N	N	Y	Y	Y	Y	N
热升级	N	Y	Y	Y	N	Y	N
可信执行环境执行单元热迁移	N	N	Y	Y	N	Y	N
可信执行环境 I/O	N	N	Y	Y	Y	N	Y
动态度量	N	N	N	N	Y	Y	N
Paging	N	Y	Y	N	N	Y	N
Seal	N	Y	N	N	N	N	N
可信执行环境嵌套虚拟化	N	N	N	Y	N	N	N
安全固件	N	N	Y	Y	N	N	N
内存完整性保护	N	Y	Y	Y	N	N	N
可信执行环境保护粒度	应用程序/虚拟机	应用程序	虚拟机	虚拟机	虚拟机	虚拟机	应用程序/虚拟机

---

① Trust Zone 可结合其他软件技术实现部分功能（如动态度量及虚拟化等）。

3.4 机密虚拟化

可信执行环境最初起源于移动通信领域，作为可信执行环境的实现方式之一，ARM Trust Zone 技术在边缘和移动终端场景的商业化趋于成熟。然而，随着云计算技术的蓬勃发展，各种计算业务百花齐放，如何在云环境中提供可信计算执行环境成为诸多芯片和云服务商关注的焦点。云计算的技术架构高度依赖虚拟化技术，现有的软硬件底层框架非常成熟。既能在不打破现有硬件技术架构和软件生态的基础上扩展可信执行计算环境的功能，又能利用虚拟化技术做到业务负载无感的需求正在催生云上新的业务生态。从本章勾勒的机密计算技术的演进脉络中能够看出，当前机密计算行业正趋向于从传统的可信执行环境技术向以虚拟化为基础的云原生可信计算环境演进，致力于在虚拟化架构中实现机密计算，这一发展方向被称为机密虚拟化。

第 4 章

机密虚拟化架构与实现

第 4 章 机密虚拟化架构与实现

第 3 章简要论述了当前业界主流的机密计算技术, 如 x86 体系架构下的 SGX、TDX 和 SEV-SNP, ARM 体系下的 CCA 等。回顾机密计算技术的演进历程, 在服务器或者云计算领域会发现一个有趣的现象: 无论是 x86 体系, 还是 ARM 及新兴的 RISC-V 架构, 都提供了基于虚拟化微架构进行机密计算能力扩展的支持。这些技术可以方便地帮助用户将传统的虚拟机应用升级为机密计算应用。基于虚拟化针对机密需求扩展实现的机密计算方案也被称为机密虚拟化, 这也是本书的主题。

不同的机密虚拟化技术方案的实现细节不同, 但基本理念都是基于虚拟化的微架构扩展机密计算的保护能力, 既满足机密计算引入的安全需求, 又实现了与传统基于虚拟化的用户应用的兼容。接下来以英特尔的 TDX 技术为例, 剖析机密虚拟化的微架构、指令定义、TCB 设计, 以及系统软件栈的实现。随着异构加速技术被广泛采用, 机密计算需要构建跨越通用处理器及加速器的可信执行环境, 本章也探讨了机密虚拟化如何满足异构加速场景下的设备虚拟化的需求。

4.1 微架构

今天的云计算几乎完全依赖虚拟化技术。虚拟化技术使云计算能够提供灵活的资源分配、弹性伸缩能力, 以及高效的多租户支持。通过虚拟化, 云服务提供商能够在一台物理服务器上创建多个独立的虚拟机实例, 每个虚拟机都像一台独立的计算机, 运行不同的操作系统和应用程序。

在云服务提供商的云环境中, 不同租户所购买的虚拟机实例可以共享一台物理机, 云服务提供商通过虚拟化管理软件统一管理这些虚拟机实例。虽然云服务提供商可以通过硬件虚拟化技术来隔离不同租户的工作负载, 但其安全模型仍然需要在租户信赖云服务提供商的虚拟机监控器的前提下提供安全可信的虚拟机环境。

为解决此问题, 机密虚拟化技术通过构建基于虚拟化的可信执行环境, 通常称为机密虚拟机(Confidential Virtual Machine, CVM), 来消除传统虚拟机对宿主机软件系统的安全依赖。虚拟机监控器和云平台运维人员排除在可信边界之外, 从根本上减少了攻击面，为虚拟机用户提供了一个更加安全可靠并且满足机密计算需求的运行时环境。英特尔的 TDX 技术作为机密虚拟化的一种具体实现，其构建的可信执行环境被称为可信域。可信域一方面保持了虚拟化对广泛现有应用的兼容性，另一方面具备了机密计算所需的高安全性。

- 内存机密性：借助多密钥全内存加密技术，TDX 为每个可信域分配的内存都是独立加密的。因为运行在可信域内存中的数据都是加密的，所以只有当这些数据进入处理器的可信边界后才会被解密为明文。这样做能够有效防止其他软件或硬件读取或篡改可信域中的数据。
- 虚拟机处理器（vCPU）状态的机密性：vCPU 的所有状态数据都会被为 TD 分配的私有密钥加密。在 vCPU 上下文切换期间，TDX 的微处理架构会清除或隔离处理器寄存器上下文的状态，确保可信域状态信息的机密性。
- 远程认证：远程认证可以帮助用户验证可信域的可信度。认证者可以向挑战者提供证据，以表明计算是在受保护的可信域内执行的。挑战者通过检查数字签名并将测量值与参考值进行比较来验证证据。

4.1.1 威胁模型

为了实现机密计算，云计算平台所有者需要将租户虚拟机与云平台上其他的系统软件隔离开，如 VMM、主机操作系统等。在这种情况下，TDX 架构考虑了以下两个威胁方。

- 系统软件：云平台软件系统运维管理人员（例如数据中心管理员、云平台开发人员）、VMM、系统 BIOS 等都可能发起恶意访问尝试，以提取工作负载中运行的机密信息和关键数据资产。
- 硬件：能接触到硬件平台的攻击者也可能通过硬件系统发起攻击，如通过窃听处理器与外围硬件系统的接口，最典型的就是内存总线，来提取云平台上运行的租户虚拟机的机密信息或实现欺骗。

系统软件攻击者能够访问系统内存，包括读取或写入虚拟机的私有内存，获取 vCPU 状态和寄存器信息，甚至通过对关键系统硬件（如 DMA 引擎）进行编程，将虚拟中断或异常处理注入虚拟机中。软件攻击主要包括内存注入、内存捕获和重放、EPT 重映射攻击。基于 TDX 构建的机密虚拟机能够有效抵御这类攻击。

硬件攻击者具有访问平台的物理权限，并能够读取和写入平台的物理内存，因此可以发起像 DRAM 一样的冻结内存攻击，从而离线读取和分析内存中的数据。TDX 不会防止所有类型的硬件攻击，而是通过使用内存加密保护技术来防护有限类型的攻击。TDX 对软件和硬件攻击的防御情况如表 4-1 所示。

表 4-1 TDX 对软件和硬件攻击的防御情况

攻击类别	攻击手段	TDX 防御
软件攻击	内核映射攻击	√
	已释放数据泄露	√
	受感染的 VMM 接管内存管理	√
	捕获和重放攻击（不同域）	√
	捕获和重放攻击（相同域）	√
	直接内容注入（纯文本）	√
	直接内容注入（选择加密文本）	√
	数据渗透（提取文本数据）——字典攻击	√
	比特翻转攻击	√
	EPT 重映射攻击	√
硬件攻击	冷启动攻击	√
	密钥磨损攻击	√
	数据渗透（提取文本数据）	√
	捕获和重放攻击——跨域注入攻击	√
	捕获和重放攻击（相同域）	×

4.1.2 架构设计

支持 TDX 功能的处理器需要提供运行虚拟机实例的可信执行环境、内存加密保护，以及芯片层面的信任根等安全机制。

TDX 技术基于英特尔硬件虚拟化技术（Intel VT-x），在其上扩展了机密计算的安全隔离能力，实现了客户机操作系统与宿主机操作系统、虚拟机监控器及其他特权程序之间的安全隔离。为了实现客户机操作系统与宿主机系统的安全隔离，Intel TDX 为机密虚拟机引入了一种新的安全运行模式——安全仲裁模式（Secure Arbitration Mode，SEAM）。与传统虚拟化的 VMX 类似，安全仲裁模式提供了两种执行上下文：SEAM 根模式（SEAM Root Mode）和 SEAM 非根模式（SEAM Non-Root Mode）。

在 SEAM 根模式中运行了一个 TDX 指令服务模块，负责实现宿主机和客户机系统之间机密计算隔离所需的指令扩展服务，系统软件与机密虚拟机的互操作必须通过 TDX 指令服务模块提供的指令完成。TDX 指令服务模块是由英特尔签名的指令扩展固件模块，负责可信域的生命周期管理，包括可信域的创建、执行和终止。TDX 指令服务模块提供了两组接口——SAMCALL 和 SEAMRET，能够隔离 VMM 对可信域的直接管理和访问，加强数据的安全管控。TDX 指令服务模块存放在由 SEAM 范围寄存器（SEAM Range Register，SEAMRR）标识的内存空间中，CPU 仅被允许访问 SEAM 范围寄存器内执行的程序，SEAM 范围寄存器标识的内存以外的设备或软件都会被禁止读取该段内存。同时，安全仲裁模式不允许访问平台上其他受保护的内存区域（如 SMM、SGX）私有内存。

安全仲裁模式提供了两种执行模式：SEAM VMX Root 模式和 SEAM VMX Non-Root 模式。支持 TDX 的虚拟机监控器在传统的 VMX Root 模式下运行，并利用 SEAMCALL 指令调用 TDX 指令服务模块的主机端接口函数。在执行 SEAMCALL 指令后，逻辑处理器从 VMX Root 模式转换为 SEAM VMX Root 模式，并开始执行 TDX 指令服务模块内的代码。一旦 TDX 指令服务模块完成任务，它就会通过执行 SEAMRET 指令以 VMX Root 模式返回虚拟机监控器。同时，可信域以 SEAM VMX Non-Root 模式运行。可信域可以通过 TD exit 或调用 TDCALL 指令陷入 TDX 指令服务模块。在这两种情况下，逻辑处理器从 SEAM VMX Non-Root 模式转换到 SEAM VMX Root 模式，并开始在 TDX 指令服务模块的上下文中执行。

为了安装 TDX 指令服务模块，英特尔提供了一个新的模块——身份验证代码模块（Authenticated Code Module，ACM），也称 SEAM 加载模块（SEAMLDR），以帮助验证 TDX 指令服务模块上的数字签名，并将其加载到 SEAMRR 标识的内存中。按照设计，TDX 指令服务模块的度量值和安全版本号（Security Version Number，SVN）由 SEAMLDR 记录到硬件度量寄存器中。TDX 架构图如图 4-1 所示。

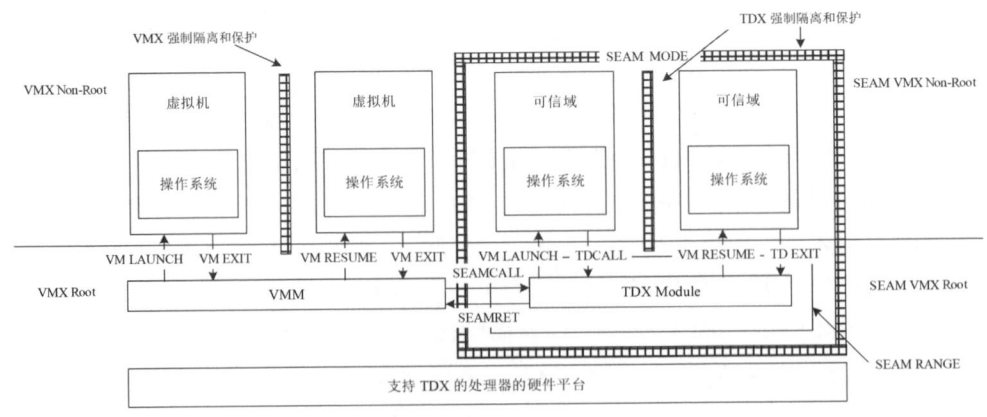

图 4-1　TDX 架构图

4.1.3 TCB 构成

在机密计算中，可信计算基（Trusted Computing Base，TCB）是指系统中被信任的核心组件的集合，这些组件的安全性对整个系统的可信性至关重要。TCB 中的组件通常包括硬件和固件，这些组件的安全性直接影响着基于其构建的系统的安全性，必须确保其安全性和可信性。

TDX 的 TCB 主要包括以下内容。

- 英特尔处理器中内嵌的硬件模块，如寄存器、片上缓存、内部总线，以及内存控制器等。
- 运行在处理器内部为 TDX 提供最基础指令的固件组件，如 TDX 指令服务模块、加载 TDX 指令服务模块的固件 SEAM Loader 等。

此外，机密计算依赖远程认证来确保可信执行环境的可信性。在此过程中，为 TDX 提供远程认证服务的核心组件也成为关键的可信依赖，如构建可信证书链的配置认证飞地（Provisioning Certification Enclave，PCE）程序、负责生成远程认证的引证飞地（Quoting Enclave，QE）程序等。

除了上述 TCB 组件，服务器平台上的其他组件，如虚拟化管理软件、平台上运行的系统固件、硬件外设及其上运行的固件、平台运维管理系统等都被排除在构建用户机密虚拟机环境依赖的 TCB 外。TDX 的 TCB 及安全依赖构成如图 4-2 所示。

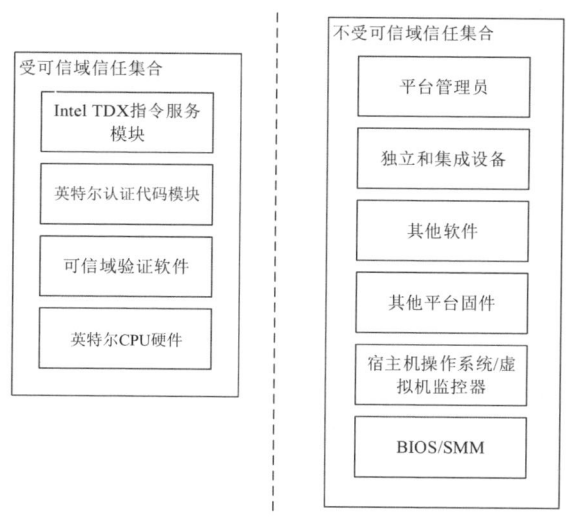

图 4-2 TDX 的 TCB 及安全依赖构成

4.1.4 内存保护机制

为了让可信域的内存免受来自特权软件、外设或者管理员的恶意操作影响，TDX 架构通过对内存页面实施访问权限控制和数据机密隔离来保护可信域的内存数据。内存页面访问控制可以防止同一台宿主机上的其他软件组件访问可信域的内存页面数据。内存数据加密隔离可以防止具备特殊访问权限的恶意软件及硬件非法读取可信域的数据。

TDX 构建的机密虚拟机，或称可信域，既需要处理用户的敏感数据，又需要和外部环境交换数据。为了增强系统安全性，同时方便对内存进行管理，将内存页面分为私有内存页面（Private Page）和共享内存页面（Shared Page），如图 4-3 所示。私有内存页面被机密虚拟机独有的硬件密钥加密，机密虚拟机可信域拥有的敏感数据（包括专有内存、vCPU 状态）存储在私有内存页面中，只有可信域和位于 TCB 中的 TDX 指令服务模块可以访问。而共享内存页面可用于可信域与外部组件通信，如虚拟机控制器或 I/O 设备。

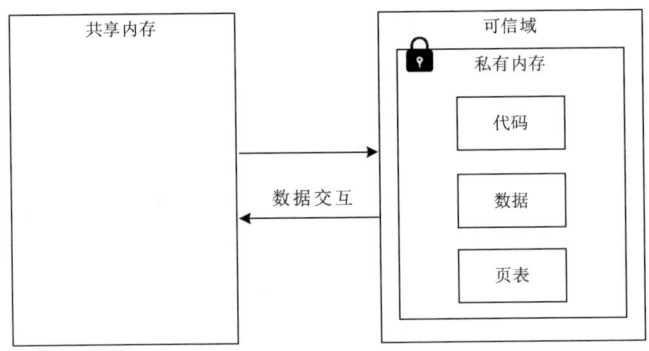

图 4-3　可信域私有内存页面和共享内存页面

TDX 使用多密钥全内存加密对可信域的内存页面进行加密，并提供了基于密码学的完整性校验能力。多密钥全内存加密是内存控制器集成的一个加密引擎，支持多密钥管理，并基于缓存行（Cache Line）粒度对内存数据进行加密和完整性校验，多密钥全内存加密会选择并使用特定的硬件密钥，从而实现安全和高效的数据加密。

4.2　指令体系

硬件虚拟化是云计算中最基础的关键技术，其本质是，在一个宿主机系统内由虚拟机监控器将硬件虚拟出多个独立的客户机系统，每个客户机系统能够运行不同的客户机操作系统。硬件虚拟化又进一步分为处理器虚拟化、内存虚拟化，以及外设虚拟化。

现代的主流处理器（如 x86、ARM、RISC-V）都提供了硬件虚拟化的能力，例如在数据中心和云计算场景中被广泛使用的 Intel VT-x（Virtualization Technology for x86）。VMX（Virtual Machine Extension）是英特尔为 VT-x 提供的扩展指令集，它定义了虚拟化的两种运行模式：VMX 根模式（VMX Root Mode）和 VMX 非根模式（VMX Non-Root Mode），分别运行虚拟机控制器和用户虚拟机。

英特尔的 TDX 技术构建于英特尔处理器硬件虚拟化技术（Intel VT-x）之上，为了满足机密虚拟化针对客户机操作系统与宿主机系统之间的安全隔离需求，TDX 在 VMX 的基础上增加了一个特有的安全仲裁模式。提供 TDX 指令能力的安全服务模块（TDX Module）就运行在 SEAM 的根模式下，该模块提供了实现宿主机系统与客户机系统之间机密计算隔离所需的指令扩展。宿主机上的系统软件，如虚拟机监控器，以及位于机密虚拟机中的客户机系统，必须通过运行在 TDX 指令服务模块中的指令服务进行互操作。

4.2.1 指令体系

当虚拟机监控器运行在 VMX 根模式下时，客户机系统运行在 VMX 非根模式下，虚拟机监控器和客户机的切换通过 VMX 提供的指令 VM Entry 和 VM Exit 实现。

如图 4-4 所示，在 TDX 的 SEAM 模式下，VMX 根模式和 VMX 非根模式分别升级为 SEAM 根模式和 SEAM 非根模式。运行在 SEAM 非根模式下的可信域或者说机密虚拟机，与虚拟机监控器之间的切换仍然会通过 VMX 的 VM Entry 和 VM Exit 指令实现，但是这些指令被触发后，会首先陷入 TDX 指令服务模块进行处理。TDX 指令服务模块提供的指令服务实现了虚拟机控制器和可信域的隔离，可以确保位于可信域中的状态信息和数据信息的安全。

在传统的虚拟化场景中，如果运行在 VMX 非根模式下的虚拟机执行了某个特殊操作需要退到宿主机系统，那么处理器会触发 VM Exit 将处理器控制权退还给虚拟机监控器，进入 VMX 根模式下的 VMM。VMM 执行完所需要的操作，再触发 VM Entry 将执行控制权传递回虚拟机，整个过程中虚拟机监控器可以直接访问客户机的虚拟机控制结构（Virtual Machine Control Structure，VMCS）。在基于 TDX 的机密虚拟机环境中，当处于可信域中的机密虚拟机需要退出并执行 VM Exit 时，处理器控制权会先交给运行在 SEAM 根模式中的 TDX 指令服务模块。TDX 指令服务模块执行相关操作，对客户机敏感的控制信息进行保护后，再退到位于 VMX 根模式下的虚拟机监控器。同样地，当虚拟机监控器处理完毕返回客户可信域时，也通过调用 TDX 指令服务模块的主机侧接口 SEAMCALL，由 TDX 指令服务模块访问客户机敏感的控制信息，将执行结果返回客户机系统。

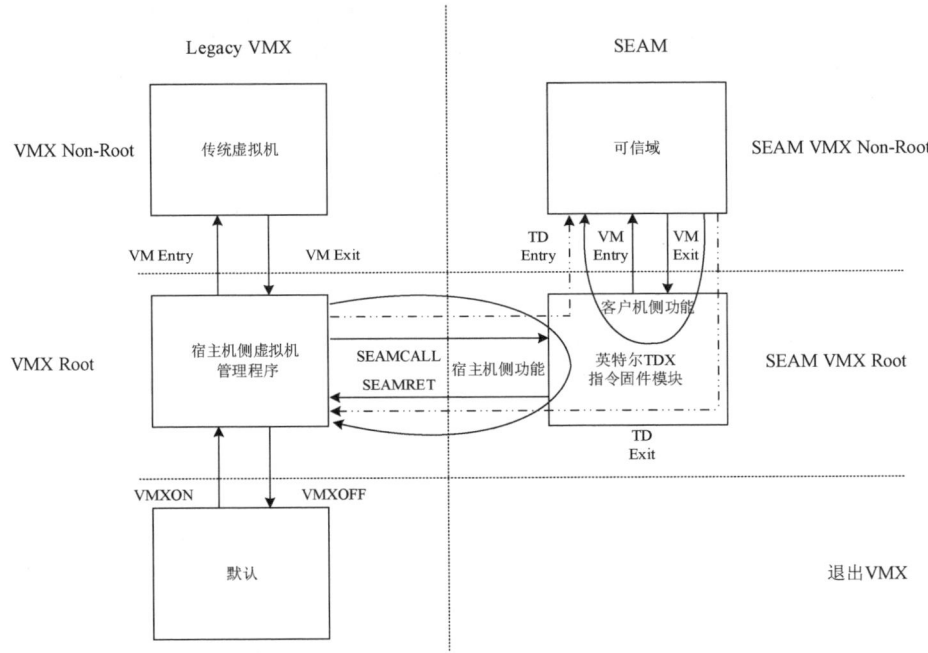

图 4-4　Intel TDX 的 SEAM 模式

TDX 指令服务模块面向宿主机的 SEAMCALL 指令和客户机的 TDCALL 指令。

- SEAMCALL：为虚拟机监控器提供的指令访问接口，主要功能包括 TDX 指令服务模块加载管理、可信域生命周期管理及所需的系统资源管理。
- TDCALL：为处于 TDX 非根模式下的客户机系统提供的指令接口，主要功能包括 TD 虚拟机元数据访问、TD 虚拟机内存管理，以及对 TD 虚拟机的度量等。

TDX 对宿主机物理内存的管理是通过信任域内存区域（Trust Domain Memory Region，TDMR）实现的。TDMR 被定义为一组内存区域，这些区域可以转换为可信域实例所需的私有内存页面。为了跟踪和管理 TDMR 中的物理页面的分配和访问，TDX 指令服务模块利用了物理地址元数据表（Physical Address Metadata Table，PAMT）。

PAMT 的核心功能是记录 TDMR 中每个物理页面被分配和使用的元数据信息，包括如下内容。

- 页面的基本属性：如页面类型和大小。
- 页面的使用状态：包括页面当前是否被分配给某个机密虚拟机实例 TD 以及相应的所有者信息。

PAMT 的一个重要特性就是，保证 TDMR 中的每个物理页面都仅能被分配给最多一个 TD 虚拟机实例，这是通过跟踪管理所有 PAMT 的 OWNER 字段实现的。PAMT 的字段及描述如表 4-2 所示。

表 4-2　PAMT 的字段及描述

字　段	描　述
PT	表明计划和 PAMT entry 建立联系的页面类型
OWNER	保存 TD TDR 页中的 12～51 比特的物理地址
BEPOCH	由 TDH.MEM.RANGE.BLOCK 采得到的 TDCS.TD_EPOCH 的值。该字段仅在 PT 位为 PT_REG 或 PT_EPT 时有效

PAMT 是 TDX 微架构实现内存页面完整性保护机制的关键数据结构，PAMT 的访问和修改通过 TDX 指令服务模块的 API 进行。PAMT 在内存中的存放区域虽然是 VMM 分配的，但是其内容通过仅 TDX 指令服务模块可见的全局私有密钥进行加密保存，实现了与 VMM 的安全隔离。

当 VMM 启动加载 TDX 指令服务模块时，通过调用 TDH.SYS.CONFIG 来完成 TDMR 分配及 PAMT 的初始化。

4.2.2　元数据管理

本质上，TDX 的可信域是一个虚拟化的实例。VMM 对可信域的生命周期过程管理与传统的虚拟化实例管理类似，需要分配虚拟机实例所需的各种资源（如处理器、内存、I/O 等）、加载实例镜像，并在实例关闭时回收资源。

虚拟机生命周期管理需要一系列内存数据结构来保存配置信息、状态信息及控制信息，这些数据结构被称为虚拟机实例元数据。VMM 实现对可信域实例的管理需要访问管理可信域的元数据结构，由于 VMM 被排除在可信域的 TCB 外，可信域的元数据结构需要与 VMM 隔离，对可信域的元数据管理是通过 TDX 指令服务模块的 API 间接实现的。

在 TDX 指令服务模块的上下文中，会为每个可信域分配一系列内存数据结构来管理元数据，这些数据结构可以进一步分为可信域层面的元数据及逻辑处理器（vCPU）层面的元数据。

信任域根（Trust Domain Root，TDR）：一个 4K[①]字节的页，是 TDX 指令服务模块管理可信域的根数据结构。作为可信域生命周期管理中第一个被分配的页面，其被分配的阶段在可信域私有密钥初始化前，所以只能通过 TDX 指令服务模块的全局密钥保护。TDR 管理的数据信息包含可信域在私有密钥初始化前需要的最少信息，如跟踪可信域构建和关闭过程的信息和可信域私有密钥管理所需的信息。

信任域控制结构（Trust Domain Control Structure，TDCS）：与 TDR 类似，TDCS 也是可信域层面的元数据结构，不同的是它由为可信域分配的私有密钥保护。TDCS 作为可信域的主要元数据结构，包含可信域的操作及状态相关的元数据，如执行控制流相关的数据、度量信息，以及指向安全页表（Secure EPT，SEPT）的入口信息。

信任域虚拟处理器状态（Trust Domain Virtual Processor State，TDVPS）：VMM 可以为可信域分配多个逻辑处理器，TDVPS 数据结构用于管理 vCPU 层面的元数据，如 vCPU 相关的控制信息和状态信息。当相应的逻辑处理器切换至可信域运行状态时，TDVPS 中保存的逻辑处理器信息会被装载到该处理器中；当其退出可信域运行状态时，逻辑处理器的状态信息会被转存到 TDVPS 的数据结构中。TDX 虚拟机的元数据定义如图 4-5 所示。

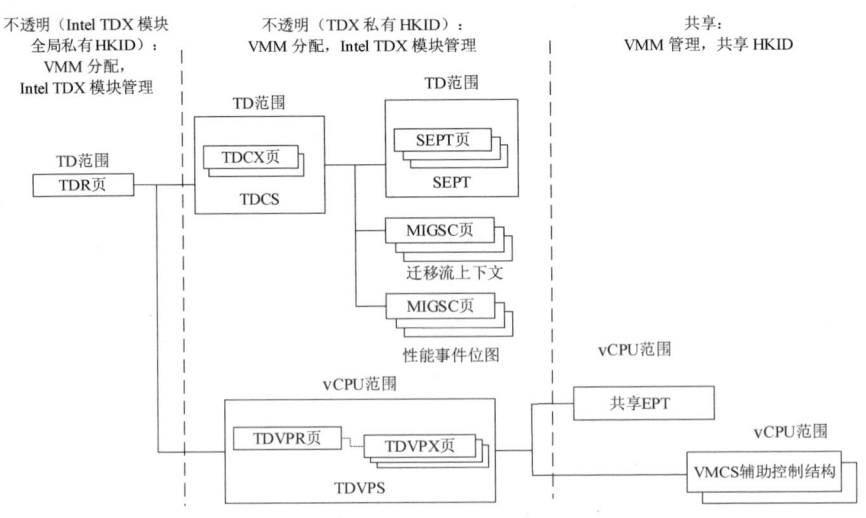

图 4-5　TDX 虚拟机的元数据定义

---

① K 用作"Kilo"的缩写，代表千，是计算行业的通用写法。——编者注

为了隔离外部软件对可信域元数据的访问，TDX 指令服务模块为虚拟机控制器和可信域提供了元数据访问接口，如表 4-3 所示。

表 4-3　TDX 指令服务模块元数据访问接口

操作方	范围	控制结构	Intel TDX 函数
宿主机 VMM（SEAMCALL）	可信域	TDR 和 TDCS	TDH.MNG.RD TDH.MNG.WR
	vCPU	TDVPS（包括 TD VMCS）	TDH.VP.RD TDH.VP.WR
客户机（TDCALL）	可信域	TDR 和 TDCS	TDG.VM.RD TDG.VM.WR

接下来，以可信域机密虚拟机构建场景为例，介绍 VMM 与 TDX 指令服务模块的交互过程，以及如何实现对可信域元数据结构的隔离。

（1）TDR 的创建。TDR 是 TDX 指令服务模块为可信域生命周期管理分配的第一个页面。VMM 首先调用 TDH.MNG.CREATE 创建 TDR 控制块，通过 TDH.MNG.KEY.CONFIG 分配可信域的私有密钥索引并通过 MKTME 初始化可信域的私有密钥。一旦私有密钥完成初始化，VMM 就可以对可信域的数据结构实施保护，如 TDCS。

（2）可信域控制块的构建。在完成可信域的私有密钥初始化后，VMM 为每个可信域建立 TDCS，这个过程是通过调用 TDH.MNG.ADDCX 实现的。该指令将 TDCS 需要的内存页面（TDCX）添加到 TDCS 中，然后调用 TDH.MNG.INIT 完成 TDCS 的初始化。

（3）vCPU 控制块的构建。每个可信域包含一个或多个 vCPU，TDX 指令服务模块通过 TDH.VP.CREATE 为每个 vCPU 分配对应的数据结构。每个 vCPU 都需要由 VMM 分配相应的 TDVPR 的内存块，并通过 TDH.VP.INIT 绑定。

（4）启动镜像内存初始化。VMM 在加载可信域前，需要为可信域的启动镜像分配内存页面，并通过 TDH.MEM.SEPT.ADD 将分配的页面索引添加到 TDX 指令服务模块管理的 SEPT。另外，VMM 将启动的镜像内容通过 TDH.MEM.PAGE.ADD 加载到可信域管理的私有内存，TDH.MR.EXTEND 将页面内容及物理地址信息按照 256 字节大小的数据块计算哈希值并扩展到可信域静态度量寄存器（Measurement of Trust Domain，MRTD）中。

（5）静态度量锁定。VMM 在完成可信域启动的构建流程后，需要调用 TDH.MR.

FINALIZE 来锁定静态度量寄存器的信息。一旦完成锁定，VMM 就通过调用 TDH.VP.ENTER 将执行控制权交给为可信域分配的 vCPU。

4.2.3 内存管理

为可信域实例分配的内存页面根据地址是否会被映射到可信域客户机物理地址（Guest Physical Address，GPA）可被分为以下两类。

- 仅具备 HPA 属性的页面。承载可信域实例元数据（如 TDR、TDCX 等）的内存页面，虽然属于具体的可信域实例，但是不需要映射到 GPA，仅具有主机侧的地址 HPA 属性。对这类内存，需要使用特定的元数据管理指令进行管理，例如 TDH.MNG.CREATE、TDH.MNG.ADDCX 和 TDH.VP.CREATE 等。
- 同时拥有 HPA 和 GPA 属性的页面。承载可信域实例镜像和数据的内存页面，以及 TDX 指令服务模块用来管理可信域实例私有页面的安全页表页面，会映射到 GPA 中，并同时具有 HPA 和 GPA 的属性。这类页面需要通过 TDX 指令服务模块提供的通用内存管理指令进行显式的分配和回收，如 TD.MEM.PAGE.ADD、TD.MEM.PAGE.REMOVE，以及与 Secure EPT 页面分配相关的 TDH.MEM.SEPT.ADD 等。

在可信域进入关闭（TEARDOWN）状态时，具有 GPA 属性的物理页面会被设置为非映射状态，VMM 可以将具备 GPA 属性的可信域实例私有内存页面和仅具有 HPA 属性的元数据页面统一处理，VMM 可以通过调用 TDH.PHYMEM.PAGE.RECLAIM 将内存回收到主机侧。

在 Intel VT-x 虚拟化架构中，虚拟机实例页面到宿主机内存页面的映射是通过增强页表（Enhanced Page Table，EPT）实现的，可以实现虚拟机的虚拟地址到虚拟机物理地址、再到宿主机物理地址的映射。TDX 通过将 EPT 扩展为 Secure EPT（SEPT）实现对可信域实例私有内存页面的 GPA 到 HPA 的映射管理。可信域实例私有页面的 GPA 和 HPA 的映射关系是可信域实例内存安全保障的基础。在 TDX 架构中，VMM 对 SEPT 的管理需要通过 TDX 指令服务模块的 API 完成，而 SEPT 也处于可信域实例私有密钥的保护之下。EPT 与 SEPT 的地址转换过程如图 4-6 所示。

TDX 指令服务模块在 SEPT 中定义了额外状态位来跟踪对页表项目的管理，仅当某个页面的状态被置为 SEPT_PRESENT 时，该页面才能被可信域实例安全地访问。SEPT 状态如表 4-4 所示。

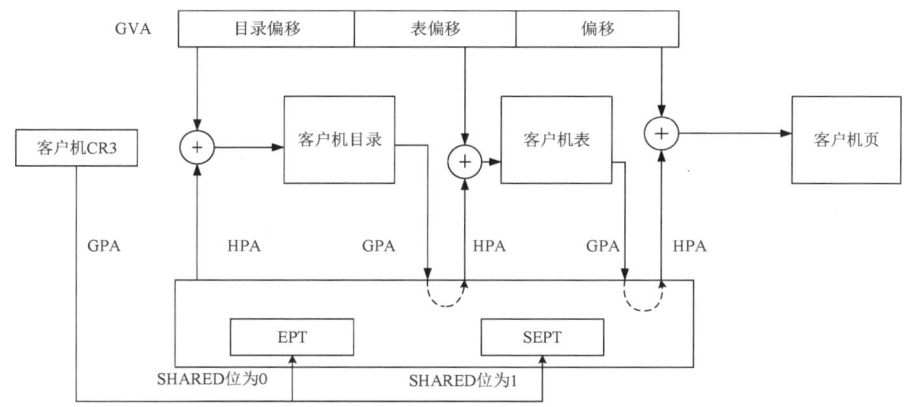

图 4-6 EPT 与 SEPT 的地址转换过程

表 4-4 SEPT 状态

SEPT 条目状态	Present 位有效（RWX != 0）	映射（HPA 有效）	描述
SEPT_FREE	否	否	SEPT 条目不映射 GPA 范围
SEPT_PRESENT	是	是	SEPT 条目映射一个可由客户机 TD 访问的私有 GPA 范围
SEPT_BLOCKED	否	是	SEPT 条目映射一个私有 GPT 范围，但是对该地址范围的新的地址转换被阻塞
SEPT_PENDING	否	是	SEPT 条目映射一个已由 TDH.MEM.PAGE.AUG 动态添加到客户机 TD 的 4KB 或者 2MB 大小的页，该页正在通过 TDG.MEM.PAGE.ACCEPT 等待客户机 TD 的接收。客户机 TD 不可访问该页
SEPT_PENDING_BLOCKED	否	是	SEPT 条目等待和阻塞

为了满足机密虚拟机环境完整性保护的需求，VMM 为可信域加载包含用户镜像和基础配置数据的内存页面必须在可信域构建阶段完成，该步骤是通过 TDH.MEM.PAGE.ADD 指令实现的。该指令需要检查待添加的页面是否已经在 SEPT 中存在映射关系，如果存在映射关系，就会退出当前的页面添加操作，以确保不会出现页面重映射。如果符合页面添加的条件，那么该指令会将待添加的页面数据复制到目标地址，并用可信域的私有密钥进行加密，同时更新可信域实例对应的静态度量寄存器。

VMM 支持为已经初始化完成的可信域实例动态添加内存页面，包括以下三个步骤。

（1）分配页面。VMM 从主机物理内存中分配一个未被使用的物理页面，并确保该页面位于 TDMR 内。

（2）初始化页面属性。VMM 调用 TDX 指令服务模块提供的指令更新 PAMT，并将页面标记为与目标可信域实例关联并配置相关属性，如页面类型和分配状态。

（3）建立映射关系。VMM 调用 TDH.MEM.PAGE.AUG 指令为可信域实例动态添加该内存页面并建立映射关系，即从 HPA 到 GPA。在这个阶段，TDX 指令服务模块会完成一系列的安全检查操作。

为防止重映射攻击，在添加内存页面时，还需要对该页面在当前可信域实例中的映射关系进行检查，确保其唯一性。

（1）分配页面时，TDX 指令服务模块会验证页面在 SEPT 中的映射关系，防止出现多重映射。

（2）通过上述检查并确认页面合法后，TDX 指令服务模块会在 PAMT 中标记该页面所属的可信域实例的所有者信息，防止其被映射给其他实例。

（3）这个过程结束后，该页面在所属可信域实例的 Secure EPT 中依然处于非可用状态（SEPT_PENDING）。可信域实例通过显式调用 TDG.MEM.PAGE.ACCEPT 并完成一系列检查和初始化才能将该页面在 SEPT 中的状态设置为可用（SEPT_PRESENT）。

4.2.4 处理器虚拟化

1. CPU 特性虚拟化及虚拟化异常

TDX 通常模拟 CPU 的 x86 架构行为，宿主机 VMM 可以配置 CPU 特性是否可用，并通过 CPUID 和 RDMSR 指令反映给客户机可信域。当 TDX 无法模拟某些 x86 功能时，可信域可以通过半虚拟化实现这些功能，此时需要部署一个#VE 异常处理程序。在执行无法模拟的指令时，虚拟化异常（标识为#VE）会注入可信域，处理程序可以向宿主机 VMM 请求信息或模拟所需行为。TDX 模块支持#VE 减少（#VE reduction）功能，可以通过配置可信域减少#VE 注入的情况。#VE 还用于通知可信域使用受限特性或 TDX 特定行为，如访问 PENDING 页面。

宿主机 VMM 在可信域初始化时配置 CPU 虚拟化，包括可信域属性、扩展特性掩码等。可信域可以通过设置 TDCS.TD_CTLS 字段的位来控制某些 CPU 虚拟化特性，有时会覆盖宿主机 VMM 的配置。可信域还可以控制每个 vCPU 和 CPUID 叶和子叶的

CPUID 虚拟化。

TDX 指令服务模块为可信域绑定的处理器分配 TDVPS 来管理处理器层面的状态信息，如 MSR、GPR 等。

在机密虚拟机场景下，VMX 虚拟化中可以在原生处理器上调用的一些指令可能会导致安全问题，当机密虚拟机调用这些指令时，TDX 在微架构层面会触发相应的异常进行拦截，如未定义异常（标识符为#UD）、通用保护异常（标识符为#GP）、特殊的虚拟化异常（Virtualization Exception，VE），标识符为#VE。下面几种情况会触发#VE。

- I/O 指令的访问，如 IN、OUT 等。
- HLT 指令的访问。
- CPUID 某些叶子指令的调用。
- 通过 RDMSR 和 WRMSR 访问某些未虚拟化的 MSR 寄存器。

#VE 的处理方式可见 4.3.2 节及 6.3.3 节相关内容。

2. vCPU 启动方式及限制

可信域 vCPU 的初始状态大部分与处理器在 INIT 后的架构状态相同，但有一些差异：可信域 vCPU 以保护模式（32 位未启用分页）启动，而不是实模式，并且只能切换到 64 位模式，这影响了段寄存器、控制寄存器和 MSR 的初始状态。IA32_EFER MSR 被初始化以支持特定的 CPU 模式。一些通用寄存器的初始值提供了基本信息，足以让 vBIOS 设置分页表并尽快切换到 64 位模式，以便使用 TDCALL 函数。另外，客户机软件可以根据其运行时环境的枚举，被设计为可信域、传统虚拟机模式，或直接在 CPU 上运行。

在 SEAM 非根模式下运行的可信域操作系统必须是 64 位操作系统，TDX 指令服务模块通过以下限制来强制执行这一要求。

- CPU 和分页模式：在 SEAM 非根模式下，CPU 支持以下模式。为实现这一点，CR0.PE 和 IA32_EFER.LME 被强制设置为 1。
    - 保护模式（32 位）且无分页（CR0.PG == 0）。
    - IA-32e 模式，具有 4 级或 5 级分页（CR0.PG == 1），子模式由 CS.L 控制。
    - 64 位模式。
    - 兼容（32 位）模式。

- 执行禁用：在 IA-32e 模式下运行时，PT 执行禁用位（63）始终启用。为实现这一点，IA32_EFER.NXE 被强制设置为 1。
- 缓存始终启用：客户机可信域运行在正常缓存模式下。为实现这一点，CR0.CD 和 CR0.NW 被强制设置为 0。

TDX 指令服务模块被设计为在 TDX 非根模式下阻止某些指令的执行，这些指令的执行会导致虚拟机退到 TDX 指令服务模块，然后向客户机可信域注入异常。这些异常可以是未定义异常（标识符为#UD）、通用保护异常（标识符为#GP）或#VE。无条件阻止的指令包括 ENCLS、ENCLV、大多数 VMX 指令、RSM、GETSEC、SEAMCALL 和 SEAMRET 等。某些指令（如字符串 I/O 指令、HLT、WBINVD、INVD、VMCALL 等）会无条件导致#VE 异常，以便进行半虚拟化。其他指令（如 PCONFIG）则根据特性启用情况导致#UD 或#VE 异常。某些指令（如 ENQCMD 和 ENQCMDS）在特定条件下会导致#GP(0)或#UD 异常。此外，某些指令（如 CPUID、RDMSR 和 WRMSR）在特定条件下可能会引发异常。

3．CR 处理

CR0 和 CR4 寄存器的处理方式涉及虚拟化和特定位的设置限制。对于 CR0，某些位（如 PE 和 NE）总是设为 1，而 NW 和 CD 总是清零。无效的写操作会导致#GP(0) 或#VE（UNSUPPORTED_FEATURE）错误。对于 CR4，大多数位的行为由 TDX 模块仿真，特定位如 PKE、CET 和 UINTR 的修改会导致#GP(0)错误。CR4.MCE 位的虚拟化取决于宿主机 VMM 和可信域的配置，在默认情况下固定为 1，且可信域不能修改相关寄存器。位，如 VMXE 和 SMXE 被虚拟化为固定的 0，修改这些位会导致#VE（UNSUPPORTED_FEATURE）异常。

4．MSR 处理

MSR 的虚拟化分为三类：在可信域进入和退出时进行上下文切换的 MSR、只读的 MSR，以及不可访问的 MSR。MSR 的行为可以是固定的，也可以根据可信域的配置参数（如 XFAM、ATTRIBUTES 和 CPUID）而改变。宿主机 VMM 无法直接配置特定的 MSR 行为，但可信域对 MSR 的访问违规通常会导致#GP(0)或#VE 错误。可信域可以通过设置特定控制位来减少#VE 异常的发生，并控制特定 CPU 特性的虚拟化。

5．CPUID 虚拟化

CPUID 虚拟化允许宿主机 VMM 配置某些 CPUID 叶和子叶的返回值。CPUID 字段的虚拟化分为两种类型：一种是由宿主机 VMM 配置的值；另一种是配置为原生值或 0。宿主机 VMM 在可信域初始化时，通过 TDH.MNG.INIT 配置这些字段。某些

CPUID 字段可以通过 TD_PARAMS 的不同部分进行配置,以支持扩展特性的细粒度虚拟化。在默认情况下,CPUID 执行会导致#VE 异常,但可信域可以通过设置特定控制位来减少#VE 异常的发生,并控制特定 CPU 特性的虚拟化。

6. APIC 处理及中断虚拟化

可信域必须使用 x2APIC 模式,且不能禁用 APIC。可信域只能访问部分虚拟 APIC 寄存器,针对其他虚拟 APIC 寄存器的访问会导致#VE 异常。

宿主机 VMM 可以通过 posted-interrupt 机制向可信域注入非 NMI 中断。虚拟 NMI 注入可以通过宿主机 VMM 请求 Intel TDX 指令服务模块实现,并在 vCPU 非活动时进行。跨 vCPU 的 IPI 请求需要通过 TDG.VP.VMCALL 协议由宿主机 VMM 处理。可信域在处理虚拟中断时应注意安全性,以减少恶意中断产生的影响。

7. TSC 虚拟化

虚拟时间戳计数器(Time Stamp Counter,TSC)的值在所有 vCPU 中保持一致,并且单个 vCPU 的虚拟 TSC 值单调递增。虚拟 TSC 频率由可信域配置决定,宿主机 VMM 需在初始化 TDX 指令服务模块前设置相同的 IA32_TSC_ADJUST 值,并确保其在调用 SEAMCALL 前不被修改。虚拟 TSC 从 TDH.MNG.INIT 时开始计数,参数通过 CPUID(0x15)枚举,可信域不能修改 TSC 或访问 IA32_TSC_ADJUST。可信域中支持 RDTSCP 指令,并可以访问 IA32_TSC_AUX MSR。在 TSC 截止时间(TSC Deadline)定时机制中,可信域不能直接访问 IA32_TSC_DEADLINE MSR(其主要作用是设置一个绝对的 TSC 值,当处理器的 TSC 值达到或超过这个值时,会触发定时中断),其虚拟化取决于 CPUID(1).ECX[24]位的虚拟值,宿主机 VMM 可以将该值配置为 0 或 1。如果配置为 0,则 IA32_TSC_DEADLINE 寄存器在虚拟环境中将被视为不存在,任何读写操作都会导致通用保护异常(#GP(0));如果配置为 1,则读写操作将导致虚拟化异常(#VE(CONFIG_PARAVIRT)),这允许可信域的#VE 处理程序通过请求宿主机 VMM 的服务来实现 TSC Deadline 功能。

8. 其他处理器虚拟化

除了以上几点,Intel TDX 的处理器虚拟化还涉及以下 5 个方面。

- KeyLocker(KL)的虚拟化特性及其操作要求。
- TME、MKTME 的虚拟化特性及其操作要求。
- 防止访客可信域引发的拒绝服务攻击的虚拟化机制。
- 平台拓扑虚拟化的特性及其配置方法。

- 客户机物理地址空间的配置及虚拟化，涉及 Secure EPT 和 Shared EPT 的使用。

由于篇幅限制，不再针对上述及其他处理器虚拟化做更多介绍，如需进一步了解，那么可参考英特尔发布的 Intel TDX 相关文档。

4.2.5 服务型可信域

在云部署场景中，TDX 机密虚拟机存在一类特殊的可信域实例用以辅助提供一些云平台层面的基础服务能力，供常规的可信域实例使用。这类可信域被定义为服务型可信域（Service TD），例如热迁移场景中的 Migration TD（MigTD）。

VMM 对服务型可信域实例的启动加载以及资源管理与常规的可信域实例相似，但是由于常规可信域实例可能会使用服务型可信域提供的服务能力，导致常规可信域实例的 TCB 扩展到服务型可信域。TDX 指令服务模块提供了额外的管理流程保证服务型可信域和常规业务可信域实例建立绑定关系，并将服务型可信域的度量信息反映到绑定的可信域实例的 TCB 状态中。

如果某个可信域需要消费某项服务型可信域提供的能力，则需要在该可信域的元数据结构 TDCS 中绑定对应的服务型可信域的信息，包含服务型可信域绑定的状态（SERVTD_BINDING_STAT）、识别该服务型可信域实例的 UUID（SERVTD_UUID），以及能够用来体现其 TCB 的度量哈希值（SERVTD_INFO_HASH）等。

4.2.6 度量与认证

构建完成一个机密虚拟机环境后，如何确认它是安全可信的呢？在机密计算中，远程认证（Remote Attestation）机制会为机密虚拟机生成一个可信引证，帮助验证者（机密虚拟机的使用者）评估机密虚拟机环境是否可信。

机密计算远程认证提供的引证必须包含认证者用来认证自身可信所需的必要信息，如承载机密计算环境的平台 TCB 的度量、加载的用户执行环境的度量等。通过提供引证信息，验证者能够验证机密计算提供的可信执行环境是否满足用户的安全能力和等级需求，从而确定是否可以安全地将用户的关键数据和业务逻辑运行在该远程环境中。

评估一个机密虚拟机提供的计算环境是否可信，需要度量几个维度的信息：机密虚拟机运行依赖的平台 TCB、机密虚拟机加载的执行环境，以及一些基础配置信息。具体到 Intel TDX 构建的机密虚拟机实例——可信域实例，可信性的度量信息如下。

- 可信域运行依赖的硬件处理器 TCB 中相关模块的配置和度量信息，如微码、TDX 指令服务模块等。
- 可信域加载的执行环境的度量信息，包含启动的客户机 BIOS、客户机操作系统、挂接用户根文件系统。
- 如果构建可信域时需要额外绑定服务型可信域（如热迁移所需要的 Mig TD），那么这些服务型可信域的度量信息也需要体现在可信域可信性度量报告中，如图 4-7 所示。

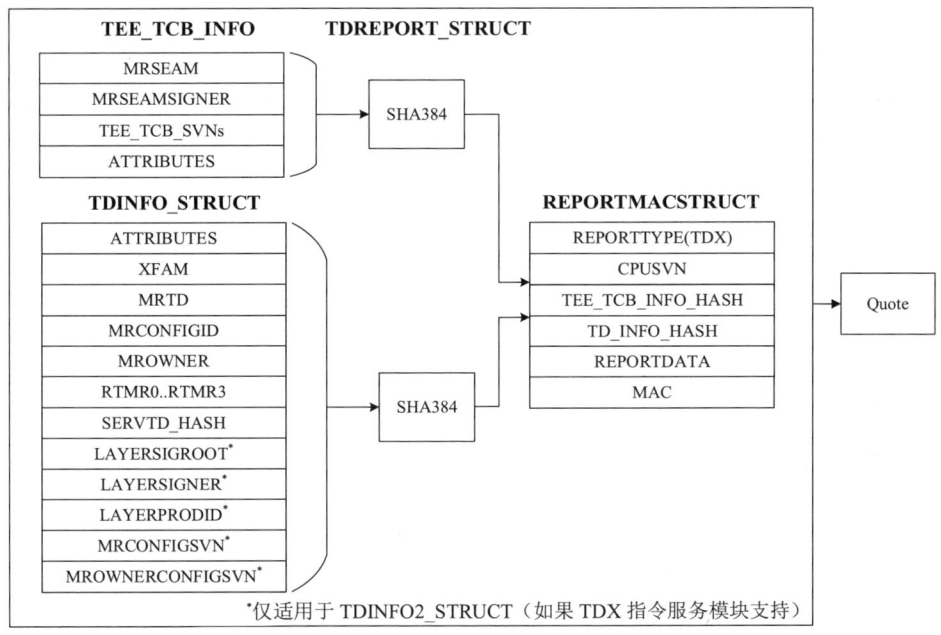

图 4-7　可信域度量信息

承载可信域的处理器 TCB 信息在 VMM 加载 TDX 指令服务模块后就固定下来，这个过程是由处理器的 TDX 微架构独立完成的，不需要操作系统和虚拟机实例的介入。而可信域中运行的可信执行环境是一个由 VMM 动态加载的虚拟机软件环境，其度量信息需要由位于 TCB 中的 TDX 指令服务模块在加载虚拟机实例的过程中生成，该过程包含静态度量和动态度量两个阶段。

（1）静态度量。虚拟机控制器在构建可信机密虚拟机实例时，需要对加载到内存中的初始内容进行度量，这个过程被称为静态度量。静态度量的发起方是虚拟机控制器，在虚拟机控制器为构建可信域添加内存页面时，如果该页面需要度量，则调用

TDX 指令模块提供的 MRTD 的度量 API（TDH.MR.EXTEND）计算页面内容的摘要信息，并将其扩展到 MRTD 寄存器。虚拟机控制器完成可信域机密虚拟机实例的构建后，会调用 TDH.MR.FINALIZE 锁定 MRTD 包含的静态度量信息。静态度量产生的摘要信息保存在 MRTD 寄存器中。

（2）动态度量。在虚拟机控制器完成可信域的构建并将运行权限交给可信域后，可信域需要对启动和运行过程中需要加载的代码和数据进行度量，这个过程被称为动态度量。动态度量的结果被存储在一组寄存器中，也被称为动态度量寄存器（Run-Time Measurement Registers，RTMR）。动态度量的发起方是运行时的可信域机密虚拟机，通过调用 TDX 指令模块提供的动态度量 API（TDG.MR.RTMR.EXTEND）实现。

以上过程产生的度量信息需要转换成不可篡改并能够被第三方证实的证据才能成为一个环境是否可信的引证。可信域机密虚拟机通过 TDG.MR.REPORT 接口向 TCB 内的 TDX 指令模块请求获取可信域度量报告（TD Report），度量报告验证通过后，使用远程认证密钥对其签名，经远程认证密钥签名后的度量报告即转换为最终用于认证机密虚拟机可信性的可信域引证（TD Quote）。

4.3 虚拟化软件

4.3.1 虚拟化原理

虚拟化的本质是拦截与模拟。VT-x 是英特尔在硬件虚拟化层面的技术实现，它借助硬件，支持虚拟机高效执行。如图 4-8 所示，在硬件层面引入 VMX 根模式（Root Mode）和 VMX 非根模式（Non-Root Mode）。在 VMX 非根模式中，复制原有的 CPU Ring 级别，也就是说在 VMX 非根模式下，CPU 拥有特权模式和用户模式。特权模式运行虚拟机内核，用户模式运行虚拟机 OS。在 VMX 非根模式下，每个 vCPU 都与虚拟机控制结构体 VMCS 关联。总体来说，VMCS 域可以分为三类：控制域、宿主机状态域和虚拟机状态域。

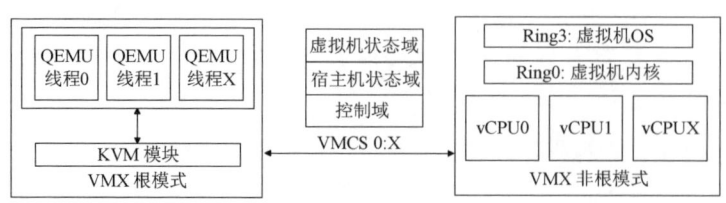

图 4-8　VT-x 虚拟化

控制域定义虚拟机具备哪些功能,例如是否具备 AVX512、AMX 指令功能。另外,控制域定义虚拟机运行过程中会被 VMM 侧拦截的行为。在虚拟机中,每个 vCPU 都抽象为宿主机侧的 QEMU 线程,通过 KVM Module①,采用 VT-x 引入的新指令集,从 VMX Root 模式保存宿主机侧 QEMU 线程的执行上下文,在加载虚拟机状态寄存器后切入 VMX 非根模式。此后,vCPU 得以执行。当执行过程中遇到特殊指令出现中断异常,抑或需要执行 I/O 操作时,vCPU 会从 VMX 非根模式退到 VMX 根模式,VT-x 的实现会设置退出原因,将虚拟机退出前的上下文保存到 VMCS 中的虚拟机状态域,然后在 KVM Module 中对导致退出的问题进行处理。在条件允许的情况下,vCPU 重新切换到 VMX 非根模式继续执行,如果需要 QEMU 进行处理,则进一步从 KVM Module 退到 QEMU 中,通常经过设备模型的处理后再返回 KVM Module,恢复 vCPU 的上下文。

4.3.2 虚拟机软件的实现

在 TDX 架构中,虚拟机的操作系统内核需要感知当前虚拟机是否运行在支持 TDX 的硬件上,进而要求虚拟机的操作系统内核对 TDX 进行适配,实现用户态应用程序无须针对 TDX 进行修改的目的。在虚拟机内核中,适配的工作主要集中在以下几个方面。

1. 处理可信域内执行受限指令引起的虚拟化异常

在传统虚拟机中,客户机执行特殊指令会导致虚拟机退出,即 VM_EXIT,宿主机上的 VMM 通过解析虚拟机退出的原因,以及虚拟机退出前 CPU 寄存器的状态进行相应的模拟处理。TDX 的设计目标之一是,仅传递需要 VMM 模拟的导致虚拟机退出的行为对应的寄存器信息,而无须 VMM 知道的寄存器信息会以密文的形式被保存起来,待虚拟机重新运行后再恢复。

对#VE 的处理主要涉及三个方面。一是 TDX 虚拟机执行受限指令导致的#VE;二是 TDX 虚拟机访问 MMIO 地址空间产生的#VE;三是 TDX 虚拟机访问 CPUID、MSR 导致的#VE。

在 TDX 微架构中定义了以下两类受限指令。

- 无条件产生#VE 的指令,包括 String IO(IN*, OUT*), IN, OUT;HLT;MONITOR、MWAIT;WBINVD、INVD;VMCALL。

---

① KVM Module 是一个在 Linux 内核中,利用 CPU 提供的硬件虚拟化扩展特性,实现虚拟化功能的模块,它使 Linux 系统能够作为一个虚拟化平台来运行虚拟机。

- 有条件产生 VE 的指令，包括 PCONFIG。

在内核代码中，用到这些指令的地方各不相同，新产生的代码也完全有可能继续使用受限指令。为了更方便地进行软件适配，TDX 微架构复用原有虚拟机的#VE 机制，如图 4-9 所示。

（1）当可信域执行上述受限指令时，导致虚拟机退到 TDX 指令服务模块侧。

（2）TDX 指令服务模块设置好处理退出指令的基本信息后，设置注入#VE 异常，然后重新进入虚拟机。

（3）虚拟机收到#VE 异常，在 VE 异常处理程序中，查询 TDX 指令服务模块并设置好基本信息，然后根据退出原因设置寄存器掩码，指定哪些寄存器是需要原封不动地传递给 VMM 的，哪些寄存器是需要 TDX 指令服务模块加密保留不传递给 VMM 的。

（4）#VE 处理程序调用 TDVMCALL，传递退出原因和必要的寄存器给 VMM。

（5）VMM 得到这些信息后再进行对应的模拟操作。

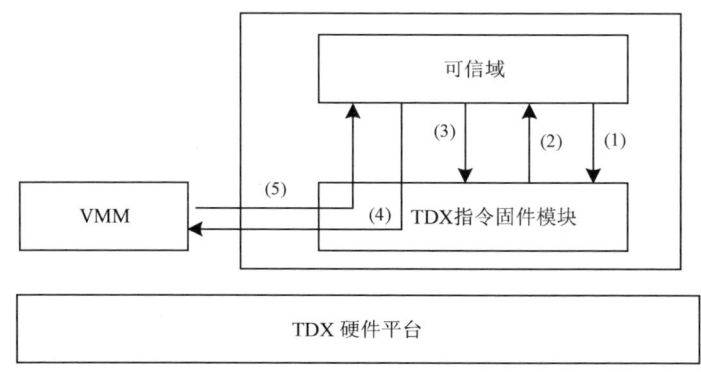

图 4-9　受限指令 VE 处理流程

在传统虚拟机场景中，当 QEMU 对虚拟机中的设备模型进行模拟时，以 PCI 设备为例，VMM 会对这段 MMIO 地址空间配置 EPT，让虚拟机中的驱动程序访问该 PCI 设备的 MMIO 时产生 EPT_MISCONFIG 异常。之后，在 EPT_MISCONFIG 异常处理程序中，VMM 将解码导致虚拟机退出的、当前访问 MMIO 空间的指令，以确定其虚拟机物理地址、访问类型（读或写）和访问长度。有了这些信息，VMM、QEMU 就可以查找到对应的 PCI 设备模型，对 MMIO 的访问操作进行模拟。

在上述流程中，由于可信域的指令存放在加密内存中，VMM 无法解析访问 MMIO

地址对应的指令，因此也无法获得访问 MMIO 的虚拟机的物理地址等信息。因此，当可信域中的驱动程序第一次访问 MMIO 空间时会触发 EPT_VIOLIATION。在 EPT_VIOLATION 的异常处理程序中设置 EPT（BIT63 SURPPRESS_VE），当驱动程序重新访问这段 MMIO 空间时，可信域会收到虚拟化异常消息，并将对应的退出原因设置为 EPT_VIOLATION。这样一来，可信域能够确定这类异常是访问 MMIO 导致的，进而自己解析访问 MMIO 对应的指令，获取 MMIO 虚拟机的物理地址、访问类型（读或写）及访问长度，然后将 TDVMCALL 调用到 VMM 侧进行模拟。

需要特别说明的是，在设备直通的场景下，物理设备的 MMIO 空间通过可信域中的驱动第一次访问 MMIO 空间时，会触发 EPT_VIOLATION，然后被直接映射到可信域的 MMIO 空间上，之后所有的 MMIO 访问都不会再触发 ETP_VIOLATION，也不会有 QEMU 模拟设备时访问 MMIO 产生的#VE。

可信域对 MSR 或 CPUID 的访问也可能触发#VE。MSR 访问行为可以被分为三类。第一类为生成#GP，这类 MSR 访问不应该在客户机操作系统中使用。第二类为生成 #VE，这类 MSR 访问通常可以由虚拟机监控器处理。客户机操作系统可以通过 Hypercall 请求虚拟机监控器处理虚拟化异常。第三类为直接访问，这类 MSR 访问不需要客户机操作系统做任何特殊处理，可能通过直接传递 MSR 到硬件或在 TDX 指令服务模块中捕获和处理来实现。除了速度可能较慢，这些 MSR 访问行为的功能与在裸机上相同。

当可信域执行 CPUID 指令时，如果访问的 CPUID 是现有设计定义的有效的 CPUID，那么 TDX 指令服务模块直接返回对应的 CPUID 指令。如果访问的 CPUID 是保留 CPUID，那么 TDX 指令服务模块会将#VE 注入可信域，可信域调用 TDVMCALL 请求，VMM 对该保留 CPUID 进行模拟。通常情况下，保留 CPUID 的范围是 0x40000000～0x4FFFFFFF，VMM 通过这个范围的 CPUID 值来枚举如下半虚拟化的功能。

- KVM_FEATURE_CLOCKSOURCE2。
- KVM_FEATURE_ASYNC_PF。
- KVM_FEATURE_PV_EOI。

2. 加密内存和共享内存的相互转换

TDX 可以保护可信域内存和 CPU 状态的机密性和完整性，但是当可信域需要与外界通过存储和网络进行通信时，由于设备模型是由 QEMU 进行模拟的，QEMU 和可信域之间需要设置共享内存来交换 I/O 数据。因此，在可信域中，需要一套软件机制提供易用的接口，实现加密内存和共享内存的转换。

如图 4-10 所示，可信域页表物理地址的最高位（Shared Bit，以下简称"共享比特位"）被硬件用作标记对应的虚拟机物理地址是共享内存还是加密内存。进一步地，共享比特位决定，硬件在将可信域的物理地址翻译到宿主机上的物理地址时，查询的是共享 EPT，还是私有 EPT。

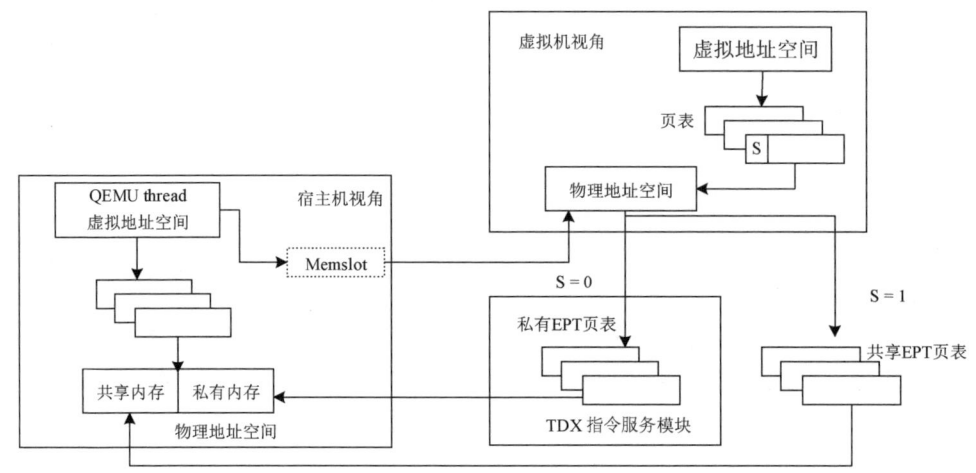

图 4-10　可信域内存映射关系

在整个操作系统内核的 I/O 架构中，需要做 I/O 访问的缓冲区在文件系统层、网络协议栈等多处位置进行分配，默认是加密内存。为避免在整个内核的多个子系统中进行有侵入性的改动，直接分配共享内存作为 I/O 缓冲区。当这些加密的 I/O 缓冲区进入设备驱动层时，通过引入 SWIOTLB 机制，强制对加密 I/O 缓冲区和 SWIOTLB 预留的共享缓冲区进行数据同步，以便 VMM 侧 QEMU 的设备模型能够访问这些 I/O 数据。此外，TDX 虚拟机内核中也实现对应的 API（set_memory_encrypted，set_memory_decrypted），允许驱动程序被分配到加密内存后，自行显式地调用上述 API 转换共享内存，典型的用例是 VIRTIO 的 Ring 缓冲区和远程认证驱动的可信域的引证缓冲区。

4.3.3　虚拟机监控器实现

TDX 宿主机 VMM 侧的实现主要包括 TDX 指令服务模块的初始化、KVM 针对

TDX 的适配和 QEMU 针对 TDX 的适配。下面分别从这三个方面进行分析。

1. TDX 指令服务模块的初始化

TDX 宿主机在启动过程中，首先需要对 TDX 指令服务模块进行初始化。TDX 的安全防护模型提出了以下要求。

- 同一个内存页面不能被同时分配多个不同的可信域实例。
- 同一个内存页面不能同时映射到同一个可信域的不同物理地址上。
- 用于分配给可信域内存的内存页不能再用于可信域的控制元数据。

为实现上述安全模型的要求，TDX 指令服务模块定义了 TDMR 和 PAMT 两种结构。TDMR 用于描述当前系统中有哪些物理内存可用于可信域。PAMT 是从当前系统可用物理内存中依照 TDMR 的大小，按比例预留的一块特殊内存区域，其结构如表 4-5 所示。

表 4-5 PAMT 结构

PAMT 字段	描述
PT	指明 PAMT 项所描述的内存页面的类型。例如是属于可信域的内存，还是用于 TDX 指令服务模块维护的控制结构体，抑或是待分配的空闲状态
OWNER	指向当前页面所关联的可信域的 TDR 页面的物理地址
BEPOCH	用于记录禁止访问页面时的同步刷新 TLB 的计数器

PAMT 中各项的大小为 16 字节，为了方便管理，系统会对 TDMR 按照不同尺寸的页面（4KB、2MB、1GB）映射关系统一预留对应的 PAMT 空间，在分配 Linux 内核时，这些 PAMT 空间会作为一整块连续的物理内存。在 Linux 启动过程中，先扫描当前系统的可用内存空间，然后构造描述可用于 TDX 的内存信息 TDMR，并分配对应的 PAMT 空间。之后，通过调用 TDH.SYS.TDMR.INIT 接口，把上述信息传递给 TDX 指令服务模块。PAMT 空间数据的机密性通过分配给 TDX 指令服务模块的私有密钥进行加密实现，TCB 范围外的其他软件组件无法查看或修改 PAMT 表。

2. KVM 针对 TDX 的适配

（1）客户内存（Guest Memory，GMEM）机制。在传统虚拟机中，虚拟机监控器（如 QEMU）经过 mmap 系统调用映射内存的后备文件到 vCPU 线程的用户态虚拟地址空间，GPA 和 HVA 的关联关系由虚拟机监控器注册到 KVM memslot 中，在虚拟机内存缺页（EPT_VIOLATION）时，KVM 通过缺页处理流程查找 HVA 对应的宿主机物理地址 HPA，之后在 EPT 中建立 GPA 和 HPA 的对应关系，因此虚拟机监控器 vCPU

线程访问 HVA 也就意味着直接访问传统虚拟机的物理内存。

在现有机密虚拟化的硬件实现中，为了对机密虚拟机加密内存的完整性进行保护，当机密虚拟机之外的软件实体（如虚拟机监控器）访问加密内存时，会触发硬件的信号，例如#PF、MCE 等，以告知这种访问是非法的。为了避免加密内存映射到虚拟机监控器 vCPU 的用户态地址空间中，防止软件漏洞引起的意外访问，KVM 引入了 GMEM 机制，为虚拟机监控器提供新的 KVM_CREATE_GUEST_MEMFD 接口，在创建 memslot 时，把虚拟机的 GPA 关联到 Linux 内部的匿名文件中，在虚拟机内存缺页的路径上从该匿名文件分配物理内存页。由此可见，GMEM 机制是一种通用的内存加固机制，适用于各种机密虚拟化实现，也可以用于增强传统虚拟机的保护功能。

（2）**KVM TDX 支持**。在控制层面，KVM 为虚拟机监控器提供 6 个新的用户接口，用于创建可信域。

- KVM_TDX_CAPABILITIES。该接口返回 TDX 指令服务模块支持的特性，包含两类信息。第一类信息为 TDX 指令服务模块层面的功能枚举，例如是否支持、调试模式、热迁移和热升级等。第二类信息为可信域可以支持的特性，例如指令集、CPUID 等。

- KVM_TDX_INIT_VM。该接口用于创建可信域阶段，调用 TDX 指令服务模块执行可信域创建生命周期表中定义的指令、分配可信域层面的控制页面、初始化可信域对应的各类特性（如指令集、CPUID、是否处于调试模式、PMU、EPT 的级数等）。除此之外，还可以通过调用 TDX 指令服务模块密钥分配和初始化的指令，为可信域在硬件层面创建加密内存所需要的密钥。

- KVM_TDX_INIT_VCPU。该接口用于创建可信域 vCPU 阶段，调用 TDX 指令服务模块执行可信域创建生命周期表中定义的指令、分配可信域 vCPU 层面的控制页面。在与可信域相关的 VMCS 退出、进入过程中，相关寄存器的状态都会保存在这类控制页面的内存中，该类内存用可信域的密钥进行加密。

- KVM_MEMORY_MAPPING。虚拟机监控器需要调用该接口把可信域启动后运行的固件程序，例如可信域虚拟固件（Trust Domain Virtual Firmware，TDVF），按照其预编译的地址信息，在 EPT 中建立好映射关系。在底层实现中，通常调用 TDX 指令服务模块提供的为可信域增加物理页的接口。

- KVM_TDX_EXTEND_MEMORY。虚拟机监控器需要调用该接口度量可信域启动后运行的固件程序，例如 TDVF，该接口内部会进一步调用 TDX 指令服

第 4 章 机密虚拟化架构与实现

务模块相关度量指令,以 256 字节的粒度更新哈希值。

- **KVM_TDX_FINALIZE_VM**。虚拟机监控器使用该接口完成创建可信域的最后一步。该接口内部调用 TDX 指令服务模块的指令,锁定最终的可信域度量值和服务型可信域(例如 MigTD)的度量值。

在运行时层面上,KVM 对 TDX 的支持主要为处理两类可信域退出原因事件。

- **EPT_VIOLATION**。可信域在运行状态下,内存访问请求需要获得主机物理地址 HPA,当硬件无法根据 EPT 查找到有效的 HPA 时,可信域会退到 KVM 侧,KVM 会得到触发缺页的虚拟机物理地址 GPA,进一步根据 GPA 的 Shared 比特信息,确定填充的是共享 EPT 还是安全 EPT。当 GPA 的 Shared 比特为 0 时,表明当前访问的是加密内存,KVM 会从 GMEM 中分配到用于映射加密内存的主机物理页。当 GPA 的 Shared 比特为 1 时,KVM 会按照传统虚拟机的处理路径,由 memslot 中的 HVA 确定主机物理页。填充安全 EPT 需要调用 TDX 指令服务模块中相应的页表操作指令,这类指令通常会引入一定的延时。为了尽量减少对 KVM 中现有缺页处理流程的侵入性修改,KVM TDX 的实现中会保存并维护一份安全 EPT 的副本,所有访问 EPT 的操作都先围绕该副本进行,最后调用 TDX 指令服务模块更新固有的安全页表。

- **TDVMCALL**。对于受限指令的访问(例如 MSR、HLT 等),MMIO 空间的模拟都会触发 VE,可信域进一步调用 TDVMCALL,指定可信域退出原因和相应的寄存器掩码位。在 KVM 侧,需要承接对可信域调用 TDVMCALL 的处理,进一步的处理通常会复用传统虚拟机的处理路径。有两种原因会导致可信域从 KVM 退到虚拟机监控器层面,即可信域通过 TDVMCALL 请求转换 GPA 地址的属性为共享内存还是加密内存,以及请求获取远程认证的引证信息,例如在 QEMU 中处理。

3. QEMU 针对 TDX 的适配

在命令行层面,为创建可信域实例,QEMU 为用户提供了必要的选项,用户可按照如下配置声明 tdx-guest 目标,并将其关联到虚拟机的机器类型上。除此之外,其他与传统虚拟机相关的配置(如 NUMA 的拓扑结构等)也可以用于可信域的配置。

```
-object tdx-guest,id=tdx0
-machine ...,kernel-irqchip=split,confidential-guest-support=tdx0
```

在代码实现层面,QEMU 上游已经在关键路径上为创建机密虚拟机提供了通用的框架，整合了 SEV 和 PEF 的支持。为支持 TDX，在 QEMU 这条原本实现机密虚拟机的路径上，需要整合 KVM 为 TDX 提供的新的接口。主要步骤如下。

- 初始化可信域实例阶段。在这一步，需要实现 tdx_guest 类，当用户配置 QEMU 参数并声明创建可信域实例后，该类将完成 TDX 虚拟机类型的必要初始化操作。包括通过 KVM 的 KVM_TDX_CAPABILITIES 接口获取 TDX 指令服务模块支持的 CPUID 配置信息，从而过滤出最终生效的 CPUID 值，然后注册可信域初始化完成的回调函数。

- 初始化 vCPU 阶段。根据用户指定的参数确定最终的 CPU 特性，并调用 KVM 的 KVM_TDX_INIT_VM 接口初始化每个 vCPU 的特性，例如 CPUID、PMU、TSC 频率等。

- 初始化内存后端设备阶段。当 QEMU 初始化用户指定虚拟机的内存后端设备时，调用 KVM 的 KVM_CREATE_GUEST_MEMFD 接口，为当前机密虚拟机实例创建 GMEM 文件句柄，用于在机密虚拟机触发 EPT_VIOLIATION 时，从该文件关联到宿主机物理内存。

- 创建可信域收尾阶段。当虚拟机实例创建进入收尾阶段时，插入第一步注册的回调函数，完成最后的收尾工作。首先，组装 HOB（Handoff Block）信息，描述可信域的内存布局。然后，调用 KVM_TDX_INIT_VCPU 接口，声明 vCPU 复位时寄存器的初始值，其中包含 HOB 信息的位置。接下来，解析 TDVF 的内存，调用 KVM_MEMORY_MAPPING 接口，将 TDVF 固件映射到 EPT 中，以便 vCPU 复位执行初始化指令。附加操作包括调用 KVM_TDX_EXTEND_MEMORY 接口，将 TDVF 固件的哈希值添加到可信域的度量值中。最后，调用 KVM_TDX_FINALIZE_VM 接口，锁定可信域度量值，并标记可信域处于运行状态。

- 在运行时路径方面，QEMU 配合 KVM 处理必要的可信域退出原因。其一，通过 VSOCK 链接请求引证生成服务获取引证信息，得到引证信息后，向可信域注入中断，通知引证信息处于可读状态。其二，处理可信域的地址属性转换请求。在这一步中，QEMU 需要更新可信域地址属性的状态给 KVM，如果把加密内存转化成共享内存，则需要调用 fallocate 操作解除原有加密内存在 EPT 中的映射关系，然后更新共享内存和宿主机物理内存在 IOMMU 表中的映射关系。

4.4 I/O 设备虚拟化

4.4.1 传统 I/O 设备

随着云计算、大数据等技术的兴起，虚拟化成为提高计算机资源利用率、降低成本、提升灵活性的关键技术。

虚拟化技术的核心思想是，将物理硬件资源进行抽象和整合，形成虚拟的资源池，然后在这些虚拟资源池上运行各种应用和业务。这样，不同的应用和业务可以相互隔离，互不干扰，且能动态地调整所需的资源。

在虚拟化技术的发展过程中，I/O 虚拟化技术扮演了重要角色。I/O 操作涉及大量的数据传输和处理，在传统的虚拟化环境中，每个虚拟机都拥有独立 I/O 物理设备，导致 I/O 资源的浪费，为了解决这个问题，I/O 虚拟化技术应运而生。

I/O 虚拟化技术的核心思想是，将 I/O 设备进行虚拟化和共享，使多个虚拟机可以共享一个物理服务器上的 I/O 资源。虚拟机监控器可以截获虚拟机对外部设备的访问请求，然后通过软件模拟真实的物理设备。因此，在虚拟机中看到的设备实际是一个虚拟设备，而不是真正的物理设备。这样，可以实现对物理 I/O 资源的统一管理和分配，从而提高 I/O 硬件资源的利用率。

现有的 I/O 虚拟化技术有多种形式，大致可分为软件模拟形式和硬件辅助形式。

通过软件模拟的 I/O 虚拟化技术，虚拟机可以访问外部设备，如通过网络接口控制器。在这种技术中，虚拟机监控器会截获虚拟机操作系统对外部设备的访问请求，并通过软件模拟真实的物理设备。这样，虚拟机看到的只是一个虚拟设备，而不是真正的物理设备。

软件模拟的 I/O 虚拟化技术的主要优点是，能够实现对物理设备的完全虚拟化，虚拟机操作系统无须修改就能直接驱动虚拟设备。此外，由于所有的 I/O 操作都经过 VMM/Hypervisor 层的模拟，因此这种技术还可以提供更好的设备兼容性和隔离性。然而，软件模拟的 I/O 虚拟化技术也存在一些缺点。首先，所有的 I/O 操作都需要经过软件模拟，会产生一定的性能开销。其次，VMM 或 Hypervisor 层需要处理所有的 I/O 请求，可能会增加系统的复杂性和管理开销。

为了最小化 I/O 虚拟化带来的开销，现代处理器提供了一些功能，包括直接内存访问（Direct Memory Access，DMA）、中断重映射等，VMM 可以利用这些功能来允许虚拟机直接访问硬件资源。

在支持硬件辅助 I/O 虚拟化的场景中，英特尔处理器提供了以下方案。

- 设备直接分配：将整个设备分配给虚拟机。
- 单根 I/O 虚拟化（Single Root I/O Virtualization，SR-IOV）：将设备的虚拟化功能分配给虚拟机。
- 可扩展 I/O 虚拟化（Scalable I/O Virtualization，S-IOV）：将更细粒度的设备接口分配给虚拟机。

为了实现高性能的数据计算，CPU 可能会将一些工作负载放到设备上，例如用于 AI 处理的图形处理单元，以及用于网络处理的智能网络接口控制器。数据的安全风险从 CPU 侧扩展到了连接的设备侧，硬件设备的安全也成为虚拟化基础架构安全不可或缺的组成部分。

在高度互联的数字化世界中，保障设备安全至关重要，因为任何安全漏洞都可能被恶意利用。

- 设备身份（如供应商 ID 和设备 ID）可能会被恶意伪造。
- 设备上的固件可能存在安全漏洞，或者可能已被篡改。
- 设备调试接口可用于获取设备硬件的访问权限，从而影响设备的安全属性。
- 设备与虚拟机之间的通信数据可能会被物理访问、篡改。

因此，一个可信的虚拟机必须具备更好的安全能力，以检查和验证设备的身份及设备的安全状态，在设备之间构建安全可信的验证链路，从而确保整个系统在基础架构层安全稳定地运行。

为了实现与传统 I/O 设备驱动的兼容，机密虚拟化的最初实现（无论是英特尔的 TDX 技术还是 AMD 的 SEV 技术）都采用了同一种模式，即将硬件 I/O 设备排除在可信依赖外。这样，I/O 设备无须改动。然而，从安全角度考虑，设计中需要禁止 I/O 外设直接访问机密虚拟机的私有密钥管理内存。

在这种模式下，虚拟机监控器这一安全依赖之外的组件，需要为机密虚拟机提供虚拟设备管理服务，机密虚拟机（如可信域实例）通过 VMM 分配的共享密钥的内存区域（通常被称为 bounce-buffer 或 I/O 缓冲区）与虚拟设备进行数据交互。机密虚拟机通过分配一块共享密钥内存，与外部的虚拟机控制器及物理网卡进行数据交互。区别于专为机密计算设计的 TEE-I/O，这种依赖共享内存缓冲进行数据传输的模式在本书中也被称为传统 I/O 模式。

在这个过程中，VMM 和 I/O 设备都是不可信的，为了确保可信域中用户数据的安全，需要对放入共享密钥内存区域的数据进行加密。在某些使用 I/O 设备的场景下，如网络设备和存储设备，通常会借助应用层或者协议层自带的软件加密机制实现数据的机密性保护，这种保护方式使机密虚拟机及其设备驱动程序额外承受加密操作的负担，例如，传输层安全协议（如 TLS）或存储加密协议能够直接在上层解决数据加密问题，从而减少对底层驱动的依赖。然而，对于 GPGPU 等设备，驱动程序通常直接传输处理明文数据，缺乏针对用户数据的保护机制，需要在驱动层或应用框架层引入额外的加密逻辑，这需要在传输端对数据加密并在接收端进行解密，造成额外的性能开销。

在传统 I/O 模式下，由于可信域与设备之间的通信是通过共享内存中的一个缓冲区实现的，用户数据需要在私有内存和共享内存间频繁移动。这种基于软件的 I/O 数据传输模式导致了额外的开销，不仅需要多次复制数据，有时还伴随加解密操作，增加了 I/O 操作的延迟和开销，显著降低了传输速度和效率。在处理高频或者大规模 I/O 操作时，传统 I/O 模式的性能瓶颈成为不可忽视的问题。

除了性能障碍，机密计算对数据保护的要求也不允许将用户明文数据放到传统的 GPGPU 或加速器上。传统的硬件加速器通常缺乏对数据加密和隔离的原生支持，无法确保用户数据在传输和处理过程中的机密性和完整性。近年来，以英伟达的 H100 为代表的新一代 GPGPU 已经开始支持机密计算场景。H100 引入了多种与机密计算兼容的特性，例如硬件级的数据隔离和加密传输功能，使用户的敏感数据在 GPGPU 进行计算时能够保持机密性。H100 支持与可信域之间通过加密的共享内存进行数据传输，并支持基于软件的加密技术保护可信域与加速器之间的数据交互。数据在传输到 H100 前，首先会在可信域的私有内存中进行加密处理，确保处于加密状态。加密后的数据通过虚拟化环境被传输到 H100，GPU 内部的硬件解密引擎负责解密。计算结束后，数据被重新加密并传回机密虚拟机。虽然基于软件的加密技术可以提供一定的数据保护，但其性能和功能可能无法满足所有需求。在设计机密虚拟化系统时，需要权衡安全性和性能，选择最适合的 I/O 虚拟化和数据保护策略。

4.4.2 TEE-I/O 设备

伴随着机密计算需求在高性能异构加速场景中的增长，尤其是在人工智能和大模型领域，如何在保障数据安全的同时满足高速、高效的 I/O 数据交互需求，已成为一个亟待解决的重要问题。为了解决这一问题，TEE-I/O（Trusted Execution

Environment I/O）技术应运而生。TEE-I/O 旨在提供硬件级别的数据隔离和加密保障，使敏感数据在 I/O 传输和处理过程中不会暴露给不可信的虚拟机监控器或外部设备，同时尽可能减少对性能的影响。这一技术的引入使机密计算能够更好地与硬件加速器结合，为数据隐私保护提供了更好的技术支持。

根据 PCIe TDISP 1.0 规范，TEE-I/O 设备的目标是保护机密虚拟机里的数据、代码和执行状态，具体涉及以下两个方面。

- 机密性：防止向机密虚拟机的 TCB 以外的固件、软件或硬件等实体披露数据（如其他虚拟机、VMM 等）。
- 完整性：防止不在机密虚拟机的 TCB 中的固件、软件或硬件等实体修改数据（如其他虚拟机、VMM 等）。

为了实现上述目标，TEE-I/O 设备应具备以下能力。

- 提供设备身份认证和度量报告。为了保护可信域免受 TEE-I/O 设备身份欺骗，该设备应基于可信根（ROT）实现度量（RTM）、存储（RTS）和报告（RTR），以支持提供设备身份认证和度量报告。同时，设备调试接口不应影响设备的安全属性。
- 提供安全认证通信。TEE-I/O 设备应支持在主机和设备之间建立 SPDM 安全通信通道，传输可信数据。安全通信通道应提供 IDE 机密性、完整性、重放保护和消息排序等能力。
- TEE-I/O 设备接口（TEE Device Interface，TDI）。TEE-I/O 设备应支持锁定 TDI 的配置，以可信的方式发送相关配置信息，将 TDI 置于安全运行状态。
- 提供设备安全架构。TEE-I/O 设备应对其中的数据进行隔离和访问控制，以保护其免受不在可信域信任边界内的实体（如 VMM、其他虚拟机、不受信任的设备组件、其他 TDI）的攻击。TEE-I/O 设备应按照 PCIe TDISP 1.0 规范要求，实现高级错误报告（AER）功能来展示错误。

通常，支持 TEE-I/O 的设备可以分为软件栈和硬件栈。TEE-I/O 软件栈用于传输管理信息，如设备身份验证、设备度量、数据加密密钥、TDI 锁、TDI 报告、TDI 加载、TDI 分离等信息。TEE-I/O 硬件栈提供链路加密功能，以确保链路的机密性和完整性；提供下游访问控制逻辑，以防止不受信任的 MMIO 访问可信执行环境内存；提供上游逻辑，以确保使用加密的 IDE TLP 发送设备的 DMA 可信执行环境数据。

4.4.3 TEE-I/O 安全模型

英特尔、AMD 分别基于硬件级别，提出了 TDX Connect 技术和 SEV-TIO（Trusted I/O）技术，可以让数据在 CPU 与设备间，通过受保护的 PCIe 链路进行安全传输。下面以 TDX Connect 为例，介绍 TEE-I/O 安全模型，如图 4-11 所示。

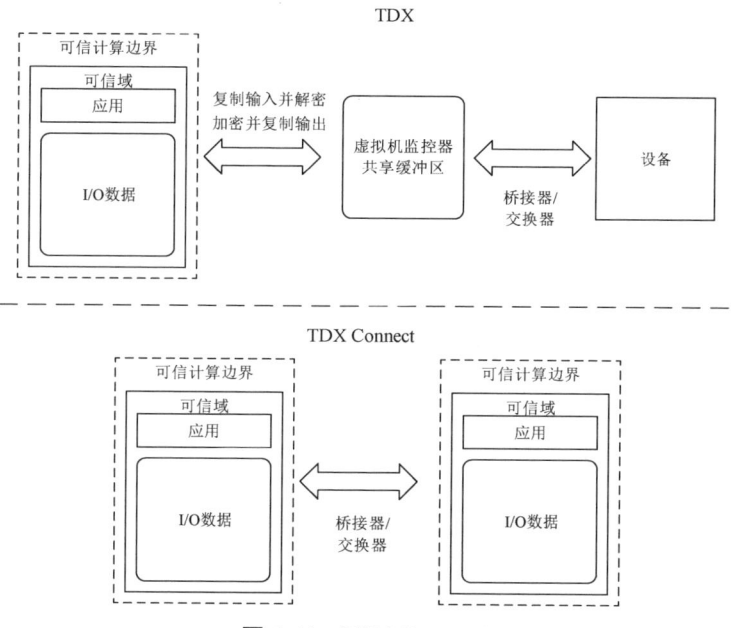

图 4-11 TDX Connect

TDX Connect 是 Intel TDX 技术的一部分，专门用来改进传统 I/O 设备虚拟化的性能并消除安全瓶颈，旨在从两个方面解决机密计算场景下传统 I/O 模型的问题。

- 功能性：消除可信域和设备使用共享缓冲区存储私有数据的需求，包括与设备建立安全传输级会话的需求（通常通过专有协议保护可信域与设备数据的交互）。这意味着 TDX Connect 提供了一种可信域与设备之间更直接、更安全的通信方式，无须通过共享缓冲区或建立额外的安全会话。
- 性能：消除了可信域与设备中的数据在共享缓冲区和私有可信域内存之间来回复制—加密/复制—解密的性能损耗，可以大大提高工作负载性能（在带宽和延迟方面）。传统的 I/O 虚拟化方法需要在不同的内存区域之间来回复制和加密数据，这是一个资源密集型的操作，会产生性能上的开销，TDX Connect 通过减少这些不必要的操作来优化性能。

总体来说，TDX Connect 通过改进功能性和性能，为可信域提供了一种更高效、更安全的 I/O 虚拟化解决方案。这有助于降低虚拟化环境中的开销，提高整体系统性能，并增强数据的安全性。

TDX Connect 架构为可信域引入受信任的设备，扩展了可信域的 TCB 范围和 TEE-I/O 设备接口，同时通过以下层面对数据进行保护。

- CPU：通过私有 MMIO、DMA 访问控制，以及数据隔离来扩展 TDX 硬件。这意味着 TDX Connect 增强了处理器对内存访问的控制，确保只有受信任的设备才能直接访问可信域的私有内存区域。
- 传输：使用 PCIe IDE 流，进行端到端数据保护。这确保了数据在传输过程中的完整性和机密性，防止未经授权的访问或篡改。
- 设备：通过支持安全协议和数据模型（Secure Protocol and Data Model，SPDM）、完整性和数据加密（Integrity & Data Encryption，IDE），以及 TEE 设备安全接口协议（TEE Device Interface Security Protocol，TDISP），扩展 TDX 指令服务模块，允许可信域将其 TCB 仅扩展到受信任的 TEE-I/O 设备。这意味着只有经过验证并被认为是安全的设备才能与可信域进行通信和交互。

总体来说，TDX Connect 架构通过增强硬件和软件的安全性，为可信域提供了更加安全、高效的 I/O 虚拟化解决方案。它确保了数据在 CPU、传输和设备层面的完整性、机密性和可用性，同时允许可信域扩展其信任边界，与受信任的设备进行无缝集成。TDX Connect 的信任模型要求每个可信域明确接受一个设备进入其信任边界。被某个可信域信任的设备并不意味着它也位于其他未接受该设备的可信域的信任边界内。根据 TEE-I/O 设备安全策略，这样的设备位于已接受其进入信任边界的可信域信任边界内，并且必须为每个可信域的每个 TDI 维持隔离。这意味着即使一个设备被多个可信域信任，它也必须为每个与之交互的可信域提供独立的、隔离的接口。

TDX Connect 的安全模型包含以下关键概念。

- 只有可信域的所有者才能决定哪个 TDI 是可信的。这意味着可信域的所有者具有最高权限来管理和配置与其可信域相关的设备接口，确保只有经过验证且被认为是安全的设备才能与可信域进行通信。
- TDI 可以使用 DMA 来访问可信域的私有内存，但这仅在可信域明确允许的情况下，并且仅当 TDI 被独家分配给该可信域时才被允许。这一措施旨在防止未经授权的设备访问可信域的敏感数据，确保数据的机密性和完整性。

- 单个 TDI 不能在可信域之间共享。然而，一个设备（支持多个 TDI）可以被多个可信域信任，并使用单个 IDE 选择性流来保护 CPU 主机和 TEE-I/O 端点设备之间的数据路径。这允许多个可信域共享同一个物理设备，同时提供数据隔离功能和安全性。

- 可信域只能在其是当前 TDI 的所有者时使用受信任的访问（TEE-TLP）来访问 TDI 的 MMIO 空间。这确保了只有具有合法所有权的可信域才能与其关联的 TDI 进行交互，进一步增强了系统的安全性。

TDX Connect 的安全模型通过严格的访问控制和设备验证措施确保可信域与其关联的设备之间的通信安全。这些措施旨在防止未经授权的访问和数据泄露，为数据安全计算提供一个更加安全、可靠的执行环境。

TDX Connect 的 TCB 不包括交换机和桥接器，因此，宿主机 VMM 需要设置 IDE 流，以确保在宿主机 CPU 上运行的可信域和在 TEE-I/O 设备上运行的 TDI 之间得到端到端的 IDE 保护。

由于 TCB 未涵盖网络基础设施组件（如交换机和桥接器），数据在传输过程中可能面临安全风险。为了弥补这一点，VMM 负责配置和管理 IDE 流，这是一种安全机制，用于确保数据在传输时不会被未经授权的实体访问或篡改。

在处理敏感数据或执行关键任务时，通过端到端的 IDE 保护，TDX Connect 确保数据在离开可信域并到达 TEE-I/O 设备的过程中始终保持机密性、完整性和可用性。

TDX Connect 安全模型如图 4-12 所示，其中：

- TDX Connect 宿主机平台和可信执行环境安全管理组件（TEE Security Manager，TSM）被所有可信域信任。

- 由于 TDI-VF1 和 TDI-VF2 分别被分配给可信域 1（TDVM1）和可信域 2（TDVM2），因此设备 1 被两个可信域信任。

- 设备 2 不被任何可信域信任，因为 VF3 没有被分配给任何 TDVM。

- 设备 3 仅被可信域 1 信任，因为 TDI-VF4 被分配给了可信域 1。

- IDE 流用于保护主机 CPU 和设备之间的互连，桥接器和交换机使用 IDE 直通模式，并且不被任何可信域信任。

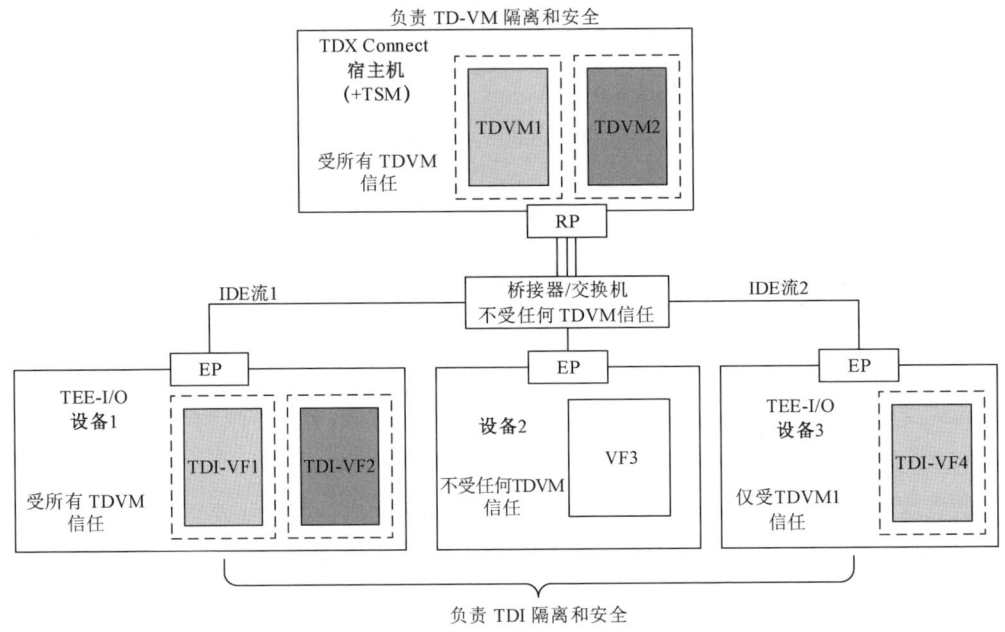

图 4-12 TDX Connect 安全模型

4.4.4 TEE-I/O 设备认证

当 TEE-I/O 设备被"分配"给可信域后,意味着可信域和设备之间建立了可信关系,可信域可以将任何机密数据卸载到 TDI。TDI 可以是设备的物理功能(Physical Function,PF)、虚拟功能(Virtual Function,VF)或可分配设备接口(Assignable Device Interface,ADI)。那么,TEE-I/O 设备是如何与可信域建立可信关系的呢?设备又如何证明自己的身份呢?

一个支持 TDX Connect 的可信域可以通过本地认证和远程认证验证 TEE-I/O 设备。本节重点介绍本地认证。

1. 设备识别

在验证设备之前,TSM 需要识别设备。SPDM 的 GET_CERTIFICATE 命令可用于识别设备。SPDM 的 CHALLENGE 命令或 KEY_EXCHANGE 命令可用于身份验证,因为它们要求将设备证书链包含在消息记录中以进行数字签名验证。不同的是,SPDM 的 CHALLENGE 命令是一次性操作,而 KEY_EXCHANGE 命令可用于建立 SPDM 安全会话,以供协议进一步使用,如 IDE_KM 或 TDISP。SPDM 的 GET_MEASUREMENT 命令也可用于验证设备私钥的所有者,但它不能用于证明设备证书链的所有者,因为设备证书链不在测量的消息记录中。

TSM 可以使用 SPDM 的 GET_MEASUREMENTS 命令来收集设备测量值，可能包括不可变 ROM、可变固件、硬件配置、固件配置（例如可配置策略）、调试模式、启动模式、版本/安全版本号等。测量值使用 SPDM 设备私钥进行签名，因此，TSM 使用设备公钥来验证测量记录的完整性。TSM 的设备认证流程如图 4-13 所示，详细步骤描述如下。

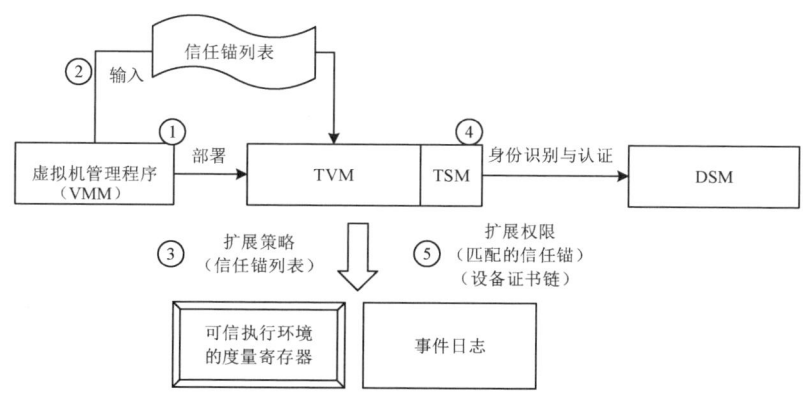

图 4-13　TSM 的设备认证流程

步骤①：VMM 启动带有 TSM 的 TVM。TVM 或 TSM 可以预先存储设备的信任证书，例如设备的根证书列表或中间证书列表。若设备的信任锚证书列表存在，则需要将其与 TVM 或 TSM 一起进行度量，并将度量值写入可信域的度量寄存器中。

步骤②：VMM 也可以将设备的信任锚列表作为附加的背书传递到 TVM 或 TSM 中。

步骤③：附加的信任锚列表是不受信任的，TVM 或 TSM 应将设备的信任锚列表扩展到可信执行环境的度量寄存器中，并记录到事件日志中。度量寄存器和事件日志会作为整个可信执行环境的可信证据的一部分。

步骤④：TSM 使用 SPDM 的 GET_CERTIFICATE 命令检索设备证书链，并使用信任锚列表验证证书链。如果验证通过，则 TSM 使用 SPDM 的 KEY_EXCHANGE 命令对设备进行身份验证并建立安全的 SPDM 会话。TSM 生成一个随机数并将其发送到设备，然后设备使用其私钥对该数据和随机数进行签名并将数据返回。TSM 使用设备证书链中的叶证书验证数字签名。

步骤⑤：TVM 或 TSM 将匹配的信任锚和可选设备证书链扩展到可信执行环境的度量寄存器中，不同设备的信任锚信息和证书链信息应写入不同的度量寄存器中，并记录事件日志。

2. 设备认证

接下来进行设备的本地认证，如图 4-14 所示。

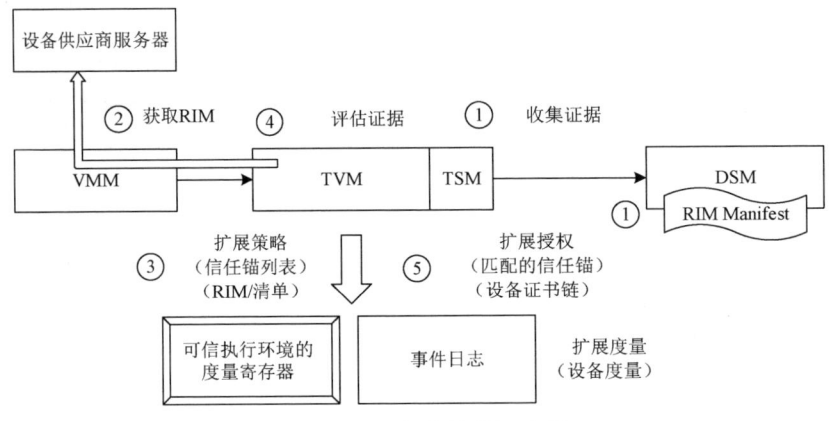

图 4-14 设备本地认证流程

步骤①：TSM 从设备中收集证据。例如，对于支持非对称加密的设备，使用 SPDM 的 GET_MEASUREMENTS 命令；对于仅支持对称加密的设备，使用 SPDM 的 PSK_EXCHANGE 命令。TSM 可以接受来自本地验证者的随机数，以证明设备证据的实时性。TSM 会对证据进行必要的完整性检查（如数字签名），以确保数据是最新的且未被篡改。然后，TSM 将信息传递给 TVM 中的本地验证者。

步骤②：通过 TVM 获取 RIM 清单。RIM 清单可能包含在一个设备中，从 VMM 传递过来，或者嵌入 TVM。TVM 根据 RIM 清单获取设备的 RIM。设备的 RIM 可以在运行时从设备供应商服务器接收，从 VMM 传递过来，或者预安装在 TVM 中。

步骤③：TVM 将设备的 RIM 扩展到可信执行环境的度量寄存器，并记录一个事件日志。如果有检查策略，则需要检查设备对象标识符列表。

步骤④：TVM 中的本地验证者可以根据检查策略，对所收集到的设备 RIM 进行检查。

步骤⑤：当 TVM 中的设备验证器检查设备身份时，应该扩展授权，例如将设备根证书作为信任锚点扩展到可信执行环境度量寄存器，并将其记录在事件日志中。

可信执行环境需要验证一个设备，再将工作负载卸载到该设备上。特殊设备可能需要验证可信执行环境或宿主机平台，再决定是否接受卸载。

例如，云服务提供商可以构建专用的加速器，并且只接受来自一组特殊的 CSP 特定服务可信域或主机平台的工作负载。这可以通过双向认证来实现。

双向认证（也被称为双方认证）意味着在安全会话建立之前，两个实体需要在认证协议中同时相互认证。网络传输层安全协议或 SPDM 协议支持双向认证。

当 TVM 对设备进行认证时，设备也可以对 TVM 进行认证。设备需要一种方式来识别 TVM 并验证 TVM 的信息，例如证书、可信执行环境度量值或度量报告。可以使用封装了 GET_CERTIFICATE 的 SPDM 密钥交换过程（KEY_EXCHANGE + FINISH 命令）来支持双向认证，如图 4-15 所示。

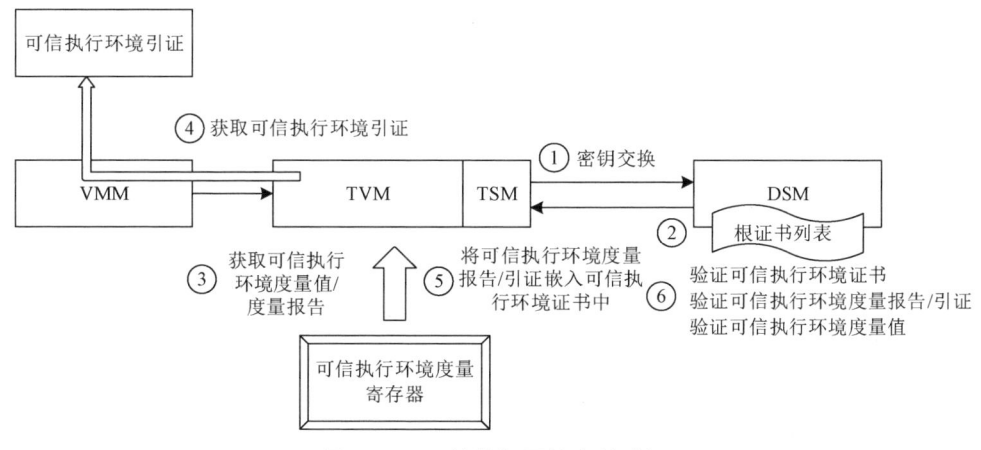

图 4-15 可信执行环境身份验证

步骤①：TSM 可以启动 SPDM 密钥交换过程，与设备建立安全会话。

步骤②：设备返回带有双向认证标志的 SPDM 密钥交换，表明建立安全会话需要进行双向认证。然后，DSM 发送 SPDM 的 GET_CERTIFICATE 命令以收集 TVM 信息。TSM 将开始执行认证过的 SPDM 流程。

步骤③：TSM 从 CPU 的可信执行环境度量报告中收集可信执行环境度量寄存器的值。可信执行环境度量报告可能包括可信执行环境和宿主机平台信息，例如 CPU 版本或安全版本号。

步骤④：TSM 可以选择基于可信执行环境度量寄存器和度量报告获取可信执行环境引证。特殊的引证可信执行环境可以帮助完成这项工作。在某些场景中，必须使用可信执行环境引证，因为可信执行环境度量报告可能仅在本地机器上验证。只有可信执行环境引证才能支持远程认证。

步骤⑤：一旦获得可信执行环境引证，TSM 就可以将信息放入具有特殊对象 ID 的可信执行环境证书中，可信执行环境证书可以是运行时生成的自签名临时证书。然后，TSM 将嵌入可信执行环境引证的可信执行环境证书返回给设备。从技术上讲，TSM 可以根据策略嵌入设备所需的任何数据，例如可信执行环境事件日志。

步骤⑥：当设备获取可信执行环境证书后，从可信执行环境证书中获取可信执行环境引证。设备应根据其策略验证可信执行环境证书、引证、度量报告、度量值、CPU SVN，或任何可信执行环境特定数据或平台特定数据。

第 5 章

高级特性探秘

机密虚拟化作为云计算的关键基础能力，不仅需要提供基础的机密计算安全能力，还需要满足云环境部署运维中各种复杂的需求，如可信认证、热迁移、在线升级、内存安全性等，本章以 TDX 为例探讨机密虚拟化技术中与云部署相关的一些高级特性。

远程认证是可信执行环境中必不可少的手段，用于向远端合作方自证清白。5.1 节对远程认证证据的生成、验证过程进行详细阐述。5.2 节深入探讨 TDX 机密虚拟机热迁移的设计，以及虚拟机热迁移对于云厂商管理、维护、升级集群的重要意义。5.3 节介绍 TDX 的嵌套虚拟化。5.4 节介绍 TDX TCB 中一些组件的热升级能力，该技术可以在可信域不间断运行的前提下对底层的 TDX 指令服务模块进行升级，这对云厂商保持可信域租户业务持续性是非常关键的。5.5 节对 TDX 内存完整性保护和 Machine Check 处理进行详细介绍。

5.1 远程认证

在机密计算环境中，保护数据的机密性和完整性至关重要。远程认证作为一种不可或缺的技术手段，通过对机密计算环境进行远程认证，确保其身份的真实性和合法性，帮助数据拥有方建立与机密计算环境的信任关系，从而将数据或者应用部署在可信的机密计算环境中，有效防止未经认证导致的潜在安全威胁。

此外，在机密计算场景中，远程认证技术有助于确保数据和代码的完整性。例如，用户对大模型文件或者应用服务进行度量，再利用远程认证技术，验证大模型文件或者应用服务是否受到篡改或破坏，确保数据或者应用没有被修改或损坏。

远程认证在多节点协作机密计算中起到了至关重要的作用，它提供了一种机制，使远端客户能够验证并信任机密计算环境的真实性、安全性和合规性，确保数据和应用程序的安全。

（1）安全启动验证。在云计算环境中，远程认证可以用于验证由底向上的系统的安全启动过程。它确保系统在启动时加载了经过授权和未被篡改的软件组件，从而防止恶意代码的注入和执行。

（2）运行时环境验证。远程认证还可以用于验证机密计算平台的运行时环境，包括操作系统的配置，以及其他关键安全设置的正确性。通过远程认证，客户可以确保自己的应用程序在符合安全预期的环境中运行。

（3）应用代码和数据完整性保护。在机密计算中，代码和数据的完整性是至关重要的。远程认证可以用于验证应用代码和数据完整性保护的机制是否被正确地实施并正常运行。这确保了在传输和存储过程中，代码和数据不会被未经授权的第三方访问或篡改。

（4）平台安全版本验证。机密计算平台的安全机制是否能有效实施，与该平台的处理器微码、固件、软件是否得到及时的安全更新密切相关。远程认证可以帮助客户了解该机密计算平台是否进行了最新的安全更新，对已有安全问题是否全部修复。

用户进行 TDX 远程认证由两个主要的操作组成：可信域引证在 TDX 本机的生成，以及可信域引证在远端验证方的验证。为了支持远程认证基础架构，英特尔构建了一套认证设施框架——SGX/TDX 数据中心认证原语（Data Center Attestation Primitives，DCAP）。TDX DCAP 为 TDX 用户提供了用户级的 API，用于生成和验证可信域引证。可信域引证包含对可信域在创建、启动及运行时的各项关键代码和数据的度量信息，这些度量信息是远端验证的主要部分。下面分别对可信域度量信息生成、引证生成和引证验证这三个流程及相关数据结构进行详细说明。

5.1.1 可信域度量信息生成

可信域度量是指，由虚拟机监视器或可信域虚拟固件、软件发起，调用 TDX 指令服务模块接口，由 TDX 指令服务模块将可信域的关键模块代码和数据进行哈希、扩展到特定度量寄存器的过程。可信域度量分为两个阶段：可信域创建时度量和可信域运行时度量，如图 5-1 所示。由此，TDX 指令服务模块的度量寄存器分为两类：TD 度量寄存器（TD Measurement Register，MRTD）用于存放可信域创建时的静态度量值；运行时可扩展度量寄存器（Runtime Extendable Measurement Register，RTMR）用于存放可信域运行时的动态扩展度量值。

1. 可信域创建时度量

在可信域创建阶段，虚拟机监视器将可信域虚拟固件传给 TDX 指令服务模块加载。随着虚拟固件的加载，虚拟机监视器调用 TDH.MR.EXTEND 指令，以 256 字节为粒度，按顺序把虚拟固件代码部分即启动固件卷算出 SHA384 哈希值，扩展到 TDCS.MRTD 寄存器。一旦可信域创建阶段的度量过程完成，MRTD 寄存器中的度量值将不能再被修改。

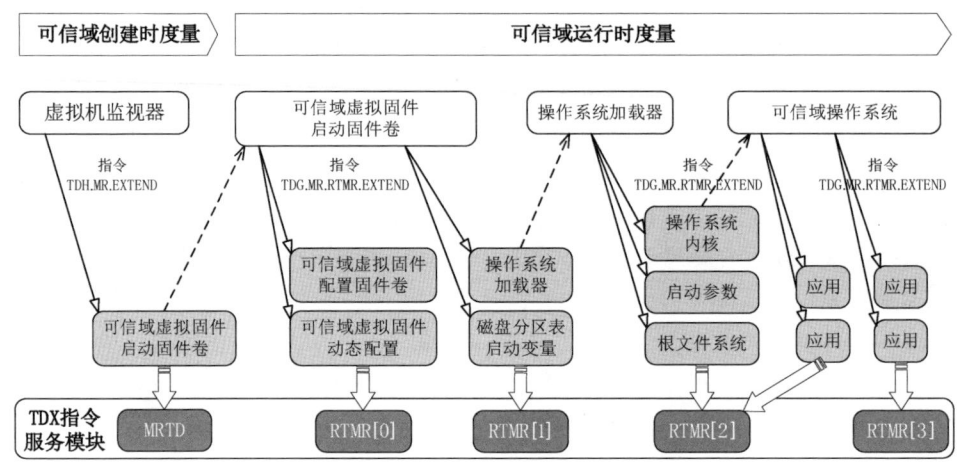

图 5-1 TDX 可信域度量信息生成流程

2. 可信域运行时度量

可信域虚拟固件代码被加载并度量完成后，接管度量权，可信域开始运行，进入运行时度量阶段。

首先，虚拟固件程序对虚拟固件配置数据进行度量，并调用 TDG.MR.RTMR.EXTEND 将度量值扩展到 RTMR[0] 寄存器中。配置数据如下。

- 静态配置，即配置固件卷。
- 动态配置，包括可信域移交块（包括内存范围、MMIO 范围、CPU 数等系统配置）和 ACPI 表。

然后，虚拟固件程序对操作系统加载器、磁盘分区表、启动变量等进行度量，并调用 TDG.MR.RTMR.EXTEND 将度量值扩展到 RTMR[1] 寄存器中。

操作系统加载器被度量并完成加载后开始运行，接管度量权，并对操作系统内核、启动参数、根文件系统等代码和数据进行度量，调用 TDG.MR. RTMR.EXTEND 将度量值扩展到 RTMR[2] 寄存器中。

客户机操作系统被度量并加载完成后，可以对操作系统中运行的应用程序代码和数据进行度量，并调用 TDG.MR.RTMR.EXTEND 将度量值扩展到 RTMR[2] 或 RTMR[3] 寄存器中。

最后，伴随着可信域各模块的度量和加载，系统完成了该可信域的信任链的扩展和传递。从最初的可信域虚拟固件代码开始，每一个先被加载运行的代码模块对后一个代码模块和相关数据进行度量，并把度量值扩展到对应的度量寄存器中。伴随运行时每一步对 RTMR 寄存器的扩展，系统会把该次度量操作的细节，包括具体的 RTMR 寄存器、度量内容类别、哈希算法、哈希值、原始数据等信息按顺序记录在该可信域的事件日志（Event Log）中。远程认证的验证方可以根据该事件日志获得必要的原始数据或参考值，完整重现整个度量过程，并计算得到度量寄存器的值，该值应该与可信域平台提供的度量寄存器的值一致。远程认证通过这种方式，保证了可信域整个创建、运行链条上的代码和数据的完整可信。

5.1.2 可信域引证生成

当可信域接收到远端发起的远程认证请求后，会调用 DCAP 库的 API 生成供远端验证方验证的引证。该引证包括本机的 TCB 数据以及可信域启动过程的度量数据，如图 5-2 所示。

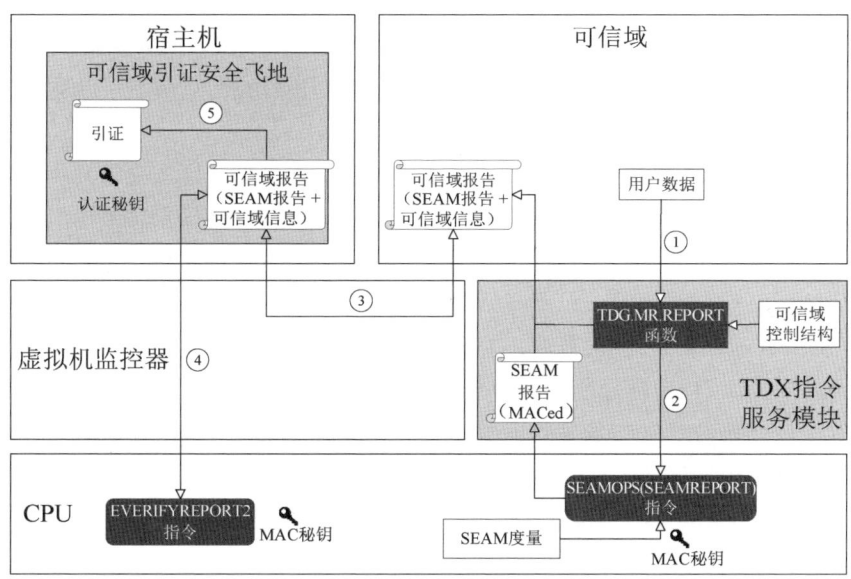

图 5-2 可信域引证生成流程

引证生成过程如下。

步骤①：可信域通过 DCAP API 向系统调用 TDCALL（TDG.MR.REPORT）生成度量报告，可信域度量报告包含 TDX 底层 TCB 信息、该可信域的关键信息及可信域创建过程的度量信息等，用于描述该可信域的整体安全情况。调用者可以提供 64 字节的数据，即 Report Data，该数据通常用于向远端协作方传送某种信息，它可以是一个随机数，也可以是一个公钥，或者是一组哈希。

步骤②：TDX 指令服务模块接收到度量报告生成请求后，先从 TDCS 中获得需要的可信域度量信息，然后将可信域度量信息和 Report Data 作为参数，调用 SEAMOPS(SEAMREPORT)指令，CPU 会将 TDX 指令服务模块的度量附加到这些信息上，并用专用的 HMAC Key 对这些数据计算 HMAC 值并附加上去，最终形成可信域度量报告并返回给可信域。这里的 HMAC Key 只有 CPU 内部能够获得，并且不会让外界得知。

步骤③：可信域调用 TDCALL（TDG.VP.VMCALL）向运行在宿主机的引证生成服务（Quote Generation Service，QGS）请求将可信域度量报告转化为可信域引证。目的是在报告上附加来自 TDX 硬件提供方的背书，从而证明该报告确实是在一个合法的、真正的 TDX 硬件系统上生成的。

步骤④：运行于宿主机的引证生成服务主要由两个 SGX 安全飞地组成，分别是引证安全飞地和预备认证安全飞地。可信域引证安全飞地得到可信域度量报告后，首先调用 EVERIFYREPORT2 指令对其进行校验。EVERIFYREPORT2 会在 CPU 指令执行时获得与生成可信域度量报告时相同的 HMAC Key，以校验可信域度量报告在可信域和可信域引证安全飞地之间传输期间是否被修改过。

步骤⑤：确认可信域度量报告没有被修改过后，可信域引证安全飞地用认证密钥（Attestation Key）为可信域度量报告签名，来保证可信域度量报告传出本机后的完整性，并在将本机的证书链附加到可信域度量报告之后，生成可信域引证。本机的证书链由可信域引证安全飞地从云厂商部署的预备认证缓存服务（Provisioning Certificate Caching Service，PCCS）自动获取。然后可信域引证安全飞地将可信域引证返回该可信域，至此 TDX 远程认证证明，即可信域引证的生成过程完毕。在引证生成服务中，PCE 用于生成与硬件相关的预备认证密钥（Provisioning Certification Key，PCK），并用预备认证密钥为认证密钥签名生成认证密钥证书。而认证密钥由可信域引证安全飞地在安全飞地内自行生成。认证密钥证书、预备认证密钥证书及整个证书链构成引证的一部分，供远端验证方验证时使用。

5.1.3 度量报告及生成

可信域度量报告结构（TDREPORT_STRUCT）是一个由 TDX 指令服务模块生成的数据结构，大小为 1024 字节，可通过指令 TDG.MR.REPORT 申请创建。它分为四部分：度量报告 MAC（REPORTMACSTRUCT）、可信执行环境 TCB 信息（TEE_TCB_INFO）、可信域信息（TDINFO），以及保留部分（RESERVED），如表 5-1 所示。下面分别详述各部分内容。

第 5 章 高级特性探秘

表 5-1 可信域度量报告结构

区 段 名 称	偏移/字节	大小/字节	内　　容
REPORTMACSTRUCT	0	256	度量报告 MAC 部分
TEE_TCB_INFO	256	239	可信执行环境 TCB 信息部分
RESERVED	495	17	保留部分，必须全 0
TDINFO	512	512	可信域信息部分

详细的可信域度量报告内容结构如图 5-3 所示。

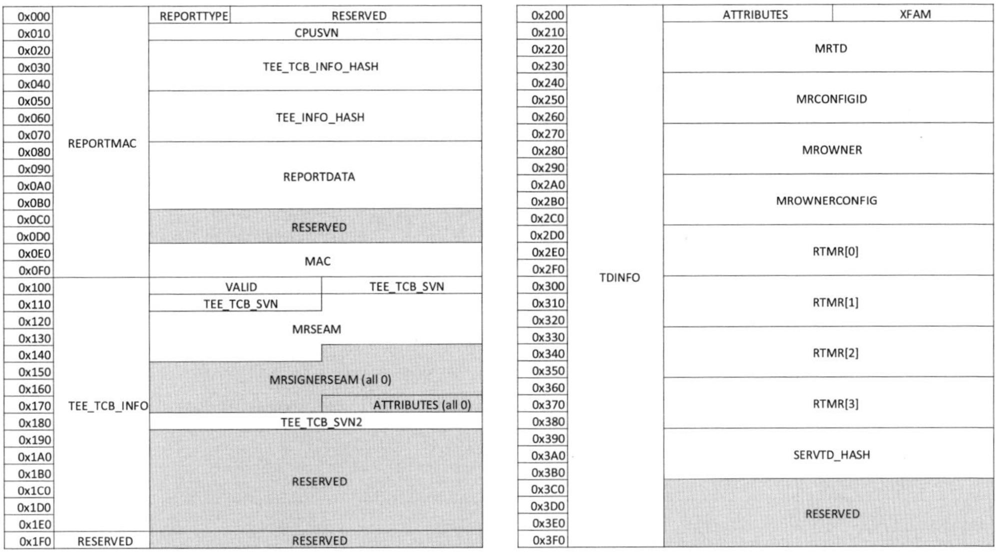

图 5-3 可信域度量报告内容结构

1. 度量报告 MAC

度量报告 MAC 是可信执行环境度量报告的第一个区段，其结构如表 5-2 所示，SGX 和可信域度量报告共用此结构。其中，由 REPORTTYPE 区分是哪种可信执行环境，TEE_TCB_INFO_HASH 必须等于 TEE_TCB_INFO 区段的 SHA384 值，TEE_INFO_HASH 必须等于 TDINFO 区段的 SHA384 值。

表 5-2 度量报告 MAC 的结构

域 段 名 称	偏移/字节	大小/字节	内　　容	MAC
REPORTTYPE	0	4	度量报告的可信执行环境类型（SGX 或 TDX）	Yes
RESERVED	4	12	保留部分，必须全 0	Yes

（续表）

域段名称	偏移/字节	大小/字节	内容	MAC
CPUSVN	16	16	CPU 安全版本号	Yes
TEE_TCB_INFO_HASH	32	48	TEE_TCB_INFO 区段的 SHA384 值	Yes
TEE_INFO_HASH	80	48	类型相关的可信执行环境信息哈希。对可信域度量报告来说，就是 TDINFO 区段的 SHA384 值	Yes
REPORTDATA	128	64	用户请求生成可信域度量报告时输入的用户数据	Yes
RESERVED	192	32	保留部分，必须全 0	Yes
MAC	224	32	REPORTMACSTRUCT 的 MAC 值	No

2. 可信执行环境 TCB 信息

可信执行环境 TCB 信息的结构如表 5-3 所示。

表 5-3 可信执行环境 TCB 信息的结构

域段名称	偏移/字节	大小/字节	内容
VALID	0	8	每 bit 标识 TEE_TCB_INFO 中对应的 8 字节是否有效
TEE_TCB_SVN	8	16	当前平台上创建该可信域的 TDX 指令服务模块的可信执行环境 TCB 安全版本号
MRSEAM	24	48	当前平台上创建该可信域的 TDX 指令服务模块的度量值
MRSIGNERSEAM	72	48	置为全 0
ATTRIBUTES	120	8	置为全 0
TEE_TCB_SVN2	128	16	TD-Preserving TDX 指令服务模块升级后的可信执行环境 TCB 安全版本号
RESERVED	144	95	保留部分，必须全 0

3. 可信域信息

可信域信息包含可信域相关的度量、可信域在初始化阶段锁定的初始配置和运行时可扩展的度量寄存器，其结构如表 5-4 所示。TDX 为每个可信域提供两种度量寄存器：一种是可信域度量寄存器，用来存储构建可信域时可信域固件的度量值；另一种是由四个寄存器组成的寄存器组 RTMR，用来存储运行时相应组件的度量值。

表 5-4 可信域信息的结构

域段名称	偏移/字节	大小/字节	内容
ATTRIBUTES	0	8	可信域特性，比如是否可 debug
XFAM	8	8	可信域扩展功能允许掩码（Extended Features Allowed Mask，XFAM），标记该可信域允许使用的 CPU 扩展特性

(续表)

域段名称	偏移/字节	大小/字节	内容
MRTD	16	48	可信域的初始内容,即虚拟固件代码部分(TDVF 启动卷)的度量
MRCONFIGID	64	48	软件定义的 ID,用于客户机可信域非所有者定义的配置,例如涉及运行时或 OS 的配置
MROWNER	112	48	软件定义的 ID,代表客户机可信域所有者
MROWNERCONFIG	160	48	软件定义的 ID,用于客户机可信域所有者定义的配置,比如特定于可信域中程序的,而非涉及运行时或 OS 的配置
RTMR[0]	208	48	运行时可扩展度量寄存器 0,度量 TDVF 的静态配置和动态配置(TD HOB,包括内存范围、MMIO 范围、CPU 数等系统配置;ACPI 表)
RTMR[1]	256	48	运行时可扩展度量寄存器 1,度量 OS loader、GPT 分区表、启动变量等
RTMR[2]	304	48	运行时可扩展度量寄存器 2,度量 OS 内核、initrd、内核启动参数及可信域 OS 应用
RTMR[3]	352	48	运行时可扩展度量寄存器 3,保留
SERVTD_HASH	400	48	可信域绑定的服务型可信域的 TDINFO_STRUCT SHA384 哈希;如未绑定服务型可信域,则本域段为 0
RESERVED	448	64	保留部分,必须全 0

  MRTD 包含了可信域构建过程中的度量结果。在创建可信域的过程中,当虚拟机监控器向可信域添加初始内存页时,会在 TDCS 中将这些页的度量值扩展到 MRTD 寄存器中。虚拟机监控器通过调用 SEAMCALL[TDH.MEM.PAGE.ADD]将内存页添加到可信域的内存中,并对该内存页进行度量。具体过程为,SEAMCALL 会对字符串"MEM.PAGE.ADD"和内存页的客户机物理地址进行 SHA384 哈希计算,然后将计算的内存页哈希值扩展到 MRTD 寄存器中。

  一旦内存页被添加到可信域的内存中,即在安全扩展页表中完成映射并投入使用,虚拟机监控器就会调用 SEAMCALL[TDH.MR.EXTEND]来度量内存页中的数据。内存页的度量是以 256 字节的块为单位进行的。在计算每个块的度量值前,扩展操作会先对字符串"MR.EXTEND"和该块的客户机物理地址进行 SHA384 哈希计算,再对该块的数据内容进行另一次 SHA384 哈希计算。这两次计算得到的哈希值都会被更新扩展到 MRTD 寄存器中。可信域内存初始页数据包括 TDVF 启动卷的数据,但不包括含有控制结构的页面,如 TDR、TDCS 和 TDVPS 等,也不包括安全扩展页表。

  当初始页面被添加完成后,虚拟机监控器会使用 SEAMCALL[TDH.MR.FINALIZE]

结束 MRTD 的扩展。这将禁止后续对 MRTD 进行扩展的操作，防止 MRTD 被恶意篡改。

运行时度量寄存器组用于可信域的启动运行时度量。通过该寄存器组，可信域能够实现启动过程的度量，即启动后对加载的所有组件进行度量。RTMR 在初始化时会被设置为零，可信域调用 TDCALL[TDG.MR.RTMR.EXTEND] 指令来扩展 RTMR 的值。该指令的参数包括 RTMR 的索引和一个 64 字节对齐的物理地址，该物理地址指向一个 48 字节的扩展缓冲区，其中就包含了要扩展的值。调用该指令后，根据 RTMR 度量值更新算法 RTMR[index] = SHA384(RTMR[index] || value)，RTMR 的当前值会与扩展缓冲区中的值进行 SHA384 哈希运算，并将结果更新到相应索引的 RTMR 中。例如，TDVF 的静态固件卷的配置信息会被度量到 RTMR[0] 中，可信域内核镜像、内核启动参数以及 initrd 文件的度量值会被扩展到 RTMR[1] 中，grub.cfg 文件命令行的度量值会被扩展到 RTMR[2] 中。

5.1.4 可信域引证数据结构

可信域引证安全飞地在验证完可信域度量报告后，会将可信域度量报告的 MAC 部分去掉，并添加引证头部信息，对可信域度量报告部分稍做调整，再附加上引证签名部分，形成可信域引证。可信域引证 v5 版本结构如表 5-5 所示。

表 5-5 可信域引证 v5 版本结构

区段名称	域段名称	偏移/字节	大小/字节	内容
Quote Header	Version	0	2	引证格式版本号：5
	Attestation Key Type	2	2	引证安全飞地使用的认证密钥类型： - 2：ECDSA-256-with-P-256 curve - 3：ECDSA-384-with-P-384 curve
	可信执行环境 Type	4	4	0x00000000：SGX 0x00000081：TDX
	RESERVED	8	2	保留部分，必须全 0
	RESERVED	10	2	保留部分，必须全 0
	QE Vendor ID	12	16	引证安全飞地提供者的 UUID： 939A7233F79C4CA9940A0DB3957F0607（英特尔）
	User Data	28	20	用户定义数据。对英特尔 SGX/TDX DCAP 来说，前 16 字节为平台标识符，用来关联一个 PCK 证书到一个加密的 PPID。这个标识符对在该平台由该 QE 生成的所有引证都是一致的

（续表）

区段名称	域段名称	偏移/字节	大小/字节	内容
TD Quote Body（Report）	TD Quote Body Type	48	2	-2: TDX 1.0 -3: TDX 1.5
	Size	50	4	引证主体部分大小
	TEE_TCB_SVN	54	16	当前平台上创建该可信域的 TDX 指令服务模块的可信执行环境 TCB 安全版本号
	MRSEAM	70	48	当前平台上创建该可信域的 TDX 指令服务模块的度量值
	MRSIGNERSEAM	118	48	置为全 0
	SEAMATTRIBUTES	166	8	TDX 指令服务模块特性，对 TDX 1.0 必须为全 0
	TDATTRIBUTES	174	8	可信域特性
	XFAM	182	8	可信域 XFAM，标记该可信域允许使用的 CPU 扩展特性
	MRTD	190	48	可信域的初始内容，即虚拟固件代码部分（TDVF 启动卷）的度量
	MRCONFIGID	238	48	软件定义的 ID，用于客户机可信域所有者定义的配置，例如涉及运行时或 OS 的配置
	MROWNER	286	48	软件定义的 ID，代表客户机可信域所有者
	MROWNERCONFIG	334	48	软件定义的 ID，用于客户机可信域所有者定义的配置，例如特定于可信域中程序的，而非涉及运行时或 OS 的配置
	RTMR[0]	382	48	运行时可扩展度量寄存器 0，度量 TDVF 的静态配置卷和动态配置（TD HOB，包括内存范围、MMIO 范围、CPU 数等系统配置；ACPI 表）
	RTMR[1]	430	48	运行时可扩展度量寄存器 1，度量 OS loader、GPT 分区表、启动变量等
	RTMR[2]	478	48	运行时可扩展度量寄存器 2，度量 OS 内核、initrd、内核启动参数及可信域 OS 应用
	RTMR[3]	526	48	运行时可扩展度量寄存器 3，保留
	REPORTDATA	574	64	用户请求生成可信域度量报告时输入的用户数据

（续表）

区段名称	域段名称	偏移/字节	大小/字节	内　　容
TD Quote Body（Report）	TEE_TCB_SVN_2	638	16	TD-Preserving TDX 指令服务模块升级后的 TDX 指令服务模块的可信执行环境 TCB 安全版本号
	MRSERVICETD	654	48	可信域绑定的服务型可信域的 TDINFO_STRUCT SHA384 哈希；如未绑定服务型可信域，则本域段为 0
Quote Signature Data Len		702	4	引证签名 Data 区段长度
Quote Signature Data		706	可变	引证签名及支持数据，如公钥、证书等

5.1.5　可信域引证验证

1. 可信域引证验证过程

可信域引证的验证过程如图 5-4 所示，具体步骤如下。

步骤①：可信域引证在 TDX 平台生成后，通过某种网络方式传输给验证方（Verifier）。

步骤②：验证方调用 DCAP 引证验证库（Quote Verification Library，QVL）对可信域引证进行验证。验证中会将该 TDX 平台匹配的最新的 TCB 信息、引证安全飞地标识信息和 PCK 证书吊销列表（Certificate Revocation List，CRL）作为对该引证的背书数据，这些数据可以由验证方提前获取并提供给引证验证库，也可以由引证验证库自动连接云厂商部署的预备认证缓存服务来获取，这里我们默认为从预备认证缓存服务中获取，这是常见的做法。验证结果会被封装在一个数据包中。

步骤③：验证方将验证结果数据包传送给依赖方（Relying Party），即依赖远程认证结果与 TDX 平台建立信任关系的一方。

步骤④：依赖方收到验证结果后，调用 DCAP 引证评定库（Quote Appraisal Library，QAL），依据从依赖方所有者得到的评定策略（Appraisal Policy），来对验证结果做出评定。评定结果会为依赖方提供最终的是否信任远端 TDX 平台的结果。评定策略包括平台策略（Platform Policy）和可信域身份策略（TD Identity Policy），它们分别定义一组规则，用以约定依赖方可接受的 TDX 平台和可信域 TCB 标准。

步骤⑤：根据评定结果，依赖方信任远端 TDX 平台后，根据约定的协议，建立安全传输连接，然后进行业务层面的操作。

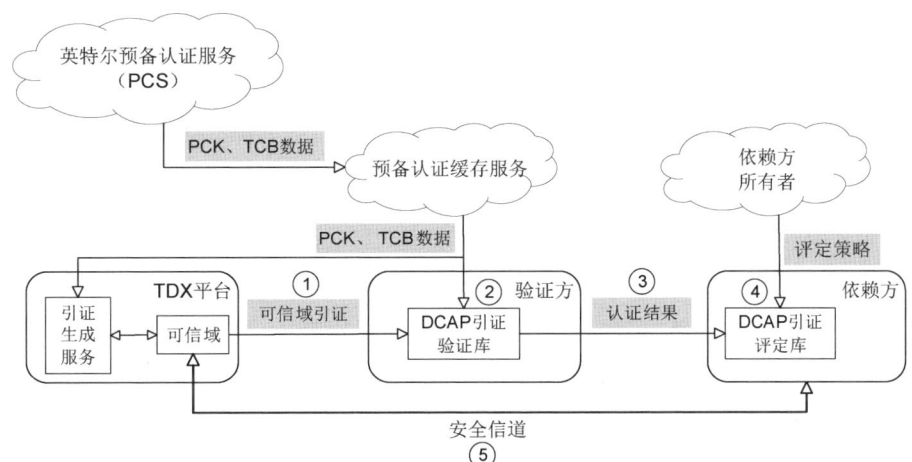

图 5-4　可信域引证验证过程

2．可信域引证验证方式

可信域引证（包括可信度量报告）中的与 TCB 相关的数据，在实际验证中是由不同的工具或软件库校验的，如表 5-6 所示。下面对其中的关键数据的校验进行分类讨论。

表 5-6　可信域引证的验证方式

引证域段名称	验证工具
Quote Signature	DCAP 引证验证库
TEE_TCB_SVN	DCAP 引证验证库
TEE_TCB_SVN_2	DCAP 引证验证库
TDATTRIBUTES	DCAP 引证评定库
XFAM	DCAP 引证评定库
MRTD	DCAP 引证评定库
MRCONFIGID	DCAP 引证评定库
MROWNER	DCAP 引证评定库
MROWNERCONFIG	DCAP 引证评定库
RTMR[0-3]	DCAP 引证评定库协同其他工具
MRSERVICETD	DCAP 引证评定库

（1）**Quote Signature**。引证验证库基于引证中附带的证书链和从预备认证缓存服务获得的证书吊销列表，对引证的签名进行验证，确认该引证是否由一个合法的 TDX

平台生成，进而确认引证中所包含的原可信域度量报告中的内容是否由该平台的 TDX 指令服务模块生成。

（2）TEE_TCB_SVN & TEE_TCB_SVN_2。引证验证库对比引证中的 TEE_TCB_SVN 和从预备认证缓存服务获取的 TCBInfo 中的 TCB Levels，如果引证验证库发现引证中的 TCB 版本比从预备认证缓存服务获取的 TCB 版本低，则会通过返回值告知验证方该 TDX 平台尚未安装最新的安全更新，可能存在安全风险；如果两个 TCB 版本匹配，则说明该 TDX 平台已安装最新的安全更新，没有已知的安全风险。云厂商会从英特尔预备认证服务平台周期性地下载最新的 TCB 数据到预备认证缓存服务。

（3）其他域。用户可以用 DCAP 引证评定库工具生成可信域认证策略，提供 TDATTRIBUTES、XFAM、MRTD、MRCONFIGID、MROWNER、MROWNERCONFIG、RTMR[0-3]、MRSERVICETD 的参考值。引证评定库会比较引证中的实际值和可信域认证策略中提供的参考值，根据两者是否相等返回评定结果。其中，RTMR[0-3]是运行时一系列与可信域相关的事件所产生的度量数据叠加在一起的结果，这些事件中的任何变化都会导致最终结果不同。验证方需要利用其他工具，结合从可信域系统获得的可信域事件日志（TD Event Log）文件，一步一步地迭代出最终结果，然后验证该最终结果是否与可信域引证中的值相等。

5.2　热迁移

当租户的虚拟机实例在宿主机上运行时，宿主机运维管理时有故障处理、软硬件升级等需求。为租户提供高可用高可靠服务是云平台运维的关键，如何确保在租户业务不中断的前提下完成这类运维流程非常重要。虚拟机热迁移是在确保用户业务无间断的前提下，将虚拟机的运行状态从一台物理主机完整地传递到另一台物理主机，并快速恢复到原主机的运行状态继续运行。整个过程需要实现租户业务的无感知。

类似于传统虚拟机，基于 TDX 的机密虚拟机也需要支持热迁移，在不中断用户业务的前提下，从一台物理主机迁移到另一台物理主机。机密虚拟机通过一把软件无法访问的临时密钥，将属于虚拟机实例的内存数据和处理器状态与服务器平台上运行的其他系统软件（如虚拟机监控器等）进行机密性隔离。而虚拟机热迁移的主要操作就是在虚拟机监控器的辅助下将虚拟机实例的数据和状态从当前物理机迁移到目标物理机，如何在确保用户实例数据机密性隔离的前提下实现数据的安全迁移是要解决的主要问题。

TDX 热迁移同传统的虚拟机热迁移类似，其架构如图 5-5 所示。虚拟机监控器负责将用户实例的数据和状态从源主机迁移到目标主机。由于 VMM 不在 TDX 的可信边界之内，其对可信域实例的数据访问，如源平台的数据导出和目标平台的数据导入，要通过 TDX 指令服务模块提供的指令接口进行。TDX 指令服务模块是 TDX 微架构 TCB 的一部分，其对用户实例数据的访问可以认为是安全可信的，在导出的用户实例数据从 TDX 指令服务模块传递到虚拟机控制器前，TDX 指令服务模块会对用户数据进行加密，实现用户数据在出可信域后的密态隔离。用来加密待迁移的用户数据的密钥被称为迁移会话密钥（Migration Session Key，MSK），该密钥仅限于 TDX 指令服务模块在导出和导入用户数据时使用。

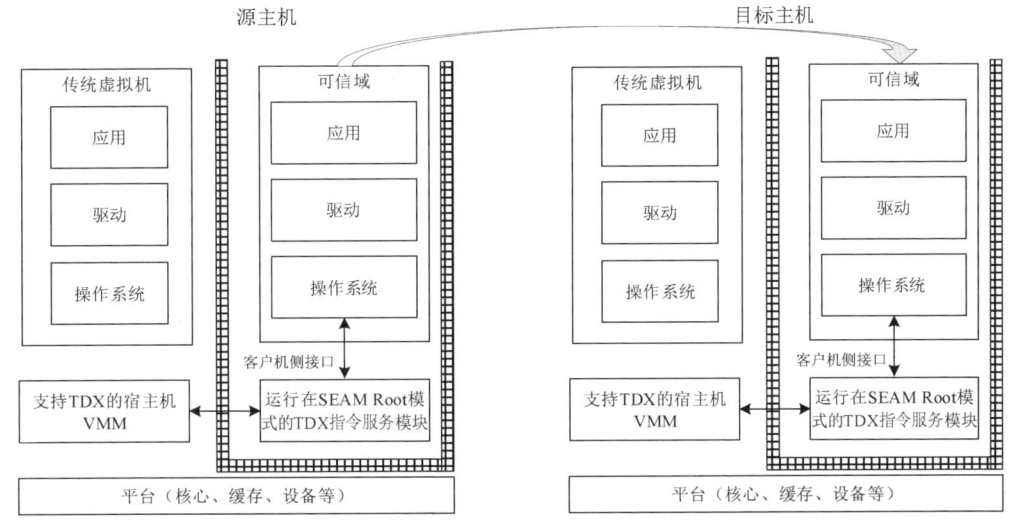

图 5-5 TDX 热迁移架构

为了实现 MSK 的安全管理，TDX 引入了一个被称为 MigTD（Migration TD）的逻辑实体，也称迁移服务可信域。MigTD 需要检查机密虚拟机热迁移中涉及的源主机和目标主机是否符合相应的安全策略，比如目标主机提供 TDX TCB 及 MigTD TCB。如果源主机提供的安全策略满足需求，那么源主机和目标主机的 MigTD 会建立一个虚拟机实例数据热迁移需要的加密数据流，并将加密用户数据所需的密钥配置到位于 TDX TCB 中的 TDX 指令服务模块。

5.2.1 热迁移流程

虚拟机热迁移需要在保证虚拟机承载的服务正常运行的同时，将虚拟机实例的数据和状态从一个物理主机迁移到另外一个物理主机,整个过程是用户透明的,即不需要用户实例的介入和感知。

1. 内存复制的优化策略

虚拟机实例在物理机之间移动,实际上移动的是实例位于处理器和内存中的数据和状态,内存数据的复制是一个比较漫长的过程。为了减少虚拟机实例在内存复制过程中引起的业务中断时间,针对内存复制进行以下优化。

(1)预复制。在传输内存状态的同时,源主机上的虚拟机持续运行,期间某些已经完成复制的内存页面可能被修改,这些被修改的页面被称为脏页面,在后续的迁移过程中会被重新复制。内存页面的复制是一个不断迭代收敛的过程,当剩余的内存页面足够少时,虚拟机控制器可以将被迁移的虚拟机实例在源主机上冻结,将剩余的页面复制到目标主机后在目标主机上恢复虚拟机实例的运行。

(2)延迟复制。与预复制技术不同,延迟复制首先把虚拟机处理器的最小状态复制到目标主机上。在目标主机上启动虚拟机,然后源主机将本地的内存页面推送到目标主机的虚拟机中。与此同时,目标主机的虚拟机运行时可能会访问到不存在的页面(尚未被推送的页面),并请求源主机将缺少的页面发送过来。在延迟复制策略中,每个内存页面最多被传送一次,减少了冗余复制的开销。

(3)融合的复制策略。通过预复制完成初次迭代,将虚拟机的全部内存页面从源主机复制到目标主机,同时,虚拟机实例在源主机上保持运行。当初次迭代完成后,源主机的虚拟机实例暂停运行,并把处理器的最新状态和必要的其他内存同时复制到目标主机。在目标主机上恢复虚拟机实例的运行,并采用延迟复制策略完成剩余脏页面的复制。

在 TDX 机密虚拟机场景中,除了可信域实例处理器和内存层面的状态和数据,源主机侧 TDX 指令服务模块维护的可信域实例元数据中的部分信息也需要同步到目标主机侧的 TDX 指令服务模块中,如 TDR、TDCS 和 TDVPS 中维护的信息。

2. 热迁移的流程

根据内存复制策略不同,可信域热迁移的流程可能有所区别。一个典型的 TDX 热迁移的流程如图 5-6 所示,一般包含以下阶段。

(1)预准备阶段。
- 目标主机侧构建一个空的可信域实例作为迁移的数据和状态在目标主机的宿主实例。

第 5 章 高级特性探秘

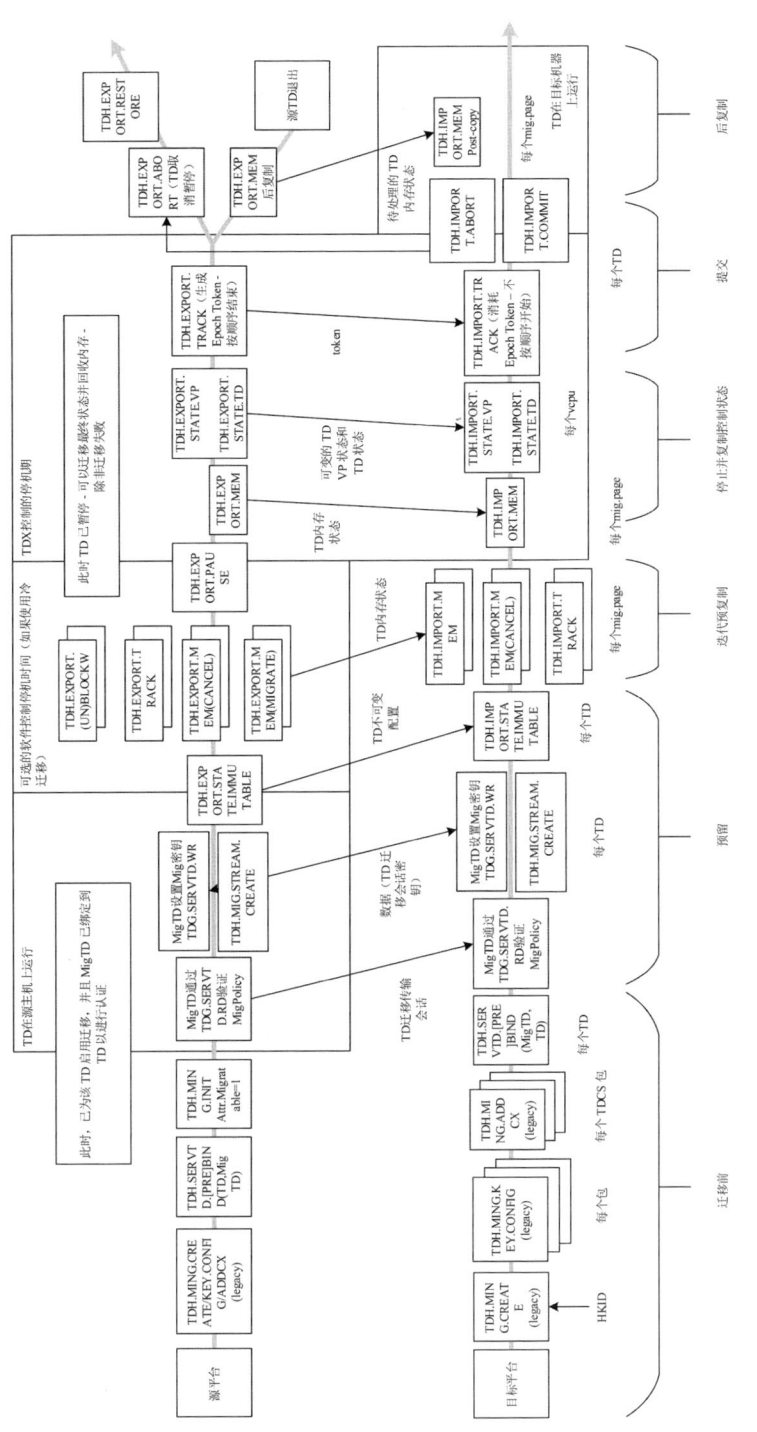

图 5-6 TDX 热迁移的流程

- 源主机和目标主机上的 MigTD 完成双向安全策略验证，并协商数据和状态传输需要的加密密钥。

（2）可信域实例状态数据热迁移。

- 源主机的可信域实例保持运行，源主机侧的 VMM 和 TDX 指令服务模块将可信域实例的状态和数据向目标主机迁移。
- 首先迁移的是可信域实例的不可变状态和数据。接下来，将可信域实例可变的数据和状态采用预复制策略从源主机向目标主机迁移，这是一个不断迭代的过程，当可信域实例的脏页面比例减少到特定阈值时，可以进入下一个阶段。
- 在这个阶段，目标主机侧的 VMM 和 TDX 指令服务模块会将接收到的状态和数据导入目标主机侧的可信域实例。

（3）可信域实例冻结阶段（源主机）。

- 源主机侧的 VMM 调用 TDH.EXPORT.PAUSE 将本地的可信域实例冻结。
- 将冻结的可信域实例的状态信息和剩余的内存页面从源主机侧迁移到目标主机侧，并导入目标主机侧的可信域实例。
- 目标主机侧的 VMM 通过调用 TDH.IMPORT.COMMIT 将本地的可信域实例的运行请求提交给 TDX 指令服务模块。

（4）可信域实例在目标主机中恢复运行。

- 目标主机侧的 TDX 指令服务模块将可信域实例在本地恢复运行，并通知源主机侧的 TDX 指令服务模块，一旦目标主机侧的可信域实例进入运行状态，源主机侧的可信域实例就无法重新进入运行状态。
- 如果使用了延迟复制策略，那么这个阶段目标主机上的可信域实例一旦发现有需要但尚未被推送过来的页面，就会通过延迟复制的方式从源主机上将其迁移过来。
- 源主机侧的 VMM 完成可信域实例的内存和状态迁移之后，可以通知 TDX 指令服务模块关闭本地的可信域实例。

机密虚拟机热迁移完成后，源主机和目标主机仅有一个合法的可信域实例继续保持，这是通过 TDH.IMPORT.COMMIT 背后的提交协议实现的。

- 源主机侧的 TDX 指令服务模块在完成本地可信域实例冻结阶段内存和状态复制后，用 TDH.EXPORT.TRACK 生成一个启动令牌，用来允许目标主机侧的可信域实例升级为可运行状态，该令牌通过 MSK 加密，仅目标主机侧的 TDX

指令服务模块可以解开。
- 目标主机侧的 TDX 指令服务模块调用 TDH.IMPORT.TRACK 消费源主机侧发送过来的启动令牌,以允许目标主机侧的可信域实例进入可运行状态。
- 在源主机侧生成启动令牌后,需要目标主机侧调用 TDH.IMPORT.ABORT 生成启动中止令牌,并将其传递回源主机侧。通过 TDX 指令服务模块调用 TDH.EXPORT.ABORT 来终止迁移过程,以允许源主机侧的可信域恢复可运行状态。

5.2.2 状态和数据迁移

可信域机密虚拟机在热迁移过程中需要迁移的数据有两种:一种是可信域实例内存数据,主要是 TDX 指令服务模块管理的可信域实例中的一些元数据;另一种是实例内存相关的数据和状态,如可信域实例的内存页面和 Secure EPT 中的内容。可信域实例元数据主要包括 TDR、TDCS 和 TDVPS。元数据结构中保存的信息有一些在可信域实例初始化完成后不发生改变,被称为非可变状态数据;还有一些信息随着实例的运行发生改变,被称为可变状态数据。

不同属性的数据被迁移的时间点也不同。
- 非可变状态数据:需要在目标可信域实例构建的阶段使用,在可信域实例状态数据热迁移的起始阶段被迁移。
- 可变状态数据:随着可信域实例的运行发生改变,只有在源主机侧的可信域实例冻结后进行迁移才有效。
- 内存页面相关的数据和状态:热迁移过程的大部分时间花在迁移用户内存页面相关的数据和状态上,对内存页面的数据迁移贯穿热迁移的整个过程。

TDX 指令服务模块定义了三类热迁移接口,服务于不同的场景和阶段,如表 5-7 所示。

表 5-7 TDX 指令服务模块热迁移接口

可信域资产	拥 有 方	导 出 函 数	导 入 函 数
不可变非内存状态(元数据)	TDX 指令服务模块 global、TDR、TDCS	TDH.EXPORT.STATE.IMMUTABLE	TDH.IMPORT.STATE.IMMUTABLE
可变非内存状态(元数据)	TDCS、TDVPS	TDH.EXPORT.STATE.TD TDH.EXPORT.STATE.VP	TDH.IMPORT.STATE.TD TDH.IMPORT.STATE.VP
内存状态和元数据	可信域私有页、SEPT	TDH.EXPORT.MEM	TDH.IMPORT.MEM

5.3 嵌套虚拟化

TDX 支持嵌套虚拟化切分技术,以便运行未经修改的传统虚拟化内核,其架构如图 5-7 所示。通过该技术,在无须修改虚拟机操作系统内核的前提下,用户可以增加传统虚拟机实例上部署的工作负载并将其转移到硬件隔离的可信域中。

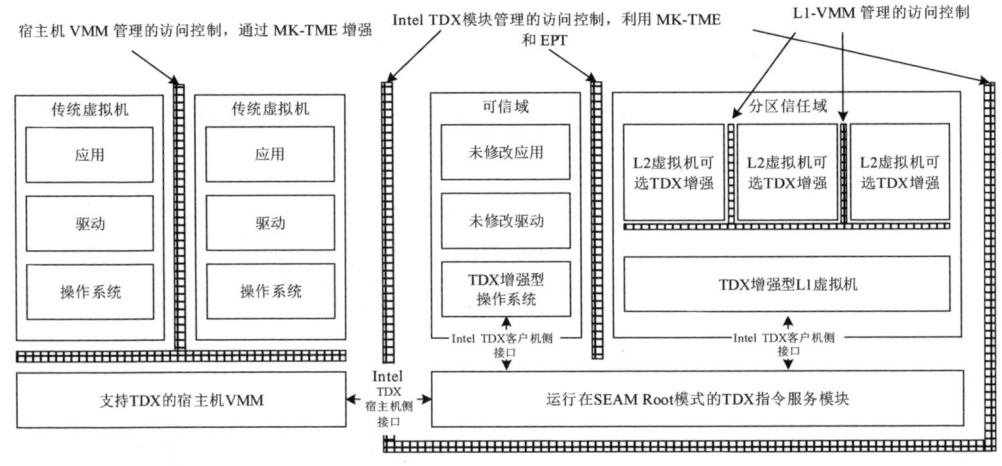

图 5-7 TDX 的嵌套虚拟化架构

在虚拟化切分技术下,主可信域实例定义为 L1 VM,可以运行一个嵌套的虚拟机监控器(L1 VMM),并在 L1 VMM 上运行嵌套的虚拟化实例,即 L2 VM。L2 VM 可以运行不做任何 TDX 支持的修改的传统虚拟化操作系统内核。

5.4 TCB 在线升级

TCB 是确保系统信任和安全的核心组件,包含处理器硬件以及一些最基础的固件模块。在 TDX 架构中,TDX 指令服务模块是一个运行在处理器内部的指令固件模块,为 TDX 提供了基础的架构指令服务,其本质依然是一个软件模块,而任何软件模块都存在升级的可能。由于 TDX 指令服务模块位于 TDX 的 TCB 之内,所以它的升级会带来 TCB 的更新。在云计算场景下,用户的业务或虚拟机实例通常需要实现长时间无间断运行,如何在满足安全需求的前提下实现 TCB 的热升级?Intel TDX 通过引入 TDX 指令服务模块热升级(TD Preserving)这一关键 TCB 组件的热升级技术,实现了可信域的不间断运行。

利用 TD Preserving 技术热升级 TDX 指令服务模块时，运行在 SEAM 内存空间中的 TDX 指令服务模块数据空间并没有被完全擦除。可以让老版本的 TDX 指令服务模块在特定空间中留下"交接数据和状态"，以便新版本的 TDX 指令服务模块能够利用这些数据将运行上下文恢复到升级前的状态。因此，新版本的 TDX 指令服务模块可以继续支持运行状态可信域的上下文和内存。TD Preserving 涉及的步骤如下。

（1）升级程序在调用 TDH.SYS.SHUTDOWN 命令过程中准备交接数据，并将 TDX 指令服务模块的全局状态标记为关闭。

（2）在 P-SEAMLDR 阶段，调用一个名为 SEAMLDR.INSTALL 的函数，它的作用是在不清空交接数据的情况下安装新的 TDX 指令服务模块。

（3）在新的 TDX 指令服务模块运行阶段，首先调用 TDH.SYS.INIT 函数，它负责全局初始化新的 TDX 指令服务模块。然后调用 TDH.SYS.LP.INIT 函数，它负责 LP 范围、核心范围和封装范围的初始化，检查和配置平台及 TDX 指令服务模块。最后，调用 TDH.SYS.UPDATE 函数，它的作用是从交接数据中填充内部变量，并将 TDX 指令服务模块的全局状态标记为"就绪"。

对于云服务提供商而言，使用传统的 TDX 指令服务模块更新方法需要在节点上重启，这将导致较长的停机时间。而 TDX 指令服务模块的热升级能力将提供毫秒级别的更新，从而使云服务高可用性成为可能。

5.5 内存完整性

为保证可信执行环境运行的安全性，TDX 的内存完整性保护必须满足以下几个目标。

- 针对可信域（TD）加密内存和 TDX 指令服务模块内存的破坏必须在相关数据被可信域和 TDX 指令服务模块消费前被检测到。

- 为了应对暴力攻击，在可信域和 TDX 指令服务模块执行过程中，需要防止攻击者重复尝试破坏数据完整性，一旦发生完整性破坏事件，受影响的可信域及其对应的密钥将变得不可用，通常情况下，可信域往往只能被关闭。

- 除了可信域和 TDX 指令服务模块，其他软件无法通过构造主动访问或者投机性访问可信域加密内存的攻击路径，来获取潜在攻击线索或者尝试突破安全防线，例如，通过对非法访问可信域内存的请求统一返回全零数据，可以有效抑制此类攻击行为，防止敏感信息泄露。

TDX 强制针对所有用于可信域的私有密钥开启内存完整性保护功能。根据平台配置不同，TDX 指令服务模块支持两种不同的模式。

（1）密态完整性（Crypto Integrity，CI）。内存数据被私有密钥加密成密文，完整性由消息验证码（Message Authentication Code，MAC）和可信域比特位来保护。

（2）逻辑完整性（Logical Integrity，LI）。内存数据被私有密钥加密成密文，完整性仅由可信域比特位来保护。

注意，无论是密态完整性保护，还是逻辑完整性保护，内存控制器都会用一位可信域比特位来标记每个缓存行，并且可信域比特位被内存的错误纠正码（Error Correcting Code，ECC）的保护校验码覆盖。当写内存的操作来自私有密钥时，可信域比特位被置位；反之，当写内存的操作来自共享密钥时，可信域比特位被清零。针对密态完整性的消息验证码由内存控制器计算，之后截取其中的低 28 位，这 28 位的消息验证码占用了 ECC 的空间，同时被 ECC 校验。消息验证码覆盖的元素包括以下几部分。

- 密文数据：即将被写到内存中的 512 位数据，该数据通过私有密钥加密得到。
- 加密调整项：在配置私有密钥时，会产生一个特殊的密钥，该密钥即加密调整密钥，以所写的物理地址为输入，输出为加密调整项。
- 可信域比特位。
- 生成消息验证码的密钥。

可信域比特位包含两个状态，其更新如图 5-8 所示。写操作会影响可信域比特位，因此宿主机应该避免主动或者因为软件错误触发写可信域的私有内存。

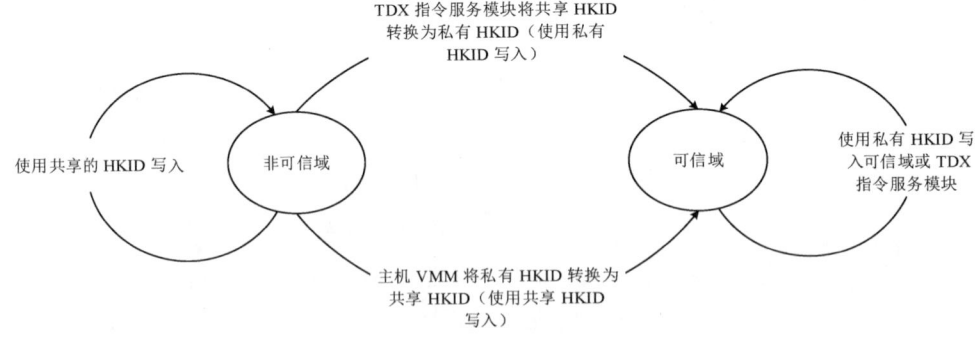

图 5-8 可信域比特位的更新

非可信域内存的可信域比特位是 0，该状态有以下两个场景。

场景 1：宿主机通过共享密钥 HKID 对非可信域内存空间进行写入操作。

场景 2：宿主机将原由可信域私有密码 HKID 保护的内存区域降级为共享内存，并利用 MOVDIR64B 指令对该区域进行清零操作。

可信域内存的可信域比特位是 1，该状态包含以下两个场景。

场景 1：TDX 指令服务模块以私有密钥的方式写入共享内存空间。

场景 2：针对原本可信域的私有密钥保护的内存空间，可信域或者 TDX 指令服务模块以私有密钥写入该段内存。

需要针对写操作的不同场景更新可信域比特，只有这样，读操作的过程才会真正进行完整性检查。

当可信域或 TDX 指令服务模块使用私有密钥读取内存时，若可信域比特或消息验证码检查失败，那么将触发内存毒化（Poison）机制，返回全 0 数据并标记毒化状态位 Poison。

毒化内存状态惯例是有黏性的，这种状态位始终保存在内存的元数据中。这意味着后续读请求访问到之前已经是毒化状态的数据，会直接返回全 0 数据和 Poison 状态。可以使用 MOVDIR64B 指令清除毒化状态位。

当宿主机试图读取属于可信域管理的私有内存时，CPU 会强制返回全 0 数据，防止宿主机进行字典攻击。密态完整性检查和逻辑完整性检查分别如表 5-8 和表 5-9 所示。

表 5-8 密态完整性检查

HKID 类型	HKID 完整性使能	可信域位	完整性检查	返回数据	新毒化状态	描　述
私有	是	0	N/A	0	Poison	如果之前使用共享 HKID 写入内存，则可能会触发可信域位失配故障
		1	通过	解密数据	None	如果内存行之前已毒化，则读取事务可能会返回毒化
		1	不通过	0	Poison	如果之前使用不同的加密密钥写入内存，则可能会触发完整性检查失败
共享	是	0	通过	解密数据	None	如果内存行之前已毒化，则读取事务可能会返回毒化
		0	不通过	0	Poison	
		1	N/A	0	Poison	

（续表）

HKID 类型	HKID 完整性使能	可信域位	完整性检查	返回数据	新毒化状态	描述
共享	否	0	N/A	解密数据	None	如果内存行之前已毒化，则读取事务可能会返回毒化
		1	N/A	0	None	如果内存行之前已毒化，则读取事务可能会返回毒化

表 5-9 逻辑完整性检查

HKID 类型	HKID 完整性使能	可信域位	完整性检查	返回数据	新毒化状态	描述
私有	否	0	N/A	0	Poison	如果之前使用共享 HKID 写入内存，则可能会触发可信域位失配故障
		1	N/A	解密数据	None	如果内存行之前已毒化，则读取事务可能会返回毒化
共享	否	0	N/A	解密数据	None	如果内存行之前已毒化，则读取事务可能会返回毒化
		1	N/A	0	None	如果内存行之前已毒化，则读取事务可能会返回毒化

内存完整性错误导致的毒化状态位会被内存控制器以"未更正，无须采取行动"（Uncorrected no Action Required，UCNA）的错误记录下来，并且通过纠正性机器校验中断（Corrected Machine Check Interrupt，CMCI）或机器检查系统管理中断（Machine Check System Management Interrupt，MSMI）通知软件。当软件再去消费 Poison 的数据时，有两种可能的场景。

- Machine Check：在大多数情况下，CPU 核能继续执行，这时 Poison 会被当作 fault 异常来处理，即通过 MCE 或者 MSMI 通知软件。
- Unbreakable Shutdown：在极个别情况下，CPU 核无法继续执行，进入 Unbreakable shutdown 状态，该状态下 TDX 功能被关闭。

根据 BIOS 配置，Machine Check 事件的投递方式有两种。下面分别阐述在这两种方式下，可信域上下文中如何处理 Machine Check 事件。

#MC 方式

在这种配置下（EMCA2 关闭），Machine Check 事件以#MC 异常的方式被投递给软件。在 LMCE 使能的情况下，该#MC 仅投递给消费 Poison 数据的可信域 vCPU。TDX 指令服务模块会配置可信域的 Machine Check，在以下三种情况下立即触发可信域退出：可信域运行过程中；进入可信域；退出可信域。

如图 5-9 所示，当可信域试图读取私有内存时，内存完整性检查失败，触发#MC。这时可信域退到 TDX 指令服务模块，在 TDX 指令服务模块中可以查到虚拟机退出原因为 0，中断信息中的 Vector 为 18，从而将其定为#MC 事件。之后，TDX 指令服务模块会把该可信域的状态设置为 FATAL，阻止后续的 SEMCALL 和 TDCALL。接着，可信域的退出机制会从 TDX 指令服务模块转到宿主机上，宿主机关闭可信域，释放之前分配的内存资源。

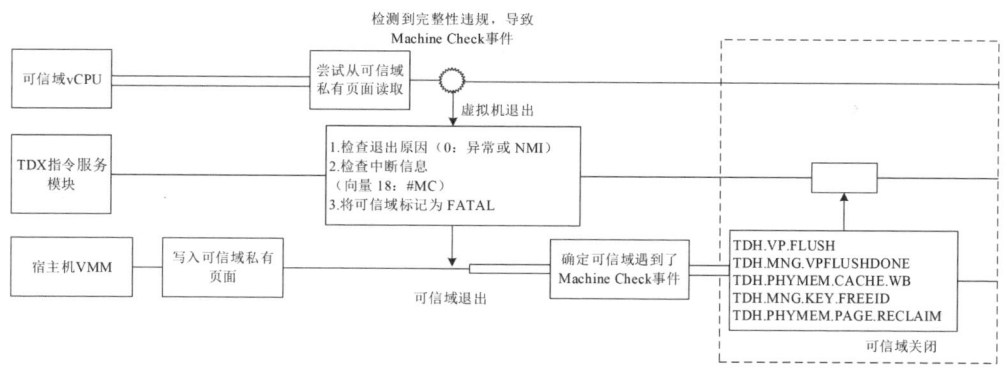

图 5-9 #MC 方式处理 Machine Check 事件

#MSMI 方式

如图 5-10 所示，在 EMCA2 打开的情况下，完整性检查失败触发的 Machine Check 事件以 MSMI 中断的方式被投递给软件。当 MSMI 被触发时，SMM 处理接口并未被直接调用，可信域会退到 TDX 指令服务模块，MSMI 的中断依然处于 pending 状态。TDX 指令服务模块会检查虚拟机的退出原因是否为 6，退出条件（Exit Qualification）比特 0 位是否为 1，如果是，TDX 指令服务模块就会把可信域的状态标记为 FATAL，阻止后续的 SEAMCALL 和 TDCALL 的执行。

可信域的退出机制会从 TDX 指令服务模块转到宿主机上，也就是 SEAMCALL 指令返回，这时被抑制的 MSMI 中断会被触发，也就是 SMM 处理接口被调用，在 SMM 处理接口执行完毕后，RSM 操作会注入#MC 异常给宿主机 OS。

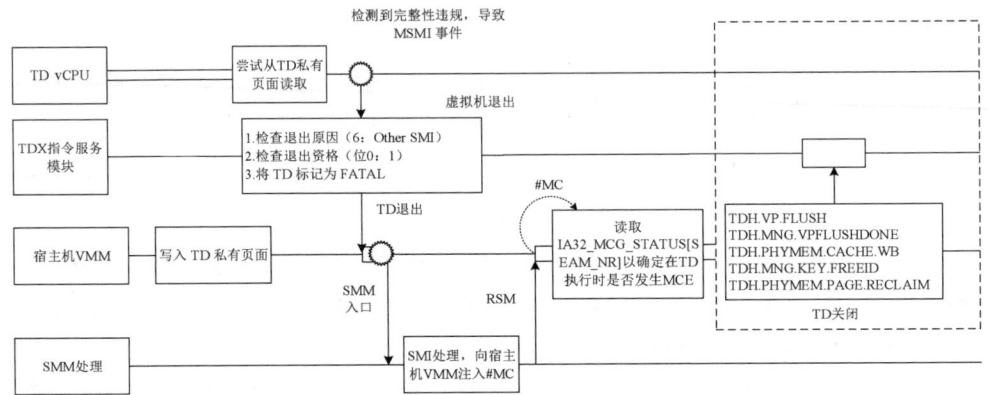

图 5-10 #MSMI 方式处理 Machine Check 事件

无论是#MC 方式，还是#MSMI 方式，当可信域从 TDX 指令服务模块退到宿主机 OS 时，原有的 SEAMCALL 指令返回值都会被设置为 TDX_NON_RECOVER_TD_FATAL，TDX 指令服务模块并不会进一步分析 Machine Check 是因为完整性校验失败还是其他原因导致的。

当 Machine Check 事件发生在 TDX 指令服务模块的上下文时，CPU 会进入 Unbreakable Shutdown 状态，TDX 的功能被关闭，后续所有 SEAMCALL 指令调用都会返回 VMfailInvalid 错误码。

第 6 章

机密虚拟化软件形态

本章将深入剖析机密虚拟化软件形态，涵盖主流的支持框架，包括机密虚拟机、机密容器、高可信操作系统等，详细阐述其技术原理、安全机制、实际应用及发展态势。此外，阐述 TDX 关键组件和软件栈，以及 Linux 发行版对机密虚拟化的支持情况，为读者全面呈现这一前沿技术领域的面貌。

6.1 机密虚拟机

6.1.1 虚拟化技术原理

虚拟化技术是在物理硬件和操作系统之间增加一个抽象化层，允许在一台物理服务器上运行多个虚拟机。这个抽象化层被称为虚拟机监控器。

虚拟化技术的核心原理是资源隔离与共享。通过虚拟化技术，可以将物理服务器的 CPU、内存、存储等硬件资源进行抽象和切片，为每个虚拟机分配独立的资源。这些虚拟机在逻辑上相互隔离，但可以共享底层物理硬件资源。

1. 虚拟化技术的类型

（1）全虚拟化。全虚拟化是最常见的虚拟化形式，它允许虚拟机运行未经修改的操作系统。虚拟机认为自己运行在真实的硬件上，但实际上这个硬件是由虚拟机监控器虚拟的。

（2）半虚拟化。半虚拟化虚拟机知道自己运行在虚拟化环境中，操作系统需要进行修改以适应这种环境。这种类型的虚拟化通常需要较少的处理开销，但需要对操作系统进行修改。

（3）操作系统级虚拟化。这种类型的虚拟化在操作系统层面实现，允许在同一个操作系统上运行多个隔离的用户空间实例。容器技术是操作系统级虚拟化的一个例子。

2. 实现虚拟化技术的关键组件

（1）虚拟机监控器 hypervisor。虚拟机监控器是虚拟化技术的核心组件，它负责创建、管理和调度虚拟机。虚拟机监控器可以是一个独立的软件实体，也可以集成在操作系统或硬件中，它提供了一套管理和控制虚拟机的 API，允许管理员对虚拟机进行创建、销毁、迁移等操作。

（2）虚拟机的创建与管理。虚拟机的创建通常通过虚拟机监控器来完成，管理员可以指定虚拟机的配置，如 CPU 数量、内存大小、存储空间等，虚拟机监控器会根据这些配置创建一个独立的虚拟机实例。虚拟机实例包括虚拟的 CPU、内存、存储和网络设备，它们通过虚拟机监控器与物理硬件进行交互。

虚拟机的管理包括生命周期管理、资源管理和性能监控等。生命周期管理涉及虚拟机的启动、停止、暂停和恢复等操作。资源管理允许管理员动态调整虚拟机的资源配置，以满足不同应用的需求。性能监控则提供了对虚拟机性能指标（如 CPU 利用率、内存使用情况等）的实时监控和分析，帮助管理员及时发现和解决问题。

在实际应用中，虚拟化技术可以通过基于软件的虚拟化（如 VMware Workstation）、基于硬件的虚拟化（如 Intel VT-x 和 AMD-V）和容器虚拟化（如 Docker）等方式实现。不同类型的虚拟化技术的特点和适用场景不同，但它们都是基于资源隔离与共享的思想实现的。

需要注意的是，虚拟化技术本身不能解决所有安全问题。虚拟化管理程序是创建、管理和监控虚拟机的核心组件，它具有对虚拟机和底层物理资源的广泛控制权。如果攻击者能够成功地对虚拟化管理程序进行攻击，就可以获得对整个虚拟化环境的控制权，并可能对虚拟机进行恶意操作，窃取数据或破坏系统的正常运行。

6.1.2 机密虚拟机技术概念及发展

机密虚拟机技术是一种在虚拟化环境中提供增强安全保护的技术，其核心目标是确保虚拟机中运行的应用程序和数据的机密性和完整性。在一个日益数字化的世界中，随着云计算和虚拟化技术的普及，保护信息不受外部和内部威胁的侵害变得至关重要。

机密虚拟机技术通过一系列的安全机制，如加密、访问控制和安全审计，为虚拟机提供了一层额外的保护。这意味着，即使在虚拟化环境受到攻击或出现漏洞的情况下，攻击者也无法轻易获取或篡改受保护的虚拟机中的敏感数据。

为什么机密虚拟机技术如此重要？原因如下。

- 数据安全性：随着数据成为现代企业的核心资产，确保其安全不受任何威胁是企业的首要任务。机密虚拟机技术为敏感数据和应用程序提供了一个安全的环境。

- 合规性：许多行业有严格的数据保护和隐私法规。机密虚拟机技术可以帮助企业进行合规建设，避免法律风险和罚款。
- 防止内部威胁：多数数据泄露事件与内部人员有关。机密虚拟机技术可以确保即使在有恶意内部人员的情况下，数据仍然受到保护。

机密虚拟机技术的发展背景与虚拟化技术的演进和云计算的崛起密切相关。虚拟化技术的出现使在同一个物理服务器上运行多个虚拟机成为可能，从而提高了服务器的利用率和效率。随着云计算、大数据等技术的普及，越来越多的企业和个人将数据和应用部署在虚拟机上。然而，随着虚拟化技术的普及，安全问题逐渐凸显。传统的虚拟化技术在安全性方面存在诸多隐患，如数据泄露、虚拟机逃逸等。为了解决虚拟化环境中的安全问题，机密虚拟机技术应运而生。

目前，机密虚拟机技术已经取得了显著的进展。各大云厂商结合不同芯片厂商提供的机密计算能力（如英特尔的 TDX 技术，AMD 的 SEV 技术），为虚拟机提供了硬件级别的内存加密和安全计算环境。这些技术能够通过加密虚拟机的内存，确保即使在虚拟化环境受到攻击或出现漏洞的情况下，攻击者也无法轻易获取或篡改受保护的虚拟机中的敏感数据。在云计算环境中，这些机密虚拟机技术被广泛使用。云服务提供商如亚马逊网络服务、微软 Azure 和谷歌云等，纷纷采用了具备机密计算能力的虚拟机技术，为客户提供增强的数据安全保护。通过这些机密虚拟机，云服务商能够隔离不同客户之间的数据，并确保数据在传输、存储和处理过程中的机密性和完整性。

此外，云计算使用的机密虚拟机还结合了其他安全技术，如访问控制、安全审计等，构建了多层次的安全防护体系。这些机密虚拟机还常常与容器技术结合，为云原生应用程序提供更高的安全性和隔离性。

6.1.3 安全机制

为了推广机密计算技术，芯片厂商积极开源并将代码提交到上游社区。例如，英特尔不仅向 Linux 开源社区提交 TDX 代码，还积极与国内开源社区（如 OpenAnolis 等）展开合作。通过开源与合作，机密虚拟机技术快速发展，并在全球范围内得到了广泛应用。

在云计算中，由云服务提供商管理的虚拟机监控程序和不同租户拥有的虚拟机共存于共享的物理机上。虽然硬件辅助虚拟化可以隔离租户的工作负载，但安全模型仍然依赖特权虚拟机监控程序进行值得信赖的虚拟机管理。为了解决这个问题，TDX 在安全域之间实施加密隔离，减少跨域攻击。这消除了对不可信/特权主机软件的层次依赖，并将虚拟机监控程序和云运营商排除在 TCB 之外，使租户能够安全地配置和运行自己的计算任务。

TDX 的机密虚拟机，即可信域，运行在 SEAM VMX Non-Root 模式下，它可以通过可信域退出或者调用 TDCALL 指令访问 TDX 指令服务模块在虚拟机侧的接口（函数名以 TDG 开头），允许 TDX 指令服务模块执行。在这两种情况下，逻辑处理器会从 SEAM VMX Non-Root 模式进入 SEAM VMX Root 模式，并开始执行 TDX 指令服务模块的上下文。与传统的虚拟机类似，可信域无法访问同一平台上其他组件的内存，如 SMM、虚拟机监控器、TDX 指令服务模块，以及其他的可信域和虚拟机。在传统 VMX 模式下，hypervisor 通过维护 EPT 强制进行内存隔离。然而，由于 hypervisor 不再受信任，TDX 将内存管理的任务移交给 TDX 指令服务模块，由 TDX 指令服务模块控制可信域的私有内存地址的转换。同时，它保护可信域内存免受特权软件、损坏设备和主机上管理员的侵害。TDX 通过实施访问控制和内存加密隔离来实现这一目标。访问控制可防止同一台主机上的其他组件访问可信域中的数据。内存加密隔离用于防止恶意 DMA 设备或物理攻击者访问主存储器，直接读取或损坏分配给可信域的私有内存。

启用 TDX 后，整个系统的物理内存被分为两部分：普通内存和加密内存。可信域的敏感数据，包括私有内存、虚拟 CPU 状态及相关元数据，存储在加密内存中。可信域还将私有加密内存设置为 I/O 共享内存，该内存区域不受 TDX 保护，因此属于普通内存。所有不在 SEAM 模式下执行的软件都位于普通内存中，并且不允许访问加密内存，无论其权限级别如何。位于处理器内部的内存控制器负责检查内存访问。

为了将物理内存页标记为加密内存的一部分，可信域 Owner 比特位会被标记为 1，每个可信域 Owner 比特位会与对应缓存行的内存段关联，可信域 Owner 比特位存储在与这些内存段相关的纠错码（ECC）中。在 TDX 指令服务模块将物理内存页转换为加密内存时，会将私有 HKID 附加到被转换的物理内存的高位地址上。私有 HKID 集由 TDX 控制，只能用于可信域和 TDX 指令服务模块。当内存控制器将数据写入带有私有 HKID 的物理地址时，它会设置可信域 Owner 比特位为 1；当将其写入一个没有私有 HKID 的地址时，它会清除可信域 Owner 比特位。每次对 cache line 的读取都受到严格的访问控制，任何不在 SEAM 模式下的读请求在尝试读取可信域 Owner 比特位为 1 的缓存行时，收到的返回值都为 0。

TDX 利用 MKTME 对可信域的私有内存及其元数据进行加密保护。内存加密保护可以防止一些物理攻击，例如冷启动攻击。MKTME 负责对内存控制器传递的数据所在的内存进行加密和解密。TDX 指令服务模块利用 MKTME 提供的密钥，在将特定缓存行写入内存时对其进行加密。MKTME 提供的密钥与加密内存物理地址中嵌入的 HKID 关联，MKTME 会对 HKID 进行解码，并使用与之关联的密钥执行加密操作。MKTME 提供的密钥仅存在于 CPU 中，只能由对应的 HKID 引用，不提供对外暴露的接口。在创建一个新的可信域时，hypervisor 会选择一个未被使用的私有 HKID，同时，TDX 指令服务模块会请求处理器分配一个与之相关的加密密钥，并将其绑定到新创建的可信域中，确保每个可信域都使用不同的加密密钥。在 TDX1.0 和 TDX1.5 版本中，MKTME 采用 AES-128 XTS 加密算法。

内存完整性。TDX 提供了两种机制确保内存完整性：逻辑完整性（LI）和加密完整性（CI）。LI 通过阻止对加密内存进行的未经授权的加密和读取操作来保护加密内存的完整性，防止软件级攻击。它限制了私有 HKID 的不合理使用和对加密内存的读取。只有以 SEAM 模式运行的进程才能使用私有 HKID 加密内存，并只能读取可信域 Owner 比特位为 1 的缓存行。LI 不会阻止直接访问主内存的恶意攻击者设置缓存行和可信域 Owner 比特位的内容，这为缓存行的回滚提供了可能性。CI 是一种更加高级的机制，旨在破除 LI 的局限性，可以检测恶意地直接内存写入或位翻转（例如通过 Row hammer 攻击）。CI 能够防止具有访问主内存权限的物理攻击者，以免内存内容被篡改。

6.1.4 I/O 数据保护

在 TDX 威胁模型下，VMM 和外围设备被明确界定为不可信实体，因此它们被严格禁止直接访问可信域的私有内存空间。为了确保可信域及其所有者的数据安全，在 I/O（输入/输出）数据离开信任边界前，必须对其实施严格的安全策略。机密虚拟化中的 I/O 模型如图 6-1 所示。要实现这一安全策略，关键步骤是对 I/O 数据缓冲区进行密封处理，然后将这些缓冲区置于共享内存中。此举允许 VMM 或外围设备在必要时通过在共享内存中的移动数据实现对可信域的 I/O 操作，这一机制的有效执行要求对虚拟机内核进行针对性修改。

需要补充说明的是，所有经由 VMM 或外围设备传输至可信域的 I/O 数据，在进入可信域之前，必须经过严格的检查和验证流程。这是因为在 TDX 模型中，这些实体不再被视为可信来源。针对 Linux 环境下的可信域实现，所有 MMIO 区域和 DMA 缓冲区均被映射至可信域内的共享内存区域。此外，Linux 虚拟机被设计为强制使用软件 I/O 转换缓冲区（Software I/O Translation Buffer，SWIOTLB）技术，以在共享内存中的统一位置高效分配和管理 DMA 缓冲区。这些措施不仅提升了数据处理的效率，也确保了虚拟化环境中的数据安全性和完整性。

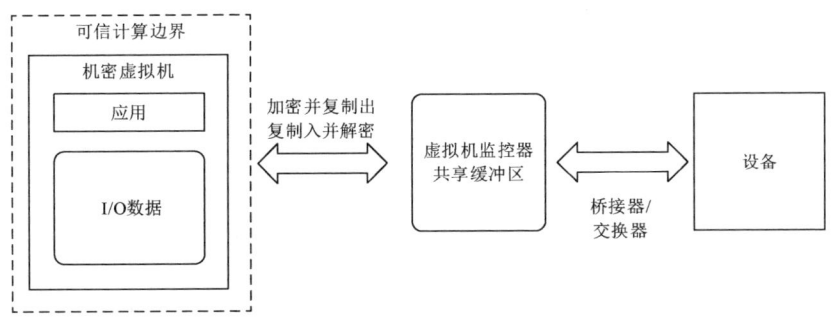

图 6-1　机密虚拟化中的 I/O 模型

对于某些 I/O 场景，比如网络和存储，可信域可以采用基于软件的加密技术来保护 I/O 数据。然而，这种方法与低延迟和高吞吐量的 VT-d 直接 I/O 虚拟化相比，存在一定的性能损耗。除此之外，可信域中的加密数据还不允许被卸载到传统的 GPU 或 FPGA 加速器上，除非它们是可信域的 TCB 的一部分，以保护机密数据。在 TDX 2.0 中，TDX Connect 架构将可信设备分配给可信域，扩展了可信域的 TCB 和可信执行环境设备接口，同时有效保护数据。

- CPU：通过私有 MMIO 和 DMA 访问控制以及数据隔离，扩展 Intel TDX 硬件。
- 传输：通过 PCIe 特定的 IDE 数据流，进行端到端数据保护。
- 设备：增加 TDX 指令服务模块的扩展（SPDM、IDE 和 TDISP），允许可信域将其可信执行环境和 TCB 域扩展到其信任的 TEE-I/O 设备中。

6.2　机密容器

6.2.1　容器运行时安全

容器化技术已经改变了开发人员打包和部署应用程序的方式。然而，伴随应用容器化而来的安全挑战，是另一个亟须解决的问题。容器运行时安全性的演进过程可以概括为：从传统的 runC，发展到基于硬件虚拟化的 Kata 容器（Kata Container），再进一步演进到当前能够满足云租户隐私需求的机密容器（Confidential Container，CoCo），这些安全技术的区别如图 6-2 所示。

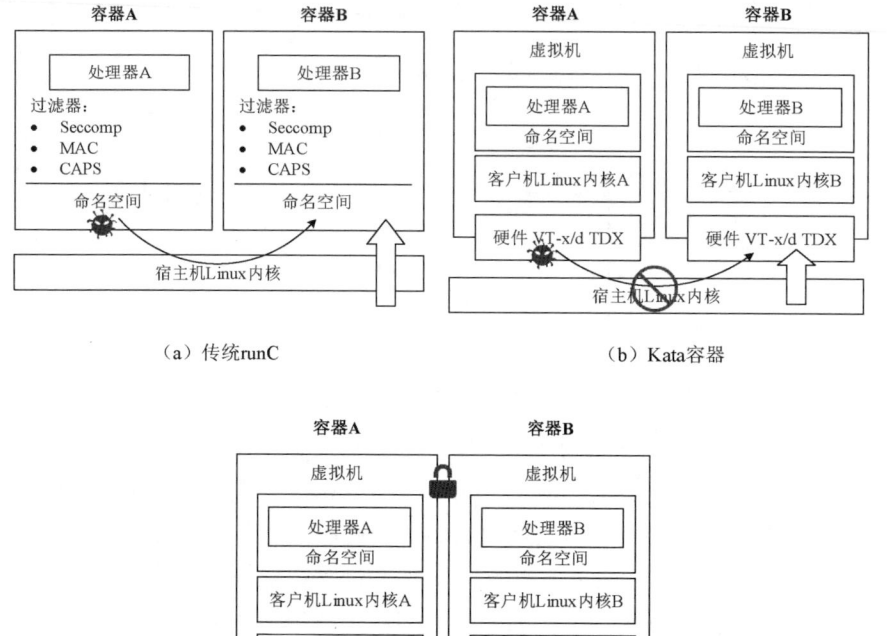

图 6-2 容器安全技术对比

runC 是一个轻量级的容器运行时工具，它是根据开源容器倡议（Open Container Initiative，OCI）标准创建并运行容器的命令行接口工具。它利用 Linux 内核的命名空间和 Cgroups 实现进程隔离和资源限制，从而提供一个独立的容器运行环境。具体来说，命名空间是 Linux 内核提供的一种机制，用于将系统资源（如进程 ID、网络接口、挂载点等）隔离成独立的实例，使每个容器都拥有独立的系统视图。Cgroups 则是 Linux 内核提供的一种资源限制和管理的机制，可以对容器的 CPU、内存、磁盘等资源进行限制和监控。虽然 runC 提供了进程隔离，但它仍与主机共享相同的内核，因此攻击者可以利用内核漏洞来实施攻击。

另一种更安全的容器运行方式是基于硬件虚拟化的容器运行时，如 Kata Container。Kata Container 利用英特尔虚拟化技术和 QEMU 等虚拟化技术，为运行容器创建了一个隔离的环境，每个容器都在自己的虚拟机中运行，与其他容器及主机完全隔离。这种方法提供了额外的安全层,即使一个容器被攻破,其他容器和主机仍然安全。

机密容器将容器化的隔离优势,与基于可信执行环境硬件的安全隔离保护技术结合起来,例如 Intel TDX、AMD SEV。传统的容器化采用基于软件的隔离,这在安全性方面存在一些限制,尤其是在保护敏感数据或工作负载时。相比之下,机密容器利用基于硬件的可信执行环境技术保护租户,使其免受其他租户和主机系统的影响。

机密容器是云原生计算基金会(Cloud Native Computing Foundation,CNCF)的一个新的沙盒项目,旨在利用各种硬件平台和软件技术,实现云原生的保密计算。从 CoCo 项目衍生出的 TDX 机密容器解决方案,其特性如图 6-3 所示,特别增强了以下两个方面的功能。

- 易于使用。应用程序开发人员可以在 TDX 机密容器中运行未经修改的容器镜像。Kubernetes 运维人员/管理员可以使用标准的 Kubernetes 工具安装整体解决方案并管理 Kubernetes 集群。
- 通过为敏感和高价值的应用程序、数据和模型提供端到端的保护确保安全性。

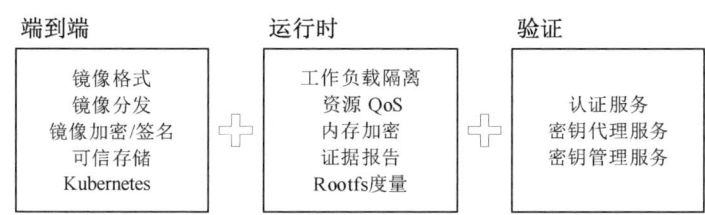

图 6-3 TDX 机密容器安全特性

6.2.2 机密容器架构

图 6-4 显示了 TDX 机密容器架构和关键组件。浅灰色框中的组件属于 TCB。在使用 TDX CoCo 运行时启动 Kubernetes Pod 时,可信域固件、内核文件和内核命令行会被度量。此外,通过度量对包括 kata-agent 在内的 Rootfs 进行验证和保护。加密的容器镜像在可信域中被拉取并解密,由容器存储接口(Container Storage Interface,CSI)驱动分配的存储在使用之前也会被解密。仅当远程认证通过时,才会获得所有凭据信息,如镜像解密密钥、镜像签名文件和启动策略。

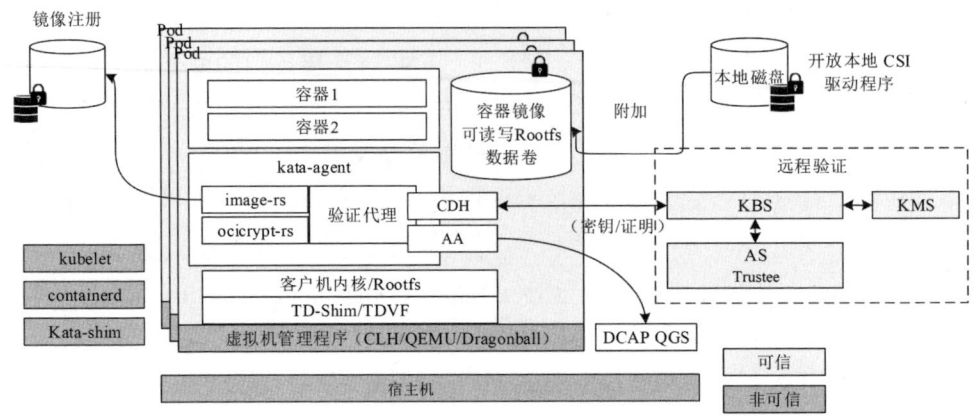

图 6-4 TDX 机密容器架构和关键组件

6.2.3 主要特性

1. 受限的 API

相比 Kata Container，CoCo 引入了许多安全增强功能。其中之一是受限的 API，如图 6-5 所示。在 Kata 设计中，运行在客户机内的 kata-agent 通过 vsock 通道与主机进行 gRPC API 通信。运行在主机上的容器运行时，通过这种机制向运行的 kata-agent 发送命令。在 CoCo 的实现中，主机软件栈不是 TCB 的一部分，因此主机与虚拟机之间的接口需要加强安全性，CoCo 支持通过配置文件限制 kata-agent API。

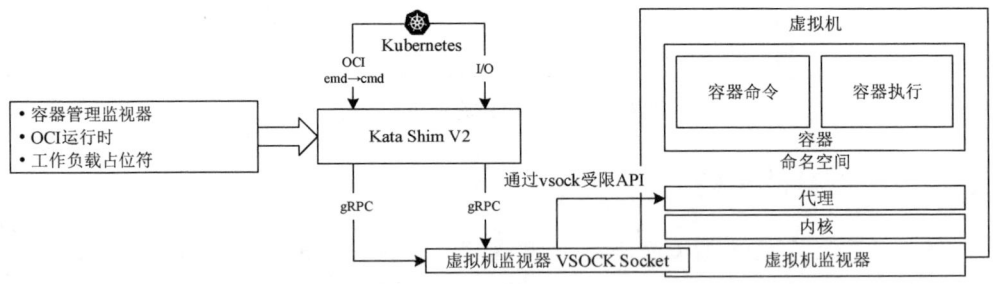

图 6-5 CoCo 受限 API 的设计

2. 在可信执行环境中下载容器镜像

为确保容器镜像的完整性，并防止被主机端篡改，TDX CoCo 支持在硬件可信执行环境保护下的可信域内部下载容器镜像。TDX CoCo 容器镜像下载流程如图 6-6 所示。

第 6 章 机密虚拟化软件形态

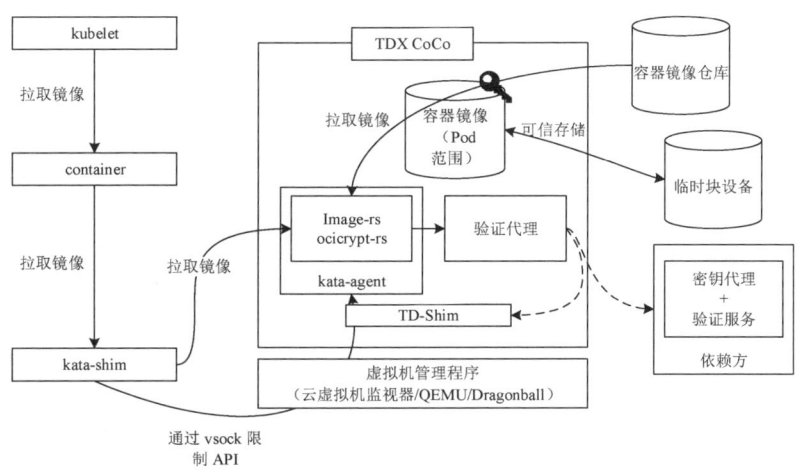

图 6-6 TDX CoCo 容器镜像下载流程

3．加密的容器镜像

为确保容器镜像的机密性，TDX CoCo 支持对容器镜像进行加密和解密，主要特性如下。

- 兼容 OCI 容器镜像和分发规范。
- 容器镜像分层进行加密。
- 在可信域中解密被加密的容器镜像。
- 解密密钥可从本地文件系统或远程认证服务中获取。

TDX CoCo 镜像加解密流程如图 6-7 所示。对容器镜像加密后，在受可信执行环境保护的客户机内拉取/解密该容器镜像的端到端流程，其中解密密钥只有在成功认证后才能获取。

要创建加密镜像，可以使用镜像加密工具 Skopeo，它调用 ocicrypt 使用层加密密钥（LEK）对容器镜像层进行加密。在底层实现中，ocicrypt 生成随机的 LEK，并将其及其加密参数序列化为 PrivateLayerBlockCipherOptions（PLBCO）对象，然后通过调用密钥提供程序协议定义的 WrapKey API 对 PLBCO 对象进行加密。由密钥代理服务（Key Broker Service，KBS）返回的注释包含了加密的 PLBCO 对象。最后，该注释将被存储在镜像层的注释字段中，在解密过程中使用。

在受 TDX 保护的可信域中，kata-agent 将调用 image-rs 拉取镜像，如果镜像已被加密，那么它将调用 ocicrypt-rs 进行解密处理，解密密钥可以通过 attestation-agent 进行解封，后者将与远程 KBS 进行认证并检索 LEK。

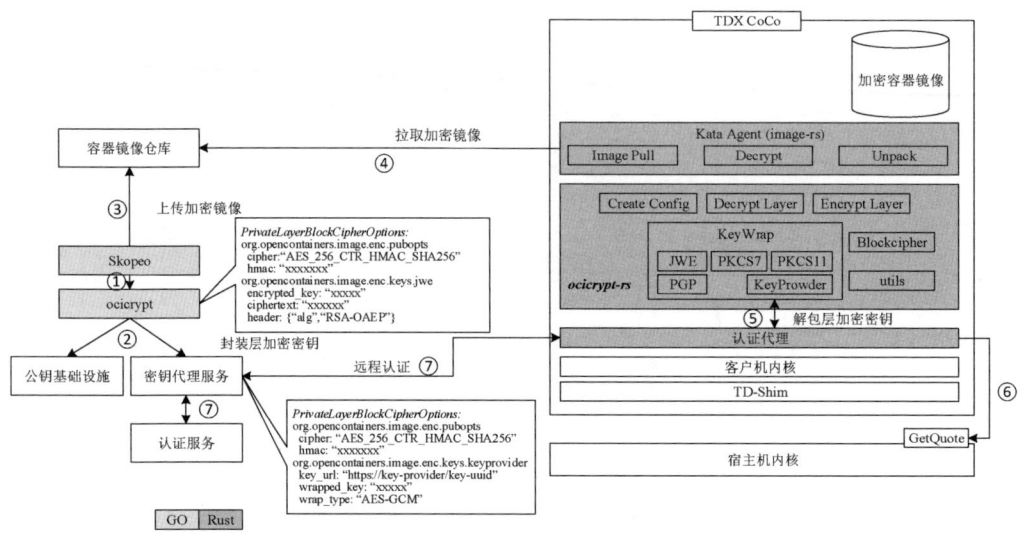

图 6-7 TDX CoCo 镜像加解密流程

4．容器镜像签名

为确保容器镜像的完整性，TDX CoCo 支持使用策略强制执行的镜像签名验证，以阻止 Kubernetes 管理员或运维人员将恶意容器注入用户 Pod 中窃取用户数据或进行其他操作，如连接到恶意服务。签名支持加密和非加密镜像。

策略文件有如下特点。

- 声明了一个具有"transport-scope"粒度的容器镜像的允许列表，该列表目前支持 Docker 和本地文件系统获取机密容器镜像。
- 声明了用于验证各种镜像签名的签名方案。

5．增强的容器仓库身份验证

在机密容器的应用场景中，许多用户选择受保护的安全容器仓库。以往，凭据一般存储为 Kubernetes Secrets，但对于机密容器，CSP/Kubernetes 集群管理员不在 TCB 范围内。因此，在成功认证后，CoCo 支持从远程密钥代理服务中检索这些凭据。

6．密封的秘密与机密数据中心

CoCo 的威胁模型将 Kubernetes 控制平面和主机组件排除在 TCB 外，因此，CoCo 运行时无法利用现有基础设施保护 Kubernetes 密钥、CSI 存储、密钥管理服务（Key Management Service，KMS），以及旨在通过服务器端加密和解密来保护数据的服务等机密。CoCo 通过机密数据中心（Confidential Data Hub）来解决这一问题，其架构如图 6-8

所示。该方案支持使用 KMS 和远程认证的客户端解密密封的秘密（Sealed Secrets）、加密的 CSI 卷和其他服务。

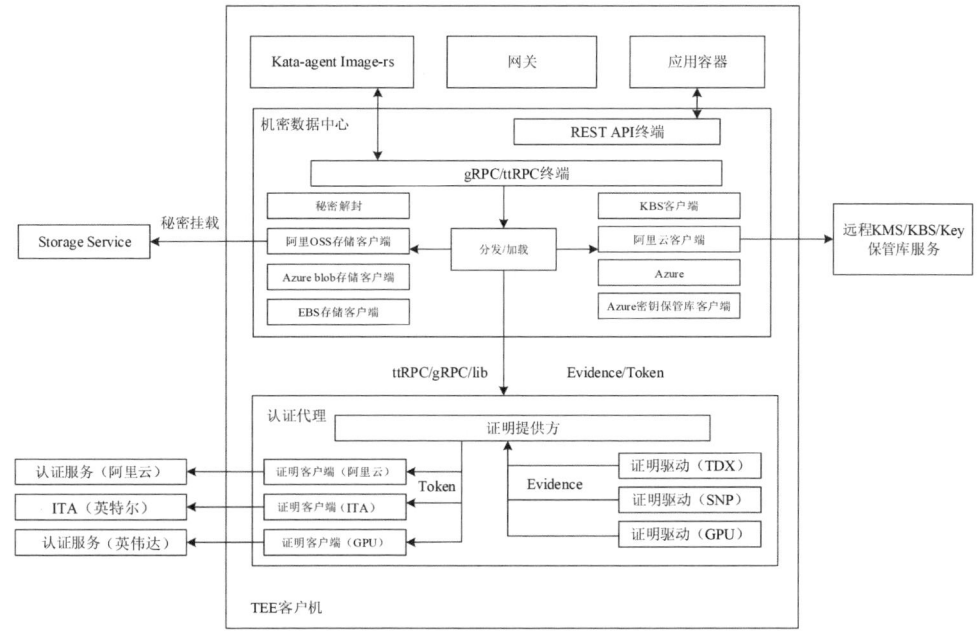

图 6-8　机密数据中心架构图

机密数据中心的主要功能如下。

- 支持访问密钥管理服务、密钥代理服务和密钥保管库服务。
- 支持加密数据的受信任存储服务。
- 模块化设计，易于集成到不同的云服务中。

7. 被测量的根文件系统

从 CoCo 0.3.0 版本开始，默认启用了度量根文件系统，完整的运行时度量流程如图 6-9 所示。CoCo 利用 Linux 内核的 dm-verity 特性，在块级别为客户虚拟机根文件系统提供透明的完整性保护，具有良好的启动和运行时性能。此外，它还支持 dm-verity 之外的不同完整性保护方案。

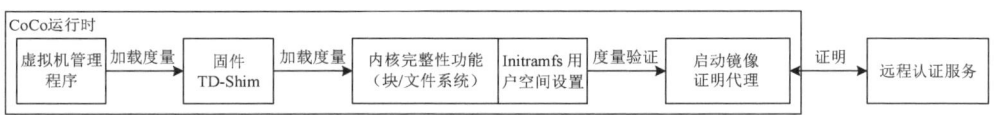

图 6-9　CoCo 运行时度量流程

8. 可信临时存储

可信临时存储功能可用于托管下载的容器镜像、容器根文件系统的读写层,以及容器的临时卷,图 6-10 是 CoCo 可信临时存储示意图。CSI 驱动程序将动态创建和分配一个块卷给 Pod。在块卷通过 virtio-blk 附加到客户机虚拟机后,kata-agent 将进行初始化和加密设置工作。

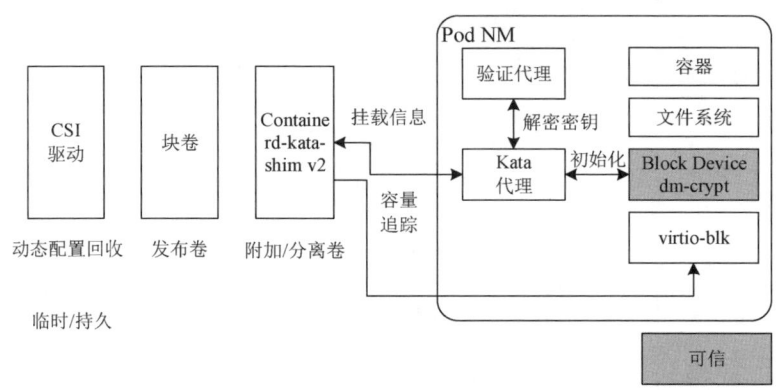

图 6-10　CoCo 可信临时存储示意图

9. 可信持久存储

自 0.8.0 版本发布以来,CoCo 支持可信持久存储,其架构如图 6-11 所示。此功能利用密封的秘密和机密数据中心,支持在可信执行环境客户机内挂载和解密 CSI 存储,目前支持的 CSI 驱动程序有阿里巴巴 OSS 存储和 JuiceFS。

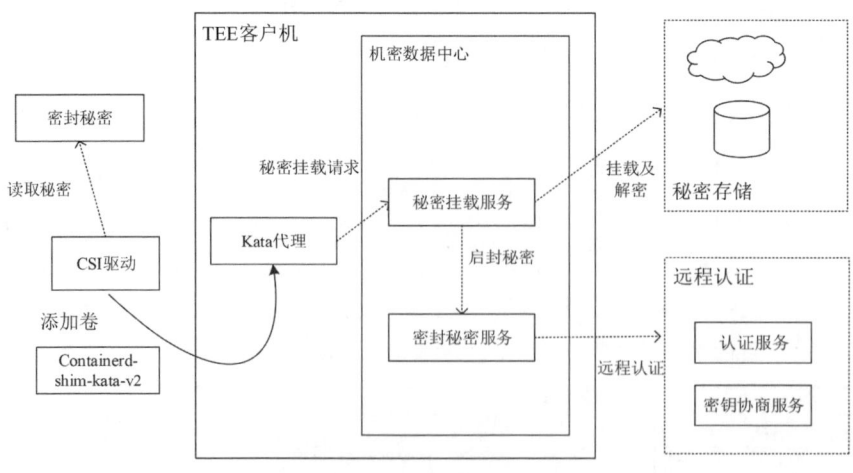

图 6-11　CoCo 可信持久存储

10. 远程认证功能

TDX CoCo 运行时在 Pod 级别为工作负载提供保护，远程认证证明了工作负载实际上受到 TDX 的可信执行环境保护。数据所有者希望向远程可信执行环境受保护的工作负载提供高价值数据。

CoCo KBS 是一个远程认证服务，它集成了认证服务（Attestation Service，AS）来验证可信执行环境证据。用户可以使用它验证可信域的可信性，并仅向通过了远程认证的可信域发布镜像解密密钥、镜像签名策略、cosign 公钥、注册表等授权信息。CoCo 远程认证软件栈如图 6-12 所示。

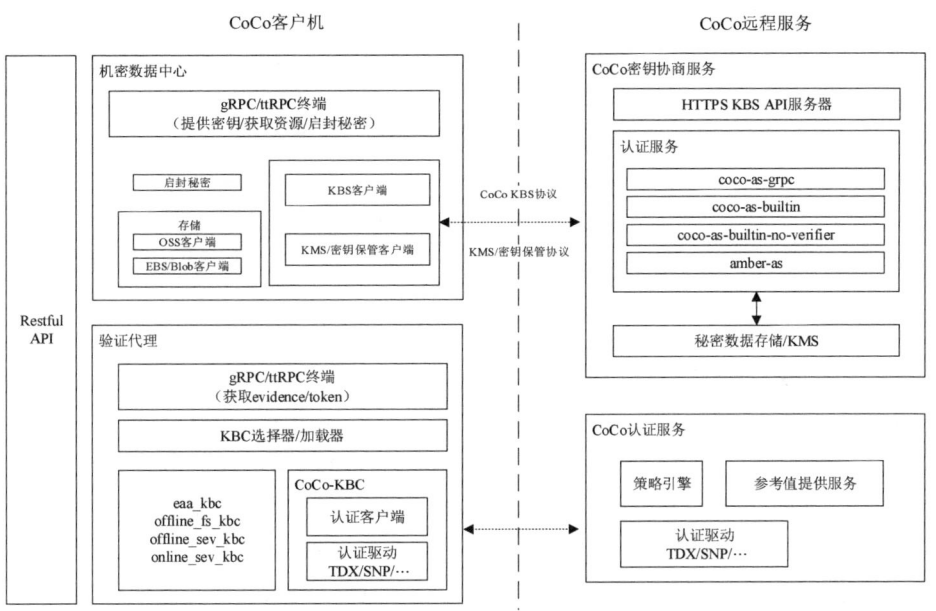

图 6-12　CoCo 远程认证软件栈

6.3　安全操作系统

6.3.1　操作系统安全

1. 安全操作系统简介

操作系统安全性的重要性不可忽视。操作系统是计算机系统的核心组成部分，负责管理硬件资源、运行应用程序和保护用户数据。一个安全性较低的操作系统容易受到恶意软件、病毒和黑客攻击的威胁，可能导致用户的个人信息泄露、数据损失，甚至让系统崩溃。良好的操作系统安全性可以保护用户隐私，确保敏感数据的保密性和完整性，防止未经授权的访问和恶意操作。此外，对于企业和组织来说，操作系统的安全性直接关系到业务的稳定性和能否持续运营。因此，提高操作系统安全性，采取有效的安全措施，对于保障个人用户和企业的信息安全至关重要。

SELinux（Security-Enhanced Linux）是一个为 Linux 系统提供强制访问控制服务的安全架构。它最初由美国国家安全局开发，并与社区合作，后来被集成到 Linux 内核中。SELinux 的目的是提供一种机制来支持访问控制安全策略，这些策略有助于限制进程可以访问的资源和执行的操作。SELinux 操作系统可以应用于服务器安全、政府和军事系统、嵌入式系统等场景中。

seL4（Secure Embedded L4）是一个高度安全的微内核操作系统，它是 L4 微内核家族的成员。seL4 的设计目标是提供最高级别的安全保证，它通过形式化验证来证明其实现的正确性和安全性。这意味着 seL4 的内核代码已经经过数学证明，是无漏洞的，并且按照规范正确执行。seL4 适用于需要最高安全保证的场景，如军事系统、关键基础设施、汽车系统和安全敏感的嵌入式设备。它的设计允许构建可信的系统，这些系统可以抵抗外部攻击，并确保关键操作的安全性。

2．操作系统的运行环境安全

从操作系统的运行环境角度来看，在普通计算环境中运行的操作系统可被称为富执行环境操作系统（Rich Execution Environment Operating System，REE OS），例如桌面操作系统 Windows、Linux、macOS、Android 等。这类操作系统通常在通用硬件上运行，并提供了广泛的应用支持，但相对较不安全，因为它们运行在一般计算环境中，应用程序和数据容易受到攻击，例如恶意软件、病毒、间谍软件等。相对地，可信执行环境操作系统（Trusted Execution Environment Operating System，TEE OS）运行在可信执行环境中，其在安全方面主要有如下设计。

- 安全隔离。TEE OS 利用硬件级别的隔离环境，与主机操作系统隔离，确保敏感的计算任务和数据存储在安全的环境中。
- 访问控制。TEE OS 执行严格的访问控制策略，只允许授权的代码和数据操作，防止未授权的访问和修改。
- 安全通信。TEE OS 提供安全的通信通道，用于和外部环境（包括主机操作系统和网络等）交互，确保数据传输的安全性。
- 内存加密。TEE OS 中的内存数据和代码受到硬件级别的保护，即使在物理攻击（如冷启动攻击）或系统软件受到破坏的情况下也能保证数据安全。
- 可审计性。TEE OS 支持审计功能，如通过远程认证服务度量等。

近年来，基于可信执行环境的操作系统的编程语言不断涌现。OP-可信执行环境是一个基于 Arm Trust Zone 技术的开源可信执行环境，用于与运行在 Arm Cortex-A 核心上的非安全 Linux 内核配合使用。Trusty 是 Google 开发的一个安全的操作系统，为 Android 提供可信执行环境。

3．操作系统编程语言安全

尽管针对 C 语言编写的操作系统中的内存安全漏洞的防御研究已经进行了三十年，但实现真正的内存安全仍然遥不可及。2024 年 7 月发生的 CrowdStrike 事件清楚地展示了这一点：一个有缺陷的驱动程序中的越界内存访问导致了数百万台 Windows PC 崩溃。据估计，用 C 语言编写的系统软件中有 60%～70%的安全漏洞源于内存安全问题。

近年来，随着 Rust 编程语言的成熟和普及，基于 Rust 的内存安全操作系统的开发发展迅猛。Rust 通过创新的语言结构（如所有权、借用和生命周期）提供内存安全保证，在不依赖垃圾回收的情况下实现安全的内存管理，具有以下特点。

- 所有权、借用和生命周期。在 Rust 的所有权模型中，每个值都有唯一的拥有变量，并且该值的生命周期与拥有者的作用域绑定。当拥有者超出作用域时，该值会被丢弃。所有权可以通过引用进行借用，但需要受到编译时借用检查器强制执行的生命周期约束。
- 类型系统。Rust 编译器实现了一个定制的类型系统，并结合了全面的编译时检查。利用类型信息，编译器确保所有访问都在有效的生命周期内进行，生成正确的内存偏移，并执行边界检查，从而保证了时间和空间上的内存安全。
- 不安全的 Rust。为了提供额外的表达能力，Rust 提供了 unsafe 关键字，使程序员能够绕过编译时检查，从而将确保安全性的责任转移到使用不安全代码块的人身上。
- 未定义行为（Undefined Behavior，UB）。Rust 中的未定义行为指违反编程语言规范的操作，例如访问未对齐或越界的内存、违反数据竞争和别名规则，这些行为会防碍编译后 Rust 代码的正确执行。Miri 解释器是检测 Rust 中未定义行为的事实上的可执行标准。

许多人将 Rust 视为 C 和 C++的潜在继任者，在 Linus Torvalds 的支持下，Linux

内核已正式采用 Rust 作为其第二编程语言，并整合了 Rust for Linux（RFL）项目，以便用 Rust 编写 leaf 内核模块。此外，Tock[9]、RedLeaf[10]和 Theseus[11]等新操作系统内核完全使用 Rust 构建，进一步展示了 Rust 在这一领域的潜力。

另外，一些操作系统为了满足更高的安全性需求，将 Rust 作为编程语言、采用独特的内核架构，并引入可信执行环境作为安全底座，如星绽操作系统内核[①] 等。

6.3.2 星绽操作系统内核

虽然采用 Rust 是实现内核内存安全的重要一步，但这还不够，因为基于 Rust 的操作系统一定包含被标记为 unsafe 的 Rust 代码。内核编程所需的低级控制的安全性无法通过 Rust 编译器被静态验证，因此，被标记为 unsafe 的特殊代码块仍被允许使用。尽管 Rust 语言团队专门撰写了一本书来介绍"dark arts of unsafe Rust"，但开发人员仍然容易误用它，RustSec 咨询数据库记录了数百个源于不安全 Rust 误用的漏洞。为了减轻与不安全的 Rust 相关的风险，已经出现了两种被广泛接受的最佳实践：谨慎使用 unsafe 关键字，以及将不安全代码封装在安全抽象中。然而，现有的基于 Rust 的操作系统内核往往未能达到这些标准，不安全的 Rust 代码渗透了操作系统的很大一部分。在设备驱动程序中是否有使用 unsafe 代码的必要性也值得讨论，而设备驱动程序占据了成熟操作系统代码库的大部分（在 Linux 中占比 70%）。

虚拟机可信执行环境（例如 Intel TDX）应该为其客户操作系统提供比 Linux 更安全的选项。Linux 由于其固有的内存安全问题和庞大的 TCB，长期以来饱受内存安全漏洞的困扰。此外，当 Linux 用作可信执行环境内部的客户内核时，它必须处理来自宿主机的不可信输入（根据英特尔的估计，Linux 中有超过 1500 个实例）。这些输入通过 Hypercall、MMIO 等方式传入，创造了新的攻击面，可以利用内存安全漏洞，这种攻击被称为 Iago 攻击。

星绽操作系统（Asterinas OS）内核是一个安全、快速且通用的操作系统内核，使用 Rust 语言编写并提供与 Linux 相同的 ABI，可无缝运行 Linux 应用，实现了比 Linux 更好的内存安全性，并且对开发者友好。

framekernel 是星绽操作系统内核中设计的一种新颖的操作系统架构，旨在实现基于 Rust 系统的最小且健全的 TCB。framekernel 在逻辑上分为两部分：特权操作系统框架（TCB，允许使用 unsafe）和去特权的操作系统服务（在 TCB 之外，不允许使用 unsafe）。

---

① 在 GitHub 官网搜索"asterinas/asterinas"进行访问。

这种内核内特权分离的关键在于系统地识别敏感的操作系统资源，即那些即使在安全的 Rust 中也可能被滥用以破坏内存安全的资源。framekernel 必须将这些敏感资源保留在特权框架内以确保系统的健全性，同时将不敏感资源置于去特权的操作系统服务中以实现最小化。

KSTD 是在 framekernel 架构中实现的操作系统框架，它提供了一组小而富有表现力的抽象，用于在安全的 Rust 环境中开发操作系统，涵盖了用户—内核交互、内核逻辑和内核—外围设备交互。特别值得注意的是，无类型内存抽象解决了安全处理外部可修改内存（如 MMIO 或支持 DMA 的内存）的问题——这是安全驱动程序开发中的一个长期障碍。此外，星绽操作系统引入了安全策略注入，这是一种将潜在复杂的组件（如任务调度器、页面分配器、slab 分配器）与 KSTD 分离的技术，从而对规模进行控制。KSTD 中还有一组关键的安全不变量，可以确保 KSTD 特权分离的健全性。

星绽操作系统还通过 ASTROS 来展示 framekernel 的实用性和优势。ASTROS 是基于 KSTD 构建的兼容 Linux 的 framekernel，实现了 Linux 功能的一个重要子集，支持超过 180 个系统调用、多种文件系统和套接字，以及多种外围设备，如磁盘和网络接口控制器。这些功能都是通过 KSTD 的 API 用安全的 Rust 实现的。

星绽操作系统可以作为受 Intel TDX 保护的虚拟机的安全客户操作系统，提供比 Linux 更强的内存安全性，特别是针对 Iago 攻击。得益于其框架内核架构，星绽操作系统内核的内存安全性完全依赖 framekernel，不包括可能处理来自主机的不可信输入的基于 framekernel 构建的安全设备驱动程序。

6.3.3 基于机密计算构建安全操作系统

机密虚拟化技术以可信执行环境硬件为信任根，同时需要利用可信执行环境软件技术实现客户机的高安全性。值得注意的是，这里的软件技术通常包括客户机操作系统的内核安全增强，以减少攻击面并支持可信执行环境相关安全功能。例如，Intel TDX 指令服务模块向客户机操作系统提供了内存加密、远程认证、敏感指令访问限制等功能，从而提高客户机环境的安全性，然而，客户机操作系统也需要进行相关安全增强以适配这些功能。本节以在星绽操作系统内核中集成 TDX 客户机功能为例，介绍 TDX 初始化、多处理器唤醒、虚拟化异常处理、内存管理和远程认证，同时介绍英特尔为支持客户机操作系统软件侧功能集成而开源的 tdx-guest 库，星绽操作系统集成 Intel TDX 架构图如图 6-13 所示。

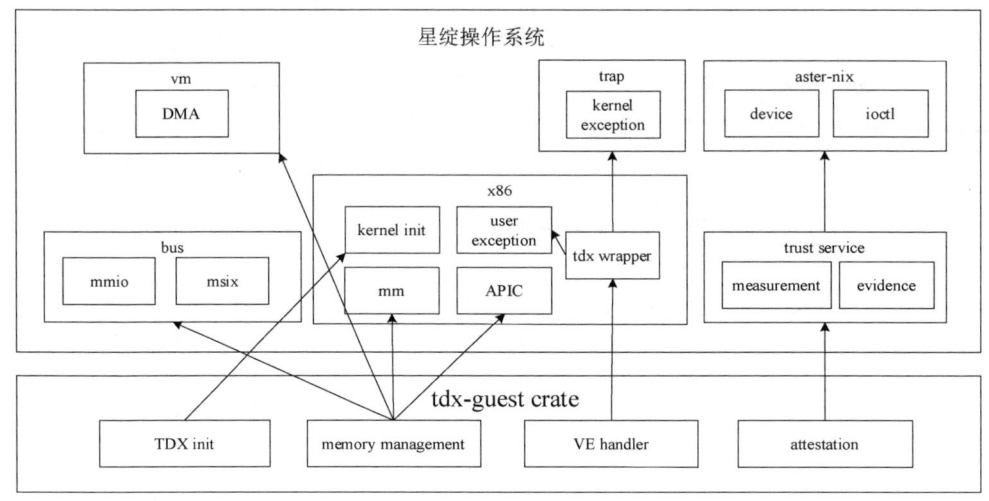

图 6-13 星绽操作系统集成 Intel TDX 架构图

1. TDX 初始化

TDX 初始化用于检测当前的运行环境是否支持 Intel TDX。如果不支持，那么可以采用 Legacy 启动模式或抛出异常；如果支持，那么可以在系统启动初始阶段获取 TDX 配置信息。客户机操作系统运行时的环境识别流程如图 6-14 所示。

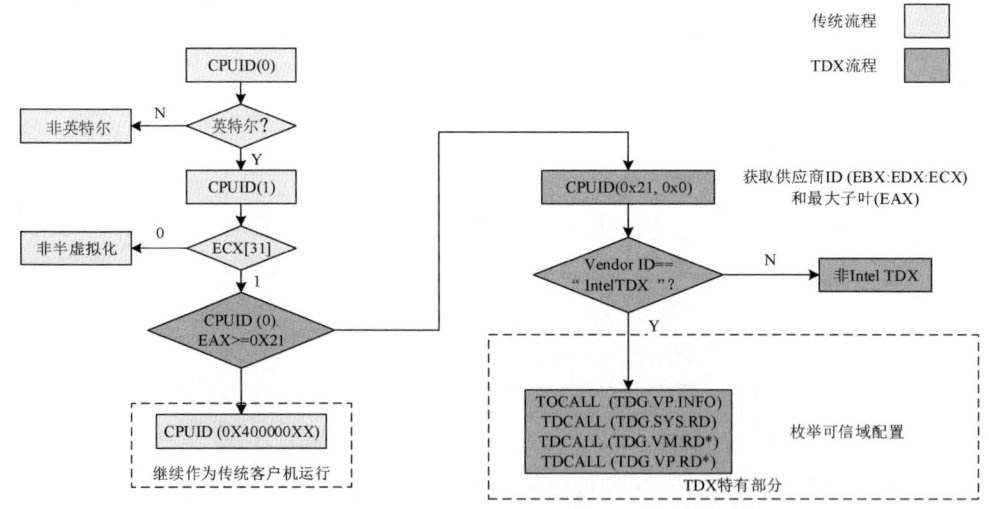

图 6-14 客户机操作系统运行时的环境识别流程

2. 多处理器唤醒

在非可信执行环境中，辅助处理器（Application Processor，AP）是通过被称为

INIT/SIPI 协议的方法启动的，该协议需要 VMM 的协助。这种方法不能用于 TDX 客户机，因为 TDX VMM 不被客户机信任。为了解决该问题，ACPI v6.4 中添加了一种新的唤醒模式，其中，固件（如 TDX 虚拟 BIOS）帮助启动辅助处理器，该模式在现有的 ACPI 表（MADT）中添加了一个新的多处理器唤醒结构体（Multiprocessor Wakeup Structure）。该结构体提供了一个邮箱的物理地址，将所要唤醒的某个辅助处理器的 ID 及唤醒向量等信息写入邮箱后，辅助处理器启动被引导到客户机操作系统的辅助处理器的代码入口，并完成页表切换等初始化操作。

3．虚拟化异常处理

在客户机操作系统中，一些敏感指令可能会导致虚拟化异常，对于这类敏感指令，需要在触发虚拟化异常时执行相应的 TDVMCALL。

在客户机操作系统没有初始化 IDT 时的启动初期，虚拟化异常的处理逻辑依赖 TDX 固件。当客户机操作系统初始化 IDT 后，会依赖内核中的异常处理逻辑处理虚拟化异常。因此，需要在处理第 20 号虚拟化异常中加入 TDX 针对#VE 的处理逻辑。

为了模拟敏感指令，需要先通过 TDG.VP.VEINFO.GET 获取当前导致#VE 触发的虚拟化异常信息，主要包括以下几个方面。

- 退出原因。指示导致#VE 的原因，如 HLT、RDMSR、WRSMR 等。
- 退出条件。指示客户机可信域上下文是否在可信域 VMCS 中被损坏且无效。
- 客户机线性地址。触发#VE 时客户机的线性（虚拟）地址。
- 客户机物理地址。触发#VE 时客户机的物理地址。
- VM 退出指令长度。可用于计算处理#VE 的 IP 寄存器偏移量。
- VM 退出指令信息。

获取到虚拟化异常信息后，根据退出原因进入不同的处理逻辑。在处理逻辑中传入当前状态下通用寄存器的值（如 RAX-RDX、RSI、RDI、R8-R15 等）和虚拟化异常信息，将这些信息根据 TDX ABI 的调用约定填入 TDVMCALL 函数的参数列表中并调用该函数，以完成敏感指令的模拟。

最后根据 VM 退出指令长度更新 IP 寄存器的值并返回。

4．内存管理

TDX 客户机的大部分初始内存由 TDVF 转换，TDX 客户机内核可以通过常规 UEFI 内存映射使用这些内存。受性能影响，预先接受客户机运行所需的所有内存难以实现，因此将在运行时根据需要接受这些内存。一旦 VMM 将私有内存页面添加到 TDX 客户机，其 Secure EPT 条目就将处于 PENDING 状态，然后 TDX 客户机才能使用 TDG.MEM.PAGE.ACCEPT 指令明确接受此页面（安全 EPT 条目将移至 PRESENT 状态）。

客户机可信域中有两种类型的内存。私有内存仅允许客户机访问，而共享内存允许宿主机/VMM 或客户机访问，常用于宿主机/VMM 和客户机之间的通信。为实现这两种内存，需要将客户机中的物理地址的最高位作为 TDX 共享位（SHARED bit），当其被置为 1 时，表示其为共享内存，否则为私有内存。

在客户机操作系统中进行 DMA、MMIO 等操作时，需要进行私有内存和共享内存之间的转换，可由客户机操作系统通过 TDG.VP.VMCALL<MapGPA>管理。当访问 MMIO 区域或进行 DMA map 操作时，需要将对应区域的私有内存转换为共享内存；在执行 DMA unmap 操作时则相反。

5．远程认证

为支持远程认证功能，客户机操作系统支持生成可信域度量报告和可信域引证，以供远程可信服务器验证客户机操作系统的环境。

客户机操作系统需要支持 tdx-guest 设备及获取可信域度量报告的 ioctl，在 ioctl 中通过度量报告接口 TDG.MR.REPORT 获取可信域度量报告。

同样，可以在 tdx-guest 设备中支持一个生成可信域引证的 ioctl，在该 ioctl 中通过 vsock 或者 TDG.VP.VMCALL<GetQuote>的方式获取可信域引证。然而，为了保证不同供应商的测量机密计算客户机执行环境启动状态、签名并提交给验证方等 ABI 在内核中的一致性，主流方案是在内核的可信安全管理（Trusted Security Manager，TSM）模块中定义一个 configfs 接口来检索 TSM 特定的 blob。这种方法可以在不需要内核定义新 ABI 的情况下标准化引证格式，从而获取可信域引证，示例如下。

```
report=/sys/kernel/config/tsm/report/report0
mkdir $report
dd if=/dev/urandom bs=64 count=1 > $report/inblob
hexdump -C $report/outblob
rmdir $report
```

以上仅介绍了客户机操作系统进行 TDX 安全适配的关键内容，更多适配细节可参考英特尔发布的相关材料。

tdx-guest 库基于 Rust 语言开发，提供 TDX 客户机 API 的 Rust 实现，以满足基于 Intel TDX 技术构建客户机侧可信执行环境操作系统的需求。tdx-guest 库的架构图如图 6-15 所示。

第 6 章 机密虚拟化软件形态

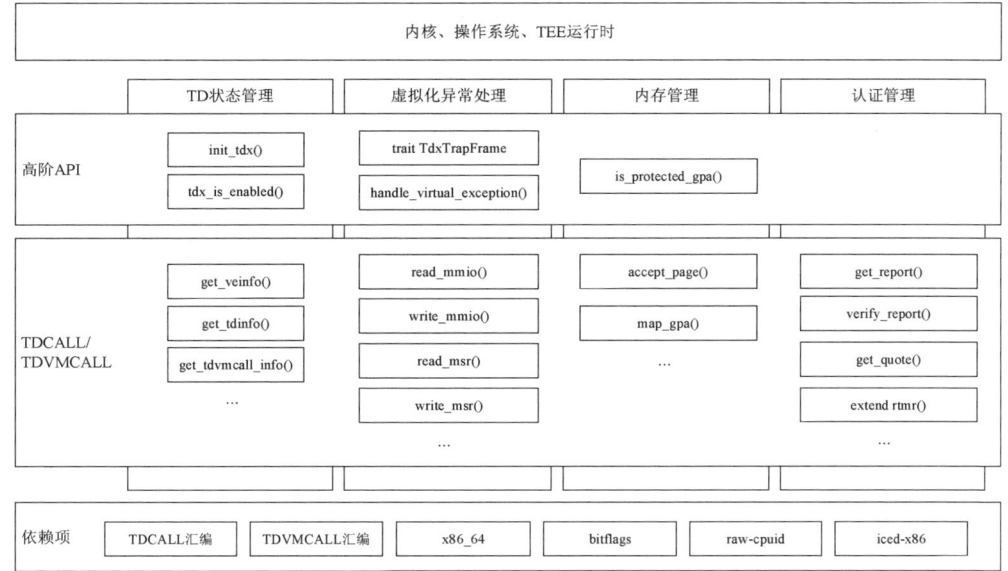

图 6-15 tdx-guest 库的架构图

在 TDCALL 指令层面，tdx-guest 库目前实现了大部分 TDCALL，如 TDG.VP.INFO、TDG.VP.VEINFO.GET、TDG.MEM.PAGE.ACCEPT 等，并实现了 TDG.VP.VMCALL 中的大部分 TDVMCALL，如 GetTdVmCallInfo、MapGPA 等。tdx-guest 库将随着 Intel TDX 的技术发展持续开发并完善 TDCALL 指令，用户可通过调用 tdx-guest 库中定义的 API 方便地调用 TDCALL 指令。

在操作系统内核层面，tdx-guest 库提供了 init_tdx 函数来初始化内核中的 TDX 环境。该函数会基于 Guest 内核 TDX 初始化流程初始化 TDX 信息，并获取可信域执行环境的一些信息，如物理地址、位宽等。另外，tdx-guest 库提供了 handle_virtual_exception 函数，该函数接受一个实现了 TdxTrapFrame 的特征对象及虚拟化异常信息作为输入参数，并通过获取虚拟化异常的退出原因来进行相应的处理。

星绽操作系统内核使用 tdx-guest 库实现了 Intel TDX 客户机操作系统的相关功能，主要涉及以下模块。

- TDX 初始化模块。在内核初始化串口之后，调用 init_tdx() 函数完成 TDX 的初始化工作。在初始化过程中，会判断当前环境是否有与 TDX 相关的 CPUID 和 Vendor ID，并打印 TDX 初始化成功字符串和可信域执行环境相关信息。

- 虚拟化异常处理模块。在可信域客户机操作系统中访问 CPUID、MSR、I/O 等敏感操作会触发虚拟化异常。在星绽操作系统中，内核空间和用户空间的中断寄存器结构体 TrapFrame 和 GeneralRegs 分别实现了 tdx-guest 库提供的 TdxTrapFrame trait，并在中断上下文中完成对虚拟化异常的处理，最后返回内核代码。
- TDX device 模块。在星绽操作系统内核的设备中添加 tdx-guest 设备，并实现了 TDXGETREPORT ioctl 以获取可信域度量报告。
- TDX 内存管理模块。在内核中将 TDX 共享位纳入页表管理，并实现了私有内存和共享内存之间的转换函数 unprotect_gpa_range 和 protect_gpa_range，它们将传入的物理地址范围分别转换为共享内存和私有内存。在系统初始化过程中，调用转换函数将需要用到的 MMIO 区域转换为共享内存。在 DMA map 阶段，将 DMA 内存区域转换为共享内存；在 DMA unmap 阶段，调用转换函数，将共享内存转换为私有内存，以保证 DMA 操作的内存安全。

6.4　TDX 的系统软件栈

TDX 整体的软件架构涉及安全固件、BIOS、内核及虚拟化等重要组件，本节总结目前各组件的最新支持状态，包括 OSV 及开源社区对 TDX 的支持情况。

6.4.1　基本组件

1. SEAM Loader 和 TDX 指令服务模块

TDX 指令服务模块作为 TDX 软件栈中最核心的 TCB 组件之一，用于完成各种安全隔离操作。目前，TDX 硬件平台仅支持英特尔公司签名的 TDX 指令服务模块二进制文件。TDX 指令服务模块使用 C 语言编写，保证其运行的高效性，同时，英特尔将 TDX 指令服务模块代码公开，提供用户构建 TDX 指令服务模块二进制可执行文件的编译。用户可以审查 TDX 指令服务模块的安全性，对比自己构建的 TDX 指令服务模块二进制文件的哈希值与实际硬件所运行的 TDX 指令服务模块的是否一致。

SEAM Loader 是负责加载 TDX 指令服务模块的前置固件。由 TXT 的 ACM 承载逻辑，借助 GETSEC 指令安全启动 SEAM Loader，之后，SEAM Loader 负责校验 TDX 指令服务模块的完整性，最后初始化 SEAM Range 安全区域中 TDX 指令服务模块所需要的数据结构，例如 VMCS。SEAM Loader 中有一小块代码逻辑 P-SEAM Loader

常驻 SEAM Range 安全区域，对 OS 层面提供一组简单的 SEAMCALL 指令用来更新，抑或关闭 TDX 指令服务模块。同样地，SEAM Loader 也是开源代码，用户可以在英特尔官网上下载最新的版本。TDX 指令服务模块的 Loader 版本信息如表 6-1 所示。

表 6-1　TDX 指令服务模块的 Loader 版本信息

TDX 固件	版　　本	描　述　信　息	更　新　日　期
Intel TDX Loader	1.0	初始版本，自带构建系统	2022 年 8 月
Intel TDX Loader	1.5	增加 TDX Persevering 功能	2023 年 2 月
Intel TDX 指令服务模块	1.0	初始版本，自带构建系统	2022 年 8 月
Intel TDX 指令服务模块	1.0.3	修复杂项问题	2023 年 2 月
Intel TDX 指令服务模块	1.5 Beta	增加热迁移、可信域嵌套虚拟化、服务型可信域等功能	2023 年 11 月
Intel TDX 指令服务模块	1.5	正式版本	2024 年 6 月

2．TDVF 与 TD-shim

TDVF 在 TDX 技术栈中作为可信域的 BIOS，基础框架依托 EDK II 项目，目前其基础功能都已合入 EDK II[①]主分支。TDVF 以 UEFI 安全启动功能作为创建可信域的基础，并且利用可信启动功能验证虚拟机引导程序和内核的完整性。相对于传统 UEFI 的实现，TDVF 通过减少 SEC、PEI、SMM、CSM 等功能来简化 TDVF 的设计。其启动流程如图 6-16 所示。

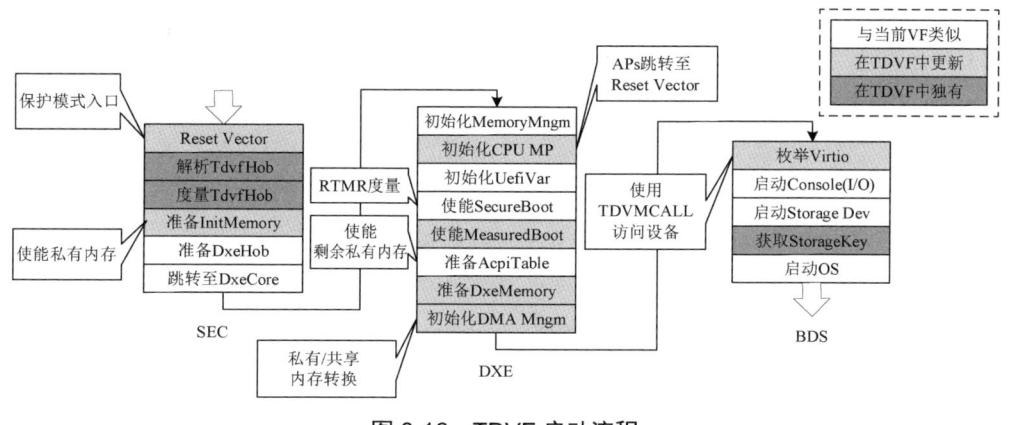

图 6-16　TDVF 启动流程

---

① 在 GitHub 官网中搜索"tianocore/edk2"进行访问。

TDVF 启动时，进入 32bit 保护模式，此时不能调用 TDCALL，因此 TDVF 会切换到长模式，之后 TDVF 解析由 QEMU 传递的 HOB 元数据中的内部布局信息，执行 Accept 操作，初始化必要的栈空间，然后跳出 C 代码部分。接下来构建 DXE 阶段需要的 HOB 信息，并且初始化堆的地址信息，再进入 DXE 阶段。在这一阶段，加载必要的驱动信息、设置 ACPI 表、唤醒其他 AP 处理器、更新内核引导程序和内核镜像的度量值，准备好传递给内核内存的布局信息后，控制转入内核引导程序。

TD-Shim[①]是 Rust 语言实现的轻量级的可信域客户机 BIOS，可以认为是 TDVF 的裁剪版。表 6-2 详细对比了 TDVF 和 TD-Shim 之间的功能差异。TD-Shim 主要用于机密容器场景，或者作为服务型可信域基础框架，承载一些必要的精简的功能，例如在可信域热迁移中实现 MSK 的交换。

表 6-2 TDVF（OVMF）和 TD-shim 之间的功能差异

项 目	TD-Shim	TDVF
复位向量	支持	支持
UEFI 服务及高级特性	不支持	支持网络、文件系统等
OS 运行时	不支持	UEFI、RT、ACPI、ASL
设备驱动	不支持	Virtio、PCI 等
ACPI 表（MP 支持）	仅支持静态表（如 MADT），不支持 DSDT	所有（如 MADT、DSDT）
IRQ 信息	其他（启动参数等）	ACPI DSDT
内存映射	E820 表	UEFI 内存映射
可信启动	支持（RTMR + Eventlog）	支持（RTMR + Eventlog）
安全启动	可选	可选（UEFI Secure Boot）
深度防御（DEP、CET）	默认开启	默认关闭
语言	Rust + ASM	C + ASM
镜像大小	100KB（未加密）、1MB（已加密）	默认 4MB

6.4.2 Linux 发行版的支持

截至 Linux v6.10 版本，在 Linux 上游社区代码中，TDX 虚拟机侧的基本功能都已经合入，主要包括#VE 处理、SWIOTLB 支持、远程认证驱动，以及部分加固修复补丁，如表 6-3 所示。TDX 指令服务模块的初始功能，以及 GMEM（加密内存在 QEMU vCPU 用户虚拟地址空间的映射）已经合入 Linux v6.8 内核上游，为 KVM 模块提供了支持 TDX 的依赖，并为后续 TDX KVM 支持的合入铺平了道路。

[①] 在 GitHub 官网中搜索"confidential-containers/td-shim"进行访问。

表 6-3　Linux 发行版对 TDX 的支持

Linux\OSV 版本	TDX 虚拟机侧支持	TDX 宿主机侧支持	备注
Linux	v5.19+	v6.8（TDX 指令服务模块初始化，GMEM）	TDX KVM 支持正在社区推进中
Redhat	Centos 9 stream	Centos 9 stream（社区预览版）	
Canonical	Ubuntu 24.04	Ubuntu 24.04（社区预览版）	
SUSE	SUSE Linux Ent. Server 15-SP5	SUSE Linux Ent. Server 15-SP5（社区预览版）	
Debian	Debian 12(Bookworm)	N/A	
OpenAnolis	Anolis OS 8	N/A	

第三篇

实践案例

本篇将通过多个案例深入探讨机密计算及机密虚拟化在不同领域的应用实践。具体将涵盖联邦学习、大模型、数据库、区块链等多个前沿技术场景。通过这些案例，读者将全面了解机密虚拟化技术在实际应用中的重要性与潜力。

第 7 章

联邦学习

在本章中，我们将深入探讨在数据隐私和安全领域日益重要的机器学习范式——联邦学习。我们将介绍联邦学习的基本概念、类型以及它如何在实际应用中保护数据隐私。随后，我们将讨论机密计算及其可信执行环境技术在联邦学习中的应用优势，以及如何利用 TDX 机密虚拟化技术实现横向联邦学习。

7.1 联邦学习介绍

在传统的机器学习模式下，只有将分散的数据汇聚至中心，方可开展模型训练工作。在此过程中，必定会涉及原始数据的转移与存储。然而，随着数据量的不断攀升，相应的成本也会以指数级的速度急剧增长。不仅如此，一旦数据离开原本的安全域，便会脱离有效的安全管控，这无疑极大地增加了数据泄露的风险。

联邦学习（Federated Learning，FL）[12]在 2016 年由谷歌最先提出，原本用于解决安卓手机终端用户在本地更新模型的问题，其设计目标是在保障大数据交换时的信息安全、保护终端数据和个人数据隐私、保证合法合规的前提下，在多参与方或多计算节点之间开展高效率的机器学习。联邦学习巧妙地在严格保障数据隐私安全及确保合法合规的基础之上，达成了数据共享与共同建模的双重目标。其核心要义在于，在多个数据源协同参与模型训练的过程中，无须让原始数据进行流转，仅仅通过对模型中间参数的交互来进行模型的联合训练，使原始数据能够留存于本地。如此一来，便成功实现了数据隐私保护与数据共享分析之间的平衡，塑造出"数据可用不可见"的数据应用模式。

1. 联邦学习的分类及应用

依据参与各方数据源的分布差异，联邦学习可以细分为三类：横向联邦学习（Horizontal Federated Learning，HFL）、纵向联邦学习（Vertical Federated Learning，VFL），以及联邦迁移学习（Federated Transfer Learning，FTL）[13]。

（1）横向联邦学习。横向联邦学习适用于两个数据集用户特征重叠度较高，然而用户重叠度较低的场景。在这种场景中，依据用户维度对数据集进行划分，从中选取用户特征相同但用户不完全一致的数据用于训练。该方式能够高效地整合各参与方的数据，显著提升模型的泛化能力，使其在面对新数据时表现更为出色。

（2）纵向联邦学习。纵向联邦学习适用于各参与方数据集存在大量用户重叠，但用户特征重叠较少的场景。在这种场景中，按照用户特征对数据集进行切分，进而提取出用户重合但用户特征不完全相同的数据用于训练。这种做法在有效保护各参与方隐私的同时，能够切实提高模型的精度，让模型的预测结果更加准确。

（3）联邦迁移学习。联邦迁移学习是一种更为复杂且先进的联邦学习模式，它借鉴迁移学习[14]的理念，将一个参与方的知识巧妙迁移至另一个参与方，以此助力后者进行模型训练。这种方式能够充分挖掘和利用各参与方的数据与计算资源，极大地提升模型的性能和效果，为解决复杂的机器学习任务提供有力支持。

联邦学习凭借利用多方数据、适用于分布式场景、注重隐私保护等特点被应用于不同行业中。谷歌将联邦学习应用于手机的新闻推荐，以及输入法 GBoard[15]和语音模型的改进；微众银行将联邦学习应用于跨银行反洗钱[16]、计算机视觉平台[17]等场景；联邦学习也可用于医疗场景，如联合全球多家医疗机构的数据训练模型辅助 COVID-19 的临床治疗[18]。

2．联邦学习开源框架

联邦学习可以采用同态加密、差分隐私等密码学技术实现，目前已经有一些成熟的开源框架。

（1）TensorFlow Federated（TFF）。TensorFlow Federated 是由 Google 开发的开源联邦学习框架，建立在 TensorFlow 之上，用于支持分布式机器学习任务。

（2）PySyft。PySyft 是用于保护隐私的分散式深度学习框架，使用 PyTorch 和 TensorFlow 等主流深度学习框架，并提供了联邦学习和安全多方计算的功能。

（3）FATE（Federated AI Technology Enabler）。FATE 是由微众银行发起的开源联邦学习框架，提供了联邦学习的核心算法和通信框架，支持横向和纵向的联邦学习任务。

（4）Flower（Federated Learning Orchestrator）。Flower 是用于联邦学习任务协调和控制的 Python 库，提供了分布式机器学习的通信和控制功能，支持多种深度学习框架。

3．当前联邦学习方案的挑战

目前，公开的联邦学习方案主要依靠密码学技术实现数据隐私保护，其隐私保护能力可由较严格的数学理论来论证。然而这类联邦学习实现方案也存在以下问题。

（1）性能损失。加密和解密过程需要额外的计算资源，这可能导致联邦学习中的通信和计算开销增加。特别是在移动设备等资源受限的环境中，加密和解密可能导致显著的性能损失，使模型训练的效率降低。

（2）计算复杂度增加。密码学技术通常需要进行复杂的数学运算，例如大数分解、离散对数等，这些运算在移动设备或边缘计算节点上可能会非常耗时。这种增加的计算复杂度可能限制了联邦学习在资源有限环境下的应用。

（3）通信开销增加。加密和解密数据会增加通信的数据量。在联邦学习中，只传输模型参数的更新，但当这些参数被加密后，其大小可能显著增加，导致更大的通信开销。这可能会影响联邦学习的实时性，尤其是在需要快速更新模型的场景中。

（4）安全性威胁。尽管密码学技术可以提供数据的保密性，但如果加密算法或密钥管理存在漏洞，就会引入安全性威胁。攻击者可能会尝试破解加密算法或获取密钥，从而访问敏感数据。因此，密钥管理和加密算法的安全性至关重要。

（5）隐私保护挑战。虽然密码学技术可以保护数据在传输过程中的隐私，但在联邦学习中，模型更新的梯度信息可能被用于推断原始数据。在这种情况下，即使传输的数据是加密的，也可能存在隐私泄露的风险。因此，需要综合考虑梯度隐私保护技术，以确保在模型更新中不泄露敏感信息。

7.2 机密计算与联邦学习的结合

为了解决上述问题，近年来，工业界逐渐将机密计算及机密虚拟化引入联邦学习的方案中。基于可信执行环境构建的机密虚拟化技术在联邦学习场景中有以下优势。

（1）硬件级加密。机密虚拟化可以对整个系统的内存进行硬件级别的加密。与传统的软件加密相比，硬件加密具有更高的效率。在采用机密虚拟化技术的联邦学习方案中，训练过程使用硬件级别的内存加密，提高了加密效率。

（2）可信域内明文计算。由于机密虚拟机具有内存加密的特性，数据在内存中可以进行明文计算，这样就避免了密码学技术带来的复杂的数学运算，显著降低了计算复杂度。另外，内存加密特性同样保障了传输到远端的梯度信息不会被窥探，从根本上避免了通过梯度信息来推断原始数据。

（3）通信机制简单。相比密码学技术中为保证安全性而设置的多轮通信的复杂机制，机密虚拟机可通过远程认证技术实现一次通信即可验证远端程序的完整性，确保远端程序不被篡改。

（4）便于与现有网络传输模块集成，构建安全网络传输链路。机密虚拟机可以与

gRPC、HTTPS 等成熟的网络通信框架或协议结合，以便保证联邦学习中不同可信域节点之间的网络通信安全。

由于联邦学习涉及多个参与方之间的模型共享，确保数据和模型的安全性变得尤为重要。机密虚拟机所依赖的可信执行环境技术提供的硬件级内存加密有助于保护联邦学习过程中涉及的敏感数据。它可以确保在内存中传输的数据在被处理和传输过程中得到加密，从而保护数据不被恶意软件或未授权用户访问。

机密虚拟化技术可以构建从底层硬件到软件及网络的完整的安全验证链条，成熟的密钥管理体系和完整的信任链避免了绝大部分联邦学习中的安全性威胁。

在技术实现方面，开源社区 Confidential Computing Zoo（CCZoo）提供了一套基于 TDX 机密虚拟化技术的横向联邦学习方案。

7.3 横向联邦学习方案

基于 TDX 技术实现的联邦学习方案主要包括以下三个方面。

- 联邦训练。基于 TDX 和传输层安全远程认证（Remote Attestation-Transport Layer Security，RA-TLS）技术的联合训练解决方案。
- 基于 RA-TLS 增强型 gRPC 的远程认证。在 gRPC 框架中集成 RA-TLS 技术，保证数据传输的安全性并实现远程认证技术。
- 模型保护。使用 LUKS 加密存储方案保护模型落盘的机密性和完整性。

gRPC 是一种现代、开源、高性能的远程过程调用（Remote Procedure Call，RPC）框架，它使客户端和服务器应用程序能够透明地通信，并简化了连接系统的构建。为了保护连接的安全，gRPC 内置了 SSL/TLS 身份验证机制。gRPC 可以与各种身份验证机制配合使用，从而轻松安全地与其他系统进行通信。

gRPC RA-TLS 集成了可信执行环境和 TDX RA-TLS 技术，基于 gRPC TLS/SSL 机制在可信执行环境中建立标准的 TLS 连接，如图 7-1 所示。可信执行环境保证加载到内部的代码和数据在运行时的机密性和完整性受到保护。

在 TLS 握手过程中，公钥证书用于密钥交换，使用 X.509 格式。可以通过证书颁发机构（Certificate Authority，CA）签名或者自签名的方式将身份绑定到公钥。

通过将引证嵌入 TLS 公钥证书中，在连接建立期间执行远程认证。

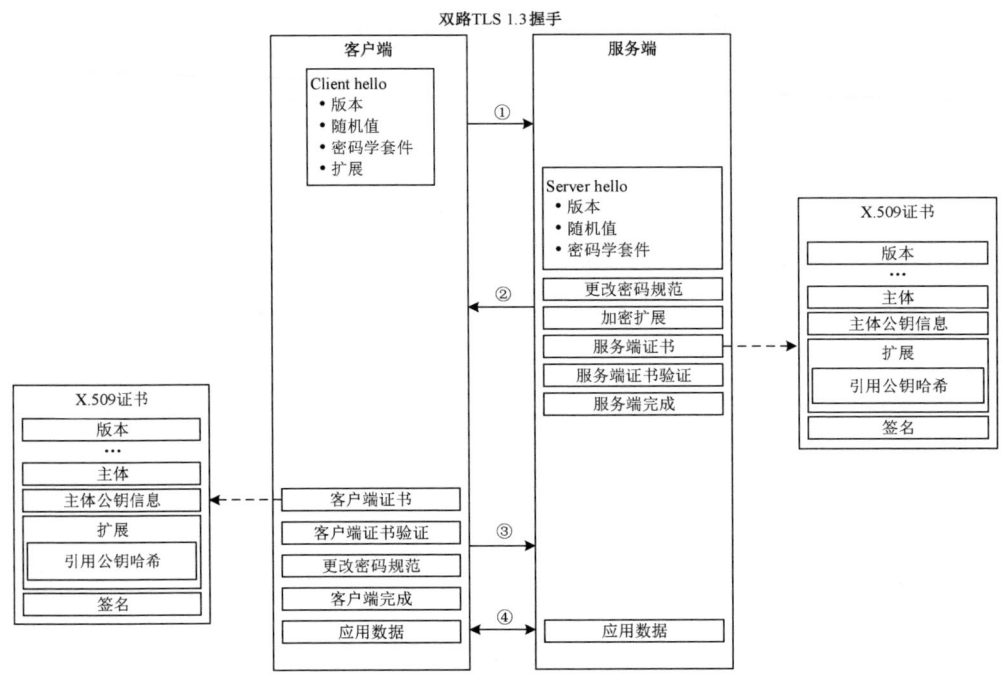

图 7-1 gRPC RA-TLS 的实现方案

在 gRPC TLS 握手阶段，证书的生成和验证流程如表 7-1 所示。

表 7-1 gRPC TLS 证书的生成和验证流程

生成 X.509 证书	验证 X.509 证书
1．生成 RSA 密钥对。 2．使用 RSA 密钥对生成 X.509 证书。 3．将 RSA 公钥的哈希值嵌入由 attestation key 签名的可信域引证中。 4．将引证作为 v3 扩展嵌入 X.509。 5．自签名 X.509 证书	1．通过默认的 gRPC TLS 验证过程验证 X.509 证书。 2．解析 X.509 扩展中的引证。 3．通过 Intel DCAP 接口验证引证。 4．将 X.509 证书的哈希值与引证中嵌入的哈希值进行比较。 5．将引证度量报告中嵌入的可信域身份与预期身份进行比较

该方案采用 TensorFlow 提供的参数服务器（Parameter Server，PS）架构[19]。训练节点有两种类型：参数服务器（Parameter Server）和工作节点（Worker）。参数服务器节点主要保存和聚合模型的参数信息，工作节点主要负责在训练过程中进行前向传播和反向传播。在训练过程中，每个工作节点使用其可信域中的本地数据完成一轮训练，然后通过 RA-TLS 技术将反向传播过程中的梯度信息发送到参数服务器中。参数服务

器完成梯度聚合并更新网络参数，并将更新后的参数发送回工作节点。

该通信方案支持 gRPC 服务器和客户端之间的双向 RA-TLS 验证。这意味着客户端和服务器都需要生成证书并相互验证。

该方案从以下几个方面提供隐私保护。

- 通过 TDX 保证运行时的安全性。在联邦学习的训练阶段，模型和梯度信息存储在可信域中。Intel TDX 技术可以确保不会发生对可信域的未经授权的访问或内存窥探，以防止梯度和模型信息泄露。
- 加密传输和远程认证。该方案通过 TDX 技术的远程认证与传输层安全来确保联邦学习网络传输过程中的安全，结合了 TLS 技术和远程认证技术。RA-TLS 将 CPU 硬件作为信任根，证书和私钥都在可信域中生成，不存储在磁盘上。因此，联邦学习的参与者无法获得明文形式的证书和私钥，从而防止中间人攻击。
- 模型落盘加密。该方案采用 LUKS 存储服务对训练过程中生成的模型进行加密，以防止模型被恶意主机获取并仅在可信域中可见，实现了模型的安全存储。LUKS（Linux Unified Key Setup）是在 Linux 系统上实现全磁盘加密的标准，它提供了标准的磁盘加密方法，可以应用于整个硬盘、分区或者逻辑卷。LUKS 是一个开源项目，旨在提供可靠、安全的磁盘加密解决方案，该方案采用带有 LUKS Secrets 的受信任机器通过 RA-TLS 技术获取的可信域中的模型，实现了模型的安全迁移。

基于 TDX 的横向联邦学习方案架构图如图 7-2 所示。

训练阶段可以分为以下几个步骤。

步骤①：采用 TDX 技术，工作节点的训练程序在不同的可信域上运行。在 LUKS 存储系统上创建加密模型目录，并准备 LUKS 解密服务。

步骤②：工作节点根据可信域中的本地数据计算梯度信息。

步骤③：工作节点通过 RA-TLS 增强型 gRPC 将梯度发送到参数服务器中。

步骤④：参数服务器进行梯度聚合并更新全局模型参数。

步骤⑤：参数服务器将模型参数发送给工作节点。

步骤⑥：工作节点更新本地模型参数。

步骤⑦：重复步骤②～步骤⑥直至训练结束。最后将训练模型目录传输到远程可信节点并最终解密。

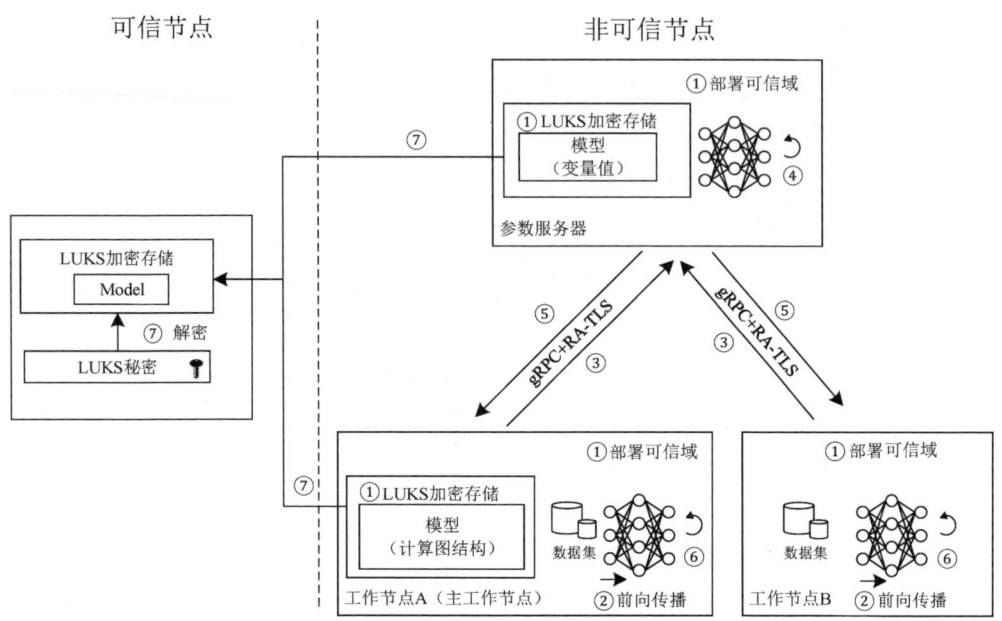

图 7-2　基于 TDX 的横向联邦学习方案架构图

由于参数服务器和工作节点运行在内存加密的可信域中，并且 RA-TLS 技术保证了传输过程的加密，因此该解决方案可以保护训练过程中的隐私。该方案可以方便地同推荐系统、图像识别等场景结合，构建具有隐私保护能力的联邦学习解决方案。

关于该方案的详细信息，请参考 CCZoo 社区中的代码实现[①]。

---

① 在 GitHub 官网中搜索"intel/confidential-computing-zoo"进行访问。

第 8 章

可信大模型

伴随着大模型被广泛应用，其背后的数据安全问题逐渐浮出水面，成为制约行业进一步发展的关键瓶颈。数据作为大模型的"燃料"，其安全性直接关系到企业的核心利益、个人的隐私保护，以及整个行业的可持续发展。近年来，多起数据泄露事件为我们敲响了警钟，让人们深刻认识到在享受大模型带来的红利时，必须高度重视数据安全。在这样的背景下，本章将深入探讨基于机密计算可信执行环境构建安全可信大模型的创新方案，详细剖析其在机密推理、机密训练、机密微调等关键应用场景中的实践，同时结合蚂蚁集团隐语云大模型密算平台这一实际案例，为读者呈现一套完整的大模型数据安全解决方案，助力行业突破数据安全困境，推动大模型技术的健康、可持续发展。

8.1 构建安全可信大模型

8.1.1 大模型数据安全隐患

在当今的人工智能产业中，大模型无疑已成为最引人注目的焦点。自 OpenAI 推出 ChatGPT 以来，业界普遍认为，超大规模 AI 模型已迈入实用阶段。除了 OpenAI 引以为傲的 1750 亿个参数的 GPT-3 和惊人的 1.8 万亿个参数的 GPT-4，国内各大互联网公司也不甘落后，相继推出了 DeepSeek、文心一言、豆包、通义千问等大模型产品。

与此同时，业界也在持续深入挖掘大模型的应用场景。在图像和视频识别、AIGC、智能客服、智能文本总结、代码辅助生成、欺诈分析、流程自动化、无人驾驶等细分领域，大模型都展现出了独特的魅力。它们强大的分析和交互能力被业界视为通用人工智能时代到来的前兆。

然而，大模型背后的庞大训练数据和交互数据也带来不容忽视的安全挑战。由于人工智能的黑盒特性，研究人员和运维人员往往难以完全掌控模型中的数据。这导致在实践中，大模型可能会引发敏感数据的安全风险。

2023 年 3 月，三星电子在其内部刚刚引入 ChatGPT 服务不久，便发生了三起严重的机密数据泄露事件。部分员工不慎将涉及半导体生产的机密代码及内部会议关键信息输入 ChatGPT 端口，导致这些高度敏感的数据被上传至位于美国的服务器中，极有可能遭到泄露。对此，三星电子迅速做出反应，对员工使用 ChatGPT 的场景和行为进行了严格限制，这一事件同时引发了业界对于大模型技术所带来的数据隐私和安全问题的深刻反思。

事实上，在互联网高度发达的今天，任何向云端上传数据的行为都伴随着潜在的安全风险。早在云计算初兴之际，许多企业就因担心敏感数据被云服务商泄露而拒绝将数据上传至云端。即便到了现在，仍然有大量企业选择在本地存储隐私数据以增强其安全性，云服务商在赢取企业完全信任方面仍面临重重挑战。

而大模型的兴起无疑加剧了这一问题的复杂性。一方面，由于其训练和运营所需成本极其高昂，只有极少数企业能够负担得起在本地建设自有大模型服务的巨大成本。另一方面，由云服务商提供的大模型服务在训练和交互过程中需要海量的数据支持，尤其是特定领域的数据，大模型所掌握的领域数据越丰富，特别是与企业研发、运营密切相关的数据越多，效果往往就越出色。例如，企业开发人员在利用 AI 代码辅助生成工具时，通常需要上传企业现有的代码库，以便大模型给出更加精准的代码预测结果；企业营销人员则可以通过输入过往的营销材料，让大模型自动生成高质量的营销内容，从而显著提升工作效率。

然而，提供大模型服务的云厂商往往同时服务于众多客户，如何在获得各企业的数据后将这些数据严格隔离在每个客户的服务范围之内，成为云厂商和企业共同面临的难题。一旦数据隔离失败，不同客户之间的数据就可能发生交叉泄露。如果企业上传的大量隐私和机密数据未能得到充分保护，那么恶意攻击者或云厂商内部的不法分子就可能利用软件漏洞或职权获取这些数据，不仅攫取不当利益，还会让企业承受难以估量的损失。考虑到大模型所需的训练和交互数据量远超以往企业上传到云端的规模，这种风险也快速增长。

基于上述背景，业界经过深入研究与探索，提出了两种具有代表性的解决方案。一种方案是从软件层面入手，构建数据保护屏障。这种方法通常基于密码学机制来保护数据，但往往会带来较高的系统开销，并且无法从根本上缩小攻击面或消除软件漏洞带来的风险。另一种方案则是借助硬件级的加密机制，通过芯片构建的可信执行环境来确保数据的安全。这种技术被称为机密计算，旨在利用具有高度安全性的硬件加密体系来对抗数据泄露和窃取风险。云厂商通过提供完整的机密虚拟化安全保护方案，为云计算大模型的广泛应用奠定了坚实的安全与信任基础。

8.1.2 机密计算助力构建可信大模型

基于硬件芯片的加密保护技术可以追溯到 2008 年，微软在 Windows Vista 和 Windows Server 2008 操作系统中引入了 Bitlocker 加密，可利用 PC 中安装的 TPM 硬件受信任安全模块来加强登录等交互过程的安全性。随着 iPhone 等智能手机广泛流行，对设备存储的数据进行全盘加密，并将加密密钥保存在手机芯片内部的设计也成为行业事实标准。

随着云计算的成熟和普及，云服务厂商和芯片提供商开始利用硬件加密技术强化云端集群，提供云上机密计算实例。机密计算使用处理器内独有的加密密钥创建可信的执行环境，支持加密签名引证，防止他人查看或更改环境内部的数据或应用代码。

在应用运行过程中，加密数据首先被传入可信执行环境，在其中解密并运行，生成的结果会被加密并传出可信执行环境。在整个过程中，即使是机器所有者也无法查看用户传入可信执行环境的数据。在这样的机制下，用户无须担心云端服务器被攻破、机密数据被泄露，或者服务器所有者利用权限查看数据。只要用户信任可信执行环境，就可以相信自己的数据处于安全可靠的隔离状态中。

机密计算的另一大优势是计算开销较小。芯片内部的安全区与加解密操作都由专用的硬件单元负责，用户的程序并不会被拖慢。综合来看，在云时代，尤其是大模型流行的今天，机密计算有着非常广阔的前景，可以在极大程度上减少行业对数据泄露的担忧。

针对大模型用户最关心的数据隔离与隐私保护问题，云厂商陆续提供了基于不同芯片的机密计算能力的安全实例，比如，阿里云结合英特尔的 SGX 和 TDX 技术，为用户提供机密虚拟机实例，确保用户获得安全可信的使用环境。

在实践场景中，可信执行环境能够给予用户高度信任，让他们放心地使用基于大模型的各类服务。例如，当病人向医疗大模型询问与病情相关的诊疗意见时，病人在交互中告知大模型的隐私信息会受到 SGX、TDX 技术的保护，病人无须担心他人得知自己的病情；企业员工向大模型上传会议速记，希望大模型输出纪要总结时，会议信息也不会被云服务商或企业竞争对手等第三方知晓。前文提到的三星电子数据泄露事件中，如果 ChatGPT 所在的服务器部署了机密计算，三星电子就无须限制员工向 ChatGPT 询问代码意见的行为。类似地，其他 AI 代码助手也能够在更广泛、更接近企业内部关键研发流程的场景中得到应用，更好地提升开发效率。通过这样的模型保护流程，模型的外部使用者无法看到大模型的整体数据、实际参数，他们与模型的交互也对外不可见。在不可信环境下，外部访问者只能获得加密的数据。

考虑到大模型的应用场景天然需要用户向云端传输大量敏感数据，云厂商在提供大模型服务时必须通过机密计算能力来保障用户的隐私安全和数据安全。可以说，机密计算是大模型时代的数据安全基础，也是大模型在各行各业全面普及的前提条件。

机密计算在边缘、终端等场景的应用，也将为大模型的实践开启更多可能性。例如，运行在终端本地的推理模型可以为用户提供更加迅捷的交互响应，为无人车辆、智能家居操控、实时翻译等应用带来更好的智能能力。而这些终端模型又可以通过全生命周期的机密计算通道，利用云端算力来改善输出，增强用户体验。

8.2　可信大模型应用场景

机密计算技术的发展及商业化促使传统 AI 向机密 AI 领域拓展。在传统 AI 应用场景中，模型数据往往会经过预训练、微调和推理服务三个阶段，如图 8-1 所示。机密 AI 的目标是在模型和数据生命周期的各阶段（包括创建、训练、传输和使用），确保数据的静态存储、传输及免遭威胁、篡改及暴露，同时，免受基础设施提供者、恶意系统管理员、模型所有者、数据所有者，以及其他可能窃取或更改模型和数据关键要素的行为者的威胁。

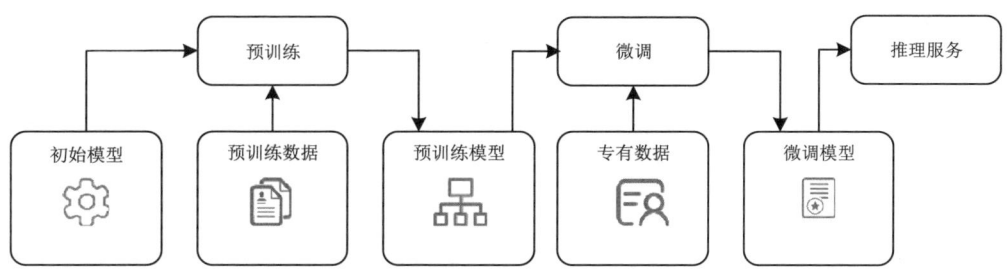

图 8-1　传统 AI 应用场景的三个阶段

1．机密推理

经过训练和部署的模型，最典型的应用场景莫过于与消费者或客户进行互动，为其提供预测、生成内容或深度洞察等服务。在这个流程中，模型的所有者和开发人员对知识产权的保护尤为重视，他们希望确保模型免受部署环境（包括云服务提供商、服务提供商乃至内部管理员）的潜在威胁。

为了实现这一目标，模型和数据必须始终采用由所有者掌控的加密密钥进行保护。在使用之前，必须通过专门的验证服务来确认请求的合法性。解密密钥被安全地存储在一个密钥代理服务中，仅当通过安全通道验证并被释放到可信执行环境中时，才会被用于解密模型和数据。在可信执行环境内部，模型和数据将被解密并准备进行推理操作。

这一场景具有多种变化形式。例如，实时数据可以采用加密方式直接输入可信执行环境中进行推理。对于生成式 AI 应用而言，用户在使用模型时提供的提示词和上下文信息仅在可信执行环境内部可见，确保了数据的安全性。此外，推理输出的信息可能是汇总数据，根据需求可以选择是否进行加密处理。最终，这些输出的信息可以安全地传输到下游的可视化工具或监控系统中供进一步分析和使用。

2．机密训练

在进行推理之前，构建模型是不可或缺的首要步骤，这需要在海量的数据上进行精心训练。在大多数情况下，这一过程对算力、内存和存储空间的需求极高，云基础设施便成为满足这些需求的理想选择。与此同时，确保数据在传输、使用和存储过程中的安全性也至关重要。机密推理所提出的安全与隐私标准同样被严格应用于机密训练环节。

机密训练的核心要求在于：即便在云端进行模型训练，当模型被部署至边缘设备时，也必须保持同等的安全级别。而且，模型的所有权应被严格限定，除所有者外，任何人均无权访问。为实现这一目标，机密训练与机密推理两大环节必须紧密配合、无缝衔接。训练完成后，更新的模型会在可信执行环境内部使用与训练前相同的、由模型所有者掌控的密钥进行加密。

接下来，经过加密的模型将与推理应用一同被部署到边缘基础设施的可信执行环境中。具体操作流程是：模型从云端被安全下载到模型所有者处，随后与 AI 推理应用共同被部署到边缘设备中。这一过程严格遵循机密推理的工作流程，确保模型的安全性和完整性。在验证边缘可信执行环境的引证后，解密密钥将通过模型所有者的密钥代理服务安全地被交付给可信执行环境，从而确保模型在边缘环境中的机密性和安全性。

3．机密微调

企业倾向于采用通用的人工智能模型，并通过组织内部私有业务领域的特定数据进行调优。这样做的主要原因是提高模型在特定领域任务集上的精度和效果，例如，IT 支持和服务管理公司可能希望采用现有的大模型，并用 IT 支持和服务平台的特定数据进行训练，或者金融公司可能会使用专有金融数据对基础大模型进行微调。

鉴于对计算、内存和存储的巨大需求，这种微调大概率会使用到外部的云基础设施。机密训练架构有助于保护组织的机密、专有数据，以及使用专有数据微调模型。

可以预见的是，机密计算的发展需要全行业的共同努力，芯片厂商、云厂商、软件服务商应当通力协作，为机密计算构筑良性发展的生态环境，在软件侧充分发挥底层硬件的能力，确保数据生命周期中的每个阶段都具备高度安全性。同时，行业需要加强宣传，让更多企业用户和终端消费者了解机密计算的概念，从根本上消除对云计算的不信任感。这样一来，行业就能建立云计算，尤其是云端大模型服务的广泛信任框架，解决大模型实践中遇到的信任挑战问题，为大模型的全面推广打下坚实基础。

机密计算作为一项关键技术，正逐渐成为云服务的标准配置。这一技术的广泛应用，不仅增强了数据的安全性和隐私保护能力，更为大模型的部署和运行提供了坚实可靠的基础。凭借机密计算的安全保障，大模型得以在各行业稳步落地，实现从概念验证到实际应用的跨越。随着应用场景的不断拓展和深化，大模型将逐步融入各行业的核心业务流程，驱动业务创新与效率提升，最终成为推动经济发展与数字化转型的关键动力。

8.3　大模型密态计算平台案例

产业界深度应用大模型面临的首要难题是确保数据的高质量供应和安全交换。正如 2024 年世界人工智能大会上众多产业、学术和研究领域的专家所达成的共识，数据质量是大模型能力提升的关键。

在实际操作中，行业特定的大模型往往难以获取足够的高质量数据来训练，这限制了它们解决专业问题的能力；同时，在技术服务的生态系统中，企业客户和大模型供应商之间缺少基于技术保障的信任，这导致双方在数据泄露和模型资产安全方面都存在担忧。

蚂蚁集团在 2024 年的世界人工智能大会上推出的蚂蚁密算大模型服务采用了新兴的技术——密态计算，为这一问题提供了潜在的解决方案。密态计算的商业化应用，不仅推动了大模型在产业中的深入应用，也为消除数据要素流通中的障碍提供了新的思路。蚂蚁密算大模型服务基于 TrustFlow 构建，是基于可信硬件的隐私保护计算引擎，其架构如图 8-2 所示。TrustFlow 立足于可信执行环境，提供受保护和隔离的环境，封装了敏感数据，并且提供数据安全存储和计算能力，在保障数据使用权跨域管控的基础上，提供可信大模型、机器学习、数据分析等可信应用。TrustFlow 目前支持 Intel SGX、Intel TDX 等机密计算技术。

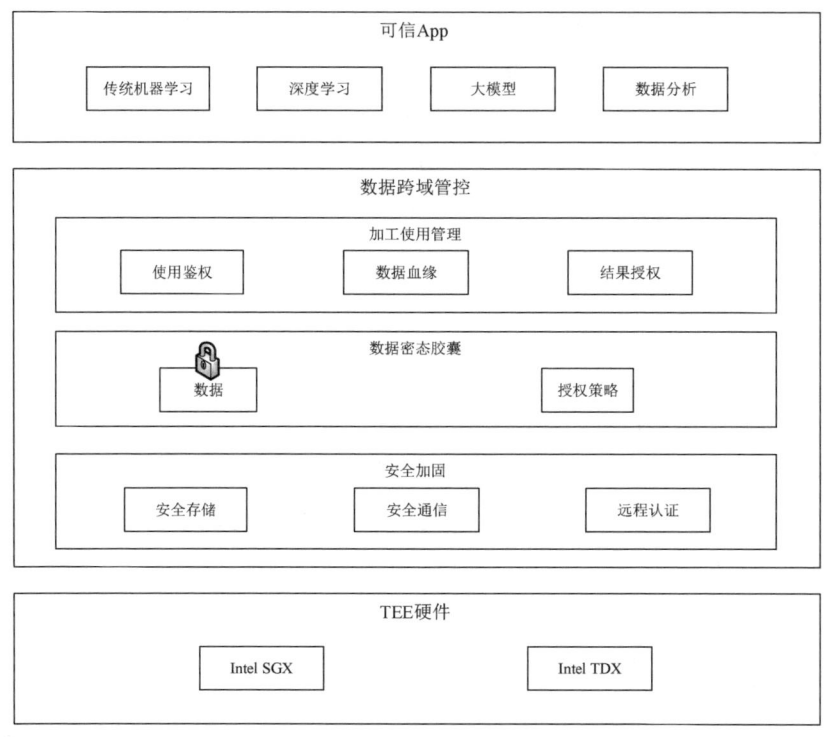

图 8-2　TrustFlow 架构

8.3.1　TrustFlow

蚂蚁密算开源了一套安全可信系统软件栈星绽（Asterinas），TrustFlow 是星绽下的隐私保护计算引擎，允许用户在保护数据安全的前提下，探索强大的人工智能以及大数据（BI）分析技术，充分释放数据价值。TrustFlow 保护了数据使用中（data-in-use）、数据存储（data-at-rest）、数据传输（data-in-transit）的安全。使用 TrustFlow，可以获得丰富的可信应用。

（1）可信大模型。基于 TrustFlow 的大模型能力，用户可以以安全可信的方式对大模型进行微调并部署大模型在线推理服务，模型、训练数据在端到端流程中全程被加密保护。与此同时，TrustFlow 可以保护模型推理过程中输入输出的安全，输入输出始终处于加密状态，除推理发起者外，其他方无法获取输入输出的内容。此外，

TrustFlow 还支持评估训练数据对大模型效果的影响，结合使用多方数据对大模型进行微调，可以进一步探索数据的价值。

（2）可信机器学习。基于 TrustFlow 的传统机器学习能力，用户可以以安全可信的方式对数据进行预处理，并进行逻辑回归、树模型等传统机器学习建模，也可以运行常用的深度学习框架（如 PyTorch、TensorFlow 等）进行深度学习建模。

（3）可信分析。基于 TrustFlow 的数据分析能力，用户可以以安全可信的方式对数据进行求交、聚合、统计等分析。

为了保障数据使用权跨域管控，借助可信执行环境的机密性和完整性保护，TrustFlow 构建了一套安全可信的管控机制。

这里以典型的多家机构进行融合计算的场景为例说明数据跨域管控的原理。假设 Alice 和 Bob 是数据提供方，使用 TrustFlow 对数据进行融合计算。其中，CapsuleManager 是负责数据授权和密钥的管理模块，为了保证管控机制不被绕过，CapsuleManager 运行在可信执行环境上。

如图 8-3 所示，整个流程如下。

步骤①：数据持有方对 CapsuleManager（运行在可信执行环境中）进行远程认证，以确认 CapsuleManager 被正确部署在可信执行环境中，且代码未被篡改。CapsuleManager 的公钥会随着远程认证报告一起返回数据持有方。

步骤②：数据持有方生成数据加密密钥，对数据进行加密，并且使用 CapsuleManager 的公钥对加密密钥进行加密。

步骤③：数据持有方根据数据使用需求生成授权策略，策略文件使用持有方的私钥进行签名。

步骤④：数据持有方把加密后的数据密钥和签名后的授权策略文件发送给 CapsuleManager。

步骤⑤：数据持有方把加密后的数据发送给数据加工方（提供可信执行环境计算资源）。

步骤⑥：数据加工方启动可信 App（运行在可信执行环境中），可信 App 从 CapsuleManager 请求获取数据密钥。CapsuleManager 会进行以下验证，验证通过后才会把数据密钥发送给可信 App，发送时使用可信 App 的公钥加密以确保安全。

- 对可信 App 进行远程认证，确认可信 App 运行在可信执行环境中，且代码未被篡改。

- 根据数据持有方设置的策略，检查可信 App 是否在授权列表中。
- 根据数据持有方设置的策略，检查计算参与方是否在授权列表中。例如图 8-3 中，Carol 执行可信 App 使用了 Alice 和 Bob 的数据，仅当 Alice 和 Bob 的策略都允许 Carol 执行，计算才会通过。
- 根据数据持有方的策略进行其他检查（取决于策略的具体设置）。

步骤⑦：可信 App 使用私钥解密得到数据加密密钥，继而解密得到明文数据，并按照预设的计算逻辑对数据进行计算。

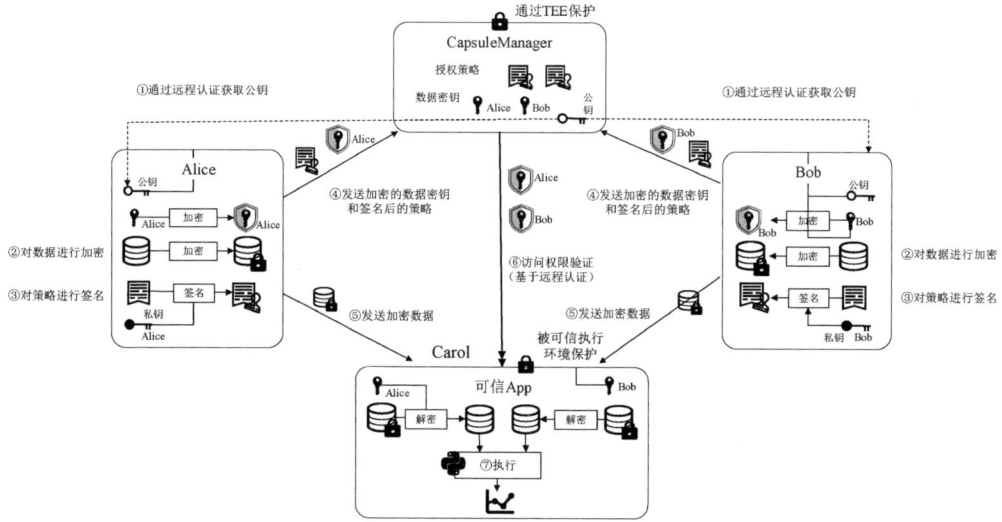

图 8-3 TrustFlow 数据跨域管控

为了保证计算结果可信，TrustFlow 提供了数据溯源机制，即在数据元信息中记录产生该数据的数据拓扑关系以及所使用的计算代码。数据使用方可以通过数据溯源机制确认结果数据按照预期的计算逻辑产生，说明结果数据没有被仿冒或篡改，从而确保结果数据可信。与此同时，TrustFlow 提供了导出结果数据的审批机制，通过数据溯源，可以找到产生该数据的祖先数据以及对应的持有者，任何参与方想要获取结果数据必须得到全体持有方的签名同意。这套审批机制也运行在可信执行环境中，从而无法被绕开。

从上述流程中可以看出，数据在离开数据持有者域后，其加工和使用依然受到数据持有者的约束，从而保障了数据使用权的跨域管控。在数据使用权跨域管控的基础上，TrustedFlow 提供的可信 App 才能更加安全可信。

8.3.2 蚂蚁密算大模型服务

蚂蚁密算大模型服务提供安全可信的大模型微调、推理密算服务。通过可信执行环境为用户提供数据传输和使用的安全性，并保护模型本身的安全。

在大模型推理过程中，用户提交的查询会加密传输至运行在可信执行环境中的预测引擎，并在可信执行环境内安全执行，预测结果最终以密文的形式发送到用户端。整个过程中，用户的输入和预测输出始终处于加密状态，即使是蚂蚁密算大模型服务的运维方也不能获取用户的查询以及查询的结果。同时，大模型被加密传输至可信执行环境中，仅在可信执行环境中被解密加载，无法被包括运维方在内的任何人窃取。用户可以通过浏览器（也可以使用 SDK）与蚂蚁密算大模型服务交互，包括以下两个阶段。

1. 远程认证

该阶段在用户打开蚂蚁密算大模型服务页面时自动触发，其作用是验证预测引擎运行在可信执行环境中，并获取预测引擎中自动生成的证书用于后续安全通信。

2. 加密对话

当用户在页面中输入查询请求并提交时，浏览器会使用远程认证阶段获取的密钥加密查询请求，并将密文发送至预测引擎中进行预测。预测引擎返回的加密查询结果由浏览器解密后再以明文显示给用户。用户的查询以及查询的结果不会泄露给网络链路中的任何人。

在加密对话阶段，用户通过浏览器访问平台后端，并由运行在可信执行环境中的引擎进行预测，具体流程如图 8-4 所示。

初始化阶段：第①步，引擎在启动时生成私钥 sk 以及对应的自签名证书 cert，后续用户可以通过远程认证安全拿到 cert，sk 会安全存储在可信执行环境内。

远程认证阶段：第②~⑤步是用户请求远程认证流程，在第⑤步中，引擎会通过硬件指令生成远程认证报告 report，report 的参数中包含 nonce 和第①步中的 cert，最终计算出的 report 中会包含 nonce 与 cert 的摘要，用于保证 cert 的完整性，同时防止重放攻击。在第⑥~⑧步，浏览器接收来自引擎的 report 和 cert，并验证 report 的合法性和 cert 的完整性。

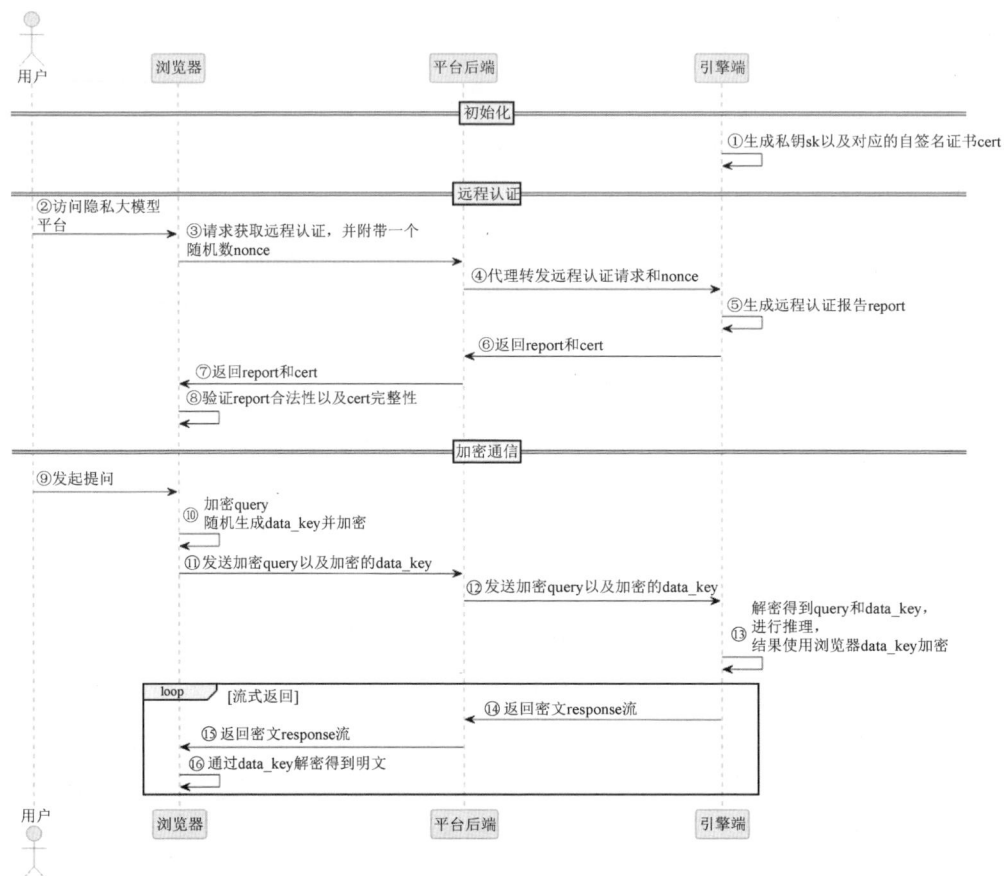

图 8-4 用户与蚂蚁密算大模型服务交互流程（加密对话阶段）

加密通信阶段（问答阶段）：第⑨～⑫步是提问过程，浏览器在发送 query 之前，会按照 Json Web Encryption 标准使用引擎 cert 中的公钥对 query 进行加密，其中使用的密钥管理算法（Key Management Algorithm）是 RSA_OAEP_256，内容加密算法（Content Encryption Algorithm）是 A128GCM。接着会随机生成一个 data_key，该密钥用于加密引擎返回的 response，data_key 在发送前会使用引擎 cert 中的公钥加密，加密算法为 RSA_OAEP_256。具体来看，从浏览器发送到平台的数据如下。

```
type UserPayload = {
  messages: {
    jwe: {
      protected: string;        // jwe header 具体参考 rfc 7516
      encrypted_key: string;    // 随机生成的 key，使用引擎公钥按照 RSA_OAEP_256
```

```
    // 加密得到
        aad?: string;                    // 随机生成
        iv: string;                      // 随机生成
        ciphertext: string;              // 加密后的 query
        tag: string;                     // 加密生成的 MAC 值
      };
    }[];                                 // JWE 表示 query, query 为加密状态
    encrypt_data_key_b64: string;        // 引擎公钥加密后的随机密钥, 用于加密后续 response
    stream: boolean;                     // 是否启用流式传输
  }
```

在第⑬步中,引擎进行预测,并产生 response 流,引擎会使用 data_key 对 response 流进行加密,每个数据包的加密格式都为 JWE,结构如下所示。

```
type ResponseData = {
  status: Object;
  created: string;
  sentence_id: string;
  content: {
    "jwe": {
      protected: string;
      encrypted_key: string;
      aad?: string;
      iv: string;
      ciphertext: string; // 加密后的 response
      tag: string;
    }
  };
  sign_b64: string;
}
```

在第⑭~⑯步中,浏览器接收加密后的 response 流,并使用之前缓存的 data_key 解密 response 流,将解密后的结果显示在界面上。

蚂蚁密算大模型服务支持对大模型进行微调,微调过程也在可信执行环境中进行,可以保护数据集和大模型的安全。大模型微调通常包含以下三个阶段。

1. 数据集和大模型上传

在这个阶段,用户首先对蚂蚁密算大模型服务进行远程认证,通过远程认证,验证调优和测评引擎运行在可信执行环境中,并获取引擎中自动生成的证书,用于后续

安全通信。和推理阶段描述类似，远程认证通过后，会随机生成 data_key，对数据集和大模型进行加密。同时，引擎 cert 中的公钥对 data_key 进行加密，使用的密钥管理算法是 RSA_OAEP_256，内容加密算法是 A128GCM。

除了对数据集和大模型进行加密，用户还可以配置数据集和大模型的使用策略，例如，可以在策略中限定数据集仅能被指定用户使用且仅能用于微调和推理。这些操作是为了确保只有运行在可信执行环境中的调优和测评引擎可以解密数据集和大模型，而包括运维方在内的其他人都无法获得明文。

为了简化上述操作，便于用户使用，蚂蚁密算大模型服务提供了可供下载的配套命令行工具，封装了开箱即用命令，帮助用户完成相关操作。

2. 大模型调优

用户可以在平台选择数据集和大模型，根据自身需求设定合理的迭代轮次、学习率等参数，发起大模型调优任务。该调优方法支持全参微调、部分参数微调（如 LoRA），用户可以根据自己的需求进行调优。大模型调优任务将在可信执行环境中进行，调优引擎会先使用自身的私钥 sk 解密数据集和大模型，随后根据调优任务的设定对大模型进行调优。

3. 大模型测评

在调优后，通常还会对大模型进行测评并评估调优效果。用户可以在平台上选择微调后的大模型和测评数据集，设置评估方案和评估指标，发起大模型测评。大模型测评引擎在可信执行环境中运行，类似地，测评引擎会先使用自身的私钥 sk 解密数据集和大模型，随后根据测评任务的设定对大模型进行测评，最终输出测评结果，如准确率等。用户可以通过测评结果判断调优效果。

若用户对大模型微调结果满意，则可以在平台上直接部署微调后的模型，部署后的大模型推理服务和前文所述的密态推理服务相同，可以保护 query 和输出的安全。

第9章

云数据库

随着云计算技术被广泛应用，云数据库已成为企业存储和处理海量数据的重要平台。然而，传统的数据库安全技术往往难以满足云环境下日益复杂的安全需求。机密计算提供了一种全新的数据保护方式，使在云平台上进行数据处理时，即便在多租户环境中，敏感数据也能得到严格的保护和隔离，从而有效防止未授权访问和数据泄露，推动了更安全的云数据库应用和服务的普及。

9.1 云数据库与数据安全

云数据库是指在云端部署、交付和访问的数据库，互联网服务的发展推动云数据库服务市场的快速成长。与传统数据库一样，云数据库能够为用户管理和存储结构化和非结构化数据。受益于云部署的特性，与传统数据库相比，云数据库具备更多的优势，如部署便捷、可靠性高、海量存储、成本低。云数据库已经成为数据库服务的未来增长点，传统数据库服务商也在加速转型。

数据库的主要任务是管理和存储用户数据，为用户提供安全的数据保存能力（不丢失、不泄露）以及稳定可靠的服务能力。在长期的发展中，主流的数据库服务具备多层次的安全防护机制。

（1）认证接入。对请求数据库连接的用户进行身份或者标识的合法性验证，验证通过才能连接数据库执行下一步操作，认证鉴权是数据库安全最基本的保护手段。

（2）访问控制。通过细粒度的访问控制，如基于数据表或操作的控制，对用户的数据库访问操作请求进行权限验证，提升数据库访问控制的安全性。

（3）数据加密。通过在网络传输或落盘存储阶段提供数据加密能力，防止用户或攻击者绕过数据库系统获取敏感数据。

这些安全防护机制的需求，大部分源于数据库在传统部署环境中面临的挑战。在这种环境下，运行数据库服务的软硬件环境是用户可控的。相对于传统数据库部署环境，云数据库部署依赖的云是一个开放的环境，在云上部署运行的服务会面临更多来自内部或外部的安全挑战,以下是几个典型的场景。

- 云数据库为用户提供数据服务,而数据库系统的管理员拥有对用户数据的访问和控制能力。在云数据库部署场景中,数据的拥有方和数据库服务提供方通常不是相同的,如何在二者之间构建隔离,确保只有数据的拥有方才能对数据进行完全访问和控制。
- 承载云数据库的云服务平台通常是一个公有开放的环境,而云服务提供方通常是独立于数据拥有方和数据库服务提供方的第三方,云服务平台中的基础系统服务,如运行期固件、操作系统及虚拟化软件,通常比数据库服务软件具有更高的访问控制权限。如何防止具有更高访问控制权限的系统服务被恶意攻击者使用,从而访问用户数据。
- 用户数据在传输和存储时一般会使用密钥进行加密,密钥的管理和控制是用户数据安全的基础。在一个开放的云平台中,用户数据安全密钥的保存、传输和使用同样面临着巨大的挑战。

综上所述,当数据库由传统私有部署环境迁移到开放的云部署环境中时,用户数据在被访问和保存的过程中更有可能遭受不同级别、不同权限的攻击。为部署传统数据库而构建的安全防护机制无法完全应对来自云环境的安全威胁。为了确保用户数据在云数据库中的安全,需要实现涵盖数据传输、数据存储,尤其是数据访问过程的全生命周期保护。

9.2 全密态数据库

为了应对云数据部署遇到的数据安全防护的挑战,数据库软件和服务提供商持续进行技术创新来提高数据库在云部署场景中的防护等级。为满足云数据库场景中的数据全生命周期保护的需求,一种应对之道是构建全链路加密的数据库系统,提供对数据在网络传输、磁盘存储,以及使用访问阶段的全链路的密态保护能力,也可以形象地将具有这种能力的数据库称为全密态数据库。图 9-1 展示了用户数据流在全密态数据库中的流动过程。

(1) 在用户可以完全信任的环境中,用户数据以明文的形式存在,以满足各种应用对数据的访问需求。当数据需要送出用户环境时,使用用户掌握的密钥对数据进行加密。通常来说,在这个环节会构建多层的密钥体系来提升密钥的安全等级,一种常用的方式是生成数据密钥对用户数据加密，使用用户密钥加密数据密钥，加密后的数据密钥与加密的用户数据一起送出，而用户密钥始终存放在用户可以控制的环境中。

（2）在网络传输过程中，用户数据始终以密文的形式传输，有效地保护了各传输环节的数据安全。

（3）数据库系统需要对用户数据进行访问和运算操作，如查询、连接等，由于用户数据是密文数据，数据库系统无法直接处理，这时需要使用一个密态数据处理引擎。在全密态数据库系统中，密态数据处理环节一般有以下两类实现方式。

- 基于密码学算法实现一个能够将用户数据在密文空间进行运算的机制。
- 基于机密计算的可信执行环境技术，构建一个和数据库软件系统中的其他组件隔离的安全沙箱，用户数据送入安全沙箱后转换到明文空间再进行运算，运算结果以密文的形式送出。

上述两种方式都是为用户数据的运算处理与复杂云环境中的其他软件系统实现隔离，确保无论是数据库的管理系统还是云服务平台中的管理软件都无法访问用户的原始数据。当然，受限于技术和工程能力，基于密文空间运算的机制无论是从兼容性还是从性能角度都受到很多限制。

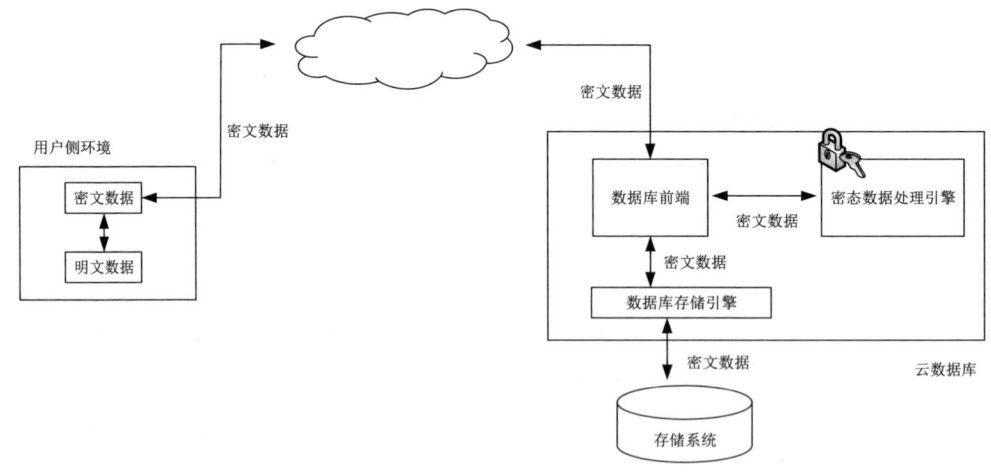

图 9-1　全链路保护的密态数据库

（4）数据库系统对用户数据进行落盘存储时，同样基于用户数据的密文状态，实现了数据在存储阶段的密态保护。

可以看到，在全链路保护的密态数据库系统中，只有用户持有最终解密用户数据密文的密钥。即使需要对用户数据进行明文访问，也仅限于在用户可以信任的安全隔离环境中，即用户信任域中进行。一旦用户数据离开用户信任域，那么无论是在网络中传输、云端处理，还是磁盘存储，数据均以全密态的形式存在。通过为数据库创建数据全链路的密态保护能力，可以有效提升用户数据在数据库系统云部署场景中的安全防护能力。

（1）在云部署场景下，在各生命周期环节，如传输、使用和存储，恶意访问者和攻击者都无法直接获取用户的明文数据信息。

（2）在用户数据和云数据库系统的管理平面之间构建了一道密态隔离的屏障，具有更高访问权限的数据库管理员账号无法直接访问用户的原始数据。

（3）将支撑云数据库系统的云平台（以及云业务提供商）从云数据库系统的 TCB 中移除，降低了数据库系统在云环境中部署信任链条的成本，同时减少了恶意软件的安全攻击面。

全密态数据库的目标是对用户数据进行全生命周期的密态防护，用户数据默认以密文的方式进行传输和处理。在对数据进行处理和运算时，有些环节不可避免地需要基于用户数据的原始语义通过密态数据处理引擎进行。通过使用机密计算技术构建一个安全沙盒，密态数据处理引擎可以运行在一个可信的环境中，以实现用户数据在明文空间上进行安全的处理和计算。机密计算构建的安全沙盒在确保用户数据被安全隔离的前提下，实现了传统数据库管理软件的兼容，并保证了运算效率，成为更有效和成熟的大规模部署方式。这种基于机密计算可信执行环境实现密态数据处理引擎的数据库，也被称为机密数据库，有些厂商称其为硬件增强型全密态数据库。

通过机密计算技术在用户侧对数据进行加密，数据在非信任的云端环境中以密文形式存在。机密计算技术为数据处理构建一个可信的环境，仅当用户通过远程认证证实处理环境安全可信后，才能将解密用户数据的密钥送入。

机密数据库可以构建安全可信的数据处理环境，例如，机密虚拟化技术 TDX 构建的机密虚拟机将对用户数据的访问和运算环节与数据库中其他处理环节隔离开。用户的密文数据被送到密态数据处理引擎中，用户通过远程认证证实处理环境安全可信时，机密数据库的密态处理引擎才能被授权访问原始明文，如获取到可以解密用户数据的关键密钥信息。

TDX 为机密虚拟机提供的加密和隔离能力是通过处理器的硬件逻辑实现的，在保证数据安全的同时，可以有效地提升全密态数据库对用户数据处理运算的效率。另外，基于 TDX 构建的机密虚拟机可以实现对传统数据库应用和组件的兼容，非常便捷地升级数据库系统中的各种组件和服务，以满足全密态数据库安全等级要求。

在机密数据库系统访问处理用户数据的过程中，数据所有者可以使用 TDX 提供的远程证实能力对各个处理环节、软件组件，以及平台 TCB 实现灵活的动态度量。这种度量机制既可以帮助数据库系统实现细粒度的数据访问权限控制，也可以用来证明用户数据访问处理过程的合法性和有效性，同时可以成为针对数据库系统进行安全审计的重要依据。

使用 TDX 机密虚拟机技术的机密数据库系统具备机密隔离、可信证实及即插即用等能力。

（1）机密隔离：机密计算为用户数据构建了一个动态的可信环境，将用户数据同云平台上运行的其他软件和服务隔离开来。

（2）可信证实：用户可以利用远程认证实现待访问用户数据的可信环境及其中运行的数据库服务的完整性，仅当能够证明该环境安全可信后，才可以访问用户数据的明文信息。

（3）即插即用：机密虚拟机实例可以兼容基于虚拟机的应用，传统的数据库软件和服务可以在不做任何修改的前提下无缝运行在机密虚拟机内，实现对用户数据的访问保护。

传统数据库、全密态数据库（基于密码学）和硬件增强型全密态数据库（机密数据库）的对比见表 9-1。

表 9-1 传统数据库、全密态数据库（基于密码学）和硬件增强型全密态数据库（机密数据库）对比

项目	数据库类型		
	传统数据库	全密态数据库（基于密码学）	硬件增强型全密态数据库（机密数据库）
存储保护	支持	支持	支持
传输保护	支持	支持	支持
运行期密钥保护	不支持	支持	支持
运行期数据保护	不支持	支持	支持

(续表)

项　目	数据库类型		
	传统数据库	全密态数据库（基于密码学）	硬件增强型全密态数据库（机密数据库）
可信证实	不支持	不支持	支持
处理性能	高	低	高
应用兼容性	高	低	高
安全审计能力	低	高	高

9.3　典型案例

9.3.1　瑶池全密态数据库

瑶池全密态数据库是阿里云数据库提供的数据安全功能。通过开启这项功能，可以对数据库表格中的敏感数据基于列的粒度进行加密，列中的敏感数据以密文形式传输、计算和存储。

对于阿里云的数据库服务能处理的安全威胁，按照安全性由弱到强可分为以下几个级别[20]。其中，瑶池全密态数据库基于机密计算技术构建的硬件加固版本的全密态数据库具备更强的数据安全防护能力。

（1）常规云数据库服务。基于云安全服务能够拦截绝大部分外部攻击，但仍然需要信任数据库实例内的操作系统、数据库软件、IaaS 运维人员及数据库用户。

（2）全密态数据库（基础版）。结合全密态访问控制模块，限制数据库用户的访问权限，避免非授权访问，确保数据对包括 DBA 在内的任何数据库用户可用不可见，实现数据私有化。仅需信任数据库实例内的操作系统、数据库软件及 IaaS 运维人员。

（3）全密态数据库（硬件加固版）。在全密态数据库（基础版）的基础上，进一步应用机密计算及基于可信执行环境技术（如 Intel SGX/TDX、AMD SEV/海光 CSV），使整个全密态数据库关键组件服务运行在可信区域内，隔绝任何数据库实例外部的安全威胁。仅需信任数据库实例内的操作系统、数据库软件。

通过机密计算技术，数据在用户侧被加密，在非信任的云端环境中以密文形式存在；当数据需要被处理时，采用机密计算技术构建一个安全隔离环境，仅当用户通过远程认证证实处理环境安全可信后，才可将解密密钥送入可信处理环境解密数据。瑶池全密态数据库可以透明地支持数据库的正常访问操作，包括事务、查询、分析等，并且通过机密计算技术将云平台软件、数据库管理运维人员、其他非授权人员、软件与用户明文数据隔离开来，确保用户数据在数据库处理过程中的可用不可见，如图 9-2 所示。

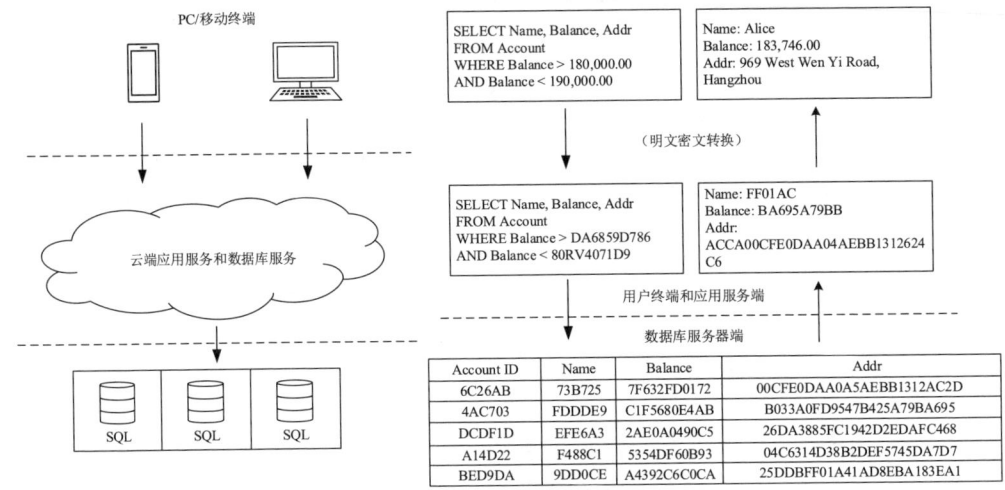

图 9-2　阿里云瑶池全密态数据库

9.3.2　EdgelessDB

EdgelessDB 是 Edgeless Systems 发布的基于 MariaDB 的密态数据库。EdgelessDB 通过将整个 SQL 数据库引擎运行在基于 Intel SGX 的安全沙盒内，实现了数据库引擎处理用户数据时与云平台软件系统的机密性隔离，可以称为业界第一个基于机密计算技术实现的全密态保护数据库。

在 EdgelessDB 运行的过程中，用户数据、数据密钥及访问用户数据的代码逻辑始终受到加密保护。区别于传统的数据库，EdgelessDB 借助机密计算可信执行环境的内存加密引擎，让用户数据在数据库处理阶段全程处于密态保护状态，即使数据库运行的云平台已经被黑客软件突破或者平台管理员权限已经外泄，依然能够保证 EdgelessDB 的用户数据的安全。

如图 9-3 所示，EdgelessDB 的前端和 MariaDB 一致，只是 MariaDB 的默认存储引擎 InnoDB 被替换为基于 RocksDB 的定制版本。通过 RocksDB 的 SST（Static Sorted Table），数据被高效安全地存储在磁盘上。Open Enclave SDK 是一个硬件无关的开源库，用于开发基于硬件可信执行环境的应用，EdgelessDB 的组件通过 Open Enclave SDK 运行在 Intel SGX 构建的可信执行环境中。

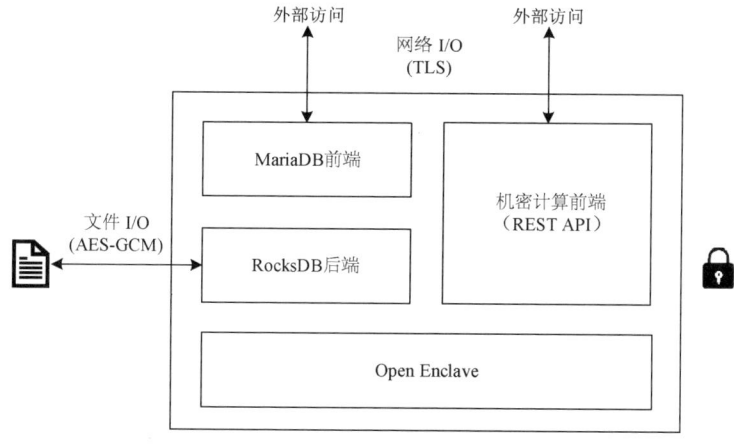

图 9-3　EdgelessDB 架构

9.3.3　高斯密态数据库

高斯密态数据库（GaussDB）是华为打造的企业级分布式关系数据库，结合软件模式与硬件模式的优点，通过提供融合策略，实现硬件模式和软件模式的自由切换，其架构如图 9-4 所示。

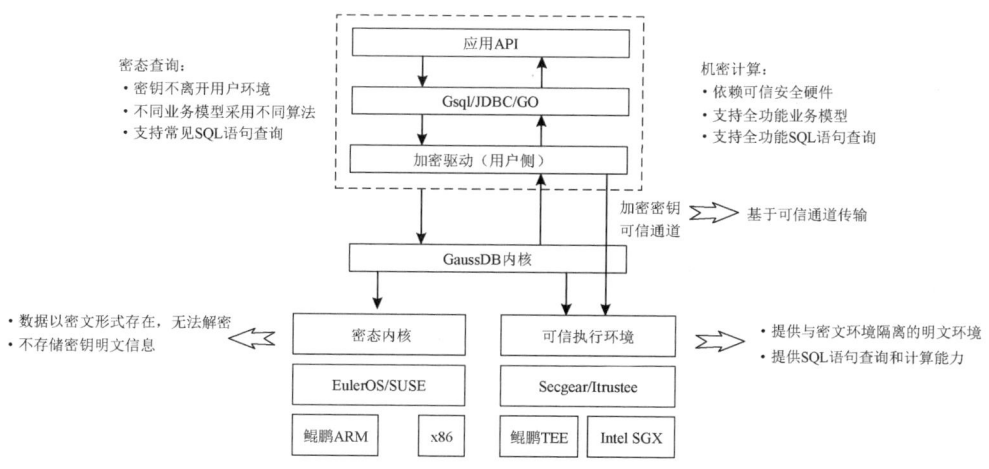

图 9-4　高斯密态数据库的架构

在硬件模式下，GaussDB 支持多种硬件 TEE 能力，如 Intel SGX、华为自主研发的鲲鹏 ARM Trust Zone。GaussDB 实现了细粒度的隔离级别，减少了攻击面，并且通过一系列密钥安全保障机制，如多层密钥管理体系、可信传输通道、会话级密钥管理等，实现了硬件环境中的数据及密钥安全，降低了因硬件安全问题导致的用户数据及密钥泄露风险。GaussDB 还开创性地支持软件模式的密态查询能力，通过密码学算法的密态查询引擎，实现不同的检索和计算功能，包括数据等值查询、范围查询、保序查询、表达式计算等[21]。

第10章

区块链

区块链技术和机密计算的结合为数据隐私保护和安全性提供了新的解决方案。在传统区块链中，尽管去中心化和不可篡改的特点确保了数据的透明性和可信度，但是其公开性可能与隐私性要求存在冲突，另外，过于依赖纯密码学的技术手段也带来了性能瓶颈。机密计算与区块链结合，能够在保证交易透明、可追溯的同时，确保参与者的数据不被未经授权方访问或篡改，有效提升了事务处理的性能。

10.1 区块链技术

分布式账本是由多个节点组成的网络，可以用来存储和处理信息。在分布式账本中，一般没有用来控制数据处理的中心节点，多个节点依靠共识建立信任和联系，通过去中心化的方式维护一个不可篡改的数据库。

区块链指基于区块链结构实现的分布式账本技术，其底层结构是由一个个区块串联而成的线性链表。后继区块会记录前驱区块的数字摘要（用来检验某个区块的内容是否合法），如果网络中需要增加一个新的区块，则需要通过网络的共识机制对该区块进行确认。

区块链构建了一个共享、安全，并且不可篡改的分布式账本。在区块链网络中，用户可以直接操作其中的数据，而无须中间人介入。这些数据可以是传统的行业数据，也可以是新兴的数据或者交易形态。区块链典型的应用案例就是去中心化支付场景中的比特币——在无须第三方介入的前提下，安全地转账或者付款。区块链的特点如下。

- 去中心化：去中心化是区块链的最典型特点。区块链上记录的信息分布于网络上多个节点的多个区块中，而每个节点都是高度自治的，整个网络中不存在强制性的中心节点。
- 不可篡改：区块链上各节点共同维护完整的数据信息，单一节点在网络中的其他节点达成共识前无法修改数据。
- 透明可信：区块链中的各种事务处理都依据公开的规则进行，对数据的修改或事务的完成通过共识机制达成一致并被记录。

- 高可靠：区块链网络覆盖全球，不存在中心节点，不会因为单点故障造成业务不可用。

10.2 区块链应用的挑战

当区块链网络中需要添加新的区块时，多个节点通过共识机制确定能够被添加的区块。共识机制确保网络中的节点按照相同的规则确认和添加新的区块，以保证网络的安全性和一致性。共识机制可以采用工作量证明、工作权益证明或其他的共识算法。

共识算法对区块链网络的安全、平衡及稳定性非常重要。去中心化程度越高，达成共识的效率就越低，成本越高，网络越安全；实现共识机制的集中化程度越高，达成共识的效率就越高。自从区块链出现以来，共识机制的研究和优化一直是区块链技术的重点。

1. 性能、安全与去中心化的矛盾

弹性（体现为性能）、安全、去中心化是区块链技术的不可能三角形，如图 10-1 所示。受限于不可能三角形，主流的区块链方案通常需要在性能、安全和去中心化三者间进行平衡和取舍，如牺牲一个目标以实现其他两个目标的最优。基于工作量证明的比特币通常被认为是最去中心化的区块链方案，但是其忙时的事务并发能力一直被诟病。传统的区块链方案更多地从安全可去中心化角度进行设计，而性能相关的指标，如事务的处理时延、确认速度及并发处理能力是其面临的主要挑战。比特币网络通常需要几十分钟才能确认一个交易事务，优化改进的 Ethereum 每秒也只能处理数十个事务，对比 Visa 的每秒处理数千个事务，Ethereum 远远不能满足高频交易的需求。

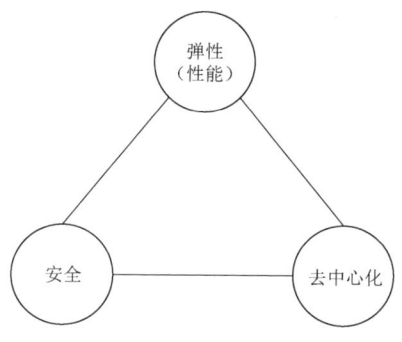

图 10-1 区块链不可能三角形

业界一直在通过优化算法来提升事务处理的性能，以满足实际应用需求，这一定程度上会给其他两个指标带来影响。如何在提升性能的同时不损害去中心化或安全性成为一个具有挑战性的课题，也是近年来学术界和工业界探讨的热门话题。

2. 数据安全和隐私保护问题

区块链技术提升了数据真实性及关键事务处理可信性，传统区块链实现中的事务处理的透明特性让用户的交易数据、链上事务处理的记录能够被任何人查看，用户敏感信息可以被轻松获取。伴随着区块链技术在众多实际场景中的应用，如何在保持区块链公开透明特性的前提下，实现对数据和事务处理过程的隐私保护，成为绕不过去的需求，突出的问题如下。

（1）个人用户的事务中含有不适合公开的隐私信息，如财务信息、用户账号、数据密钥等。

（2）基于区块链构建的去中心化应用，如社交、电子商务等软件，都会涉及用户的一些隐私信息，如购买记录、语音信息等，由于区块链的去中心化属性，链上应用对这类信息的访问和处理势必面临比传统的中心化处理模式更为严苛的安全保护需求。可信执行环境可以为区块链的事务处理（如智能合约的运行）提供基于硬件保护机制的安全执行环境，通过远程认证可以证实事务处理逻辑运行前或者运行过程中的可信性。可信执行环境技术构建安全的执行环境，在兼顾效率和性能的同时，为其中承载的事务逻辑或者用户数据提供了机密性和完整性。TDX 构建的机密虚拟机实例可以兼容传统区块链框架或智能合约引擎，如 EVM、CosmWASM 等，提供高效的机密性保护，实现区块链应用中安全和效率的平衡。

（3）效率优势。在隐私计算领域，相比依托纯密码学的安全隔离机制，可信执行环境借助硬件技术实现的安全隔离能力具有效率优势。将区块链需要运行敏感数据或者业务逻辑的模块放入可信执行环境，在不降低安全防护能力的前提下，减少对密码学防护等级的依赖，从而有效地提升区块链关键业务模块或环节的运行效率。效率优势对区块链应用实现规模化及产业化部署来说是必不可少的。

（4）安全等级增强。区块链的智能合约，以及隐私敏感的数据和逻辑都可以安全地在可信执行环境中运行、访问甚至保存。从这个角度看，使用可信执行环境承载区块链网络中的节点，在不引入额外计算复杂度的前提下，提升了区块链的隐私保护和数据安全的防护等级。

将机密虚拟机技术应用到区块链，可以提升区块链应用中关键事务逻辑的运行效率，同时有效提升隐私保护和数据安全的等级。隐私保护能力的增强也大大拓展了区块链技术的应用范围，推动了去中心化应用的快速发展。

10.3 典型案例

10.3.1 Azure 机密账本

微软 Azure 机密账本（Azure Confidential Ledger）是一项云服务，可以为敏感数据日志和记录提供高完整性的存储能力。Azure 机密账本基于区块链分布式账本技术，运行在基于硬件的可信执行环境中，作为严格监控和机密性隔离的程序执行区域，可以防止各种潜在的安全攻击。基于硬件的可信执行环境将云服务提供商和平台管理单元都排除在 Azure 机密账本运行的安全依赖之外，可以提供更高等级的安全性。机密账本可信执行环境架构如图 10-2 所示。

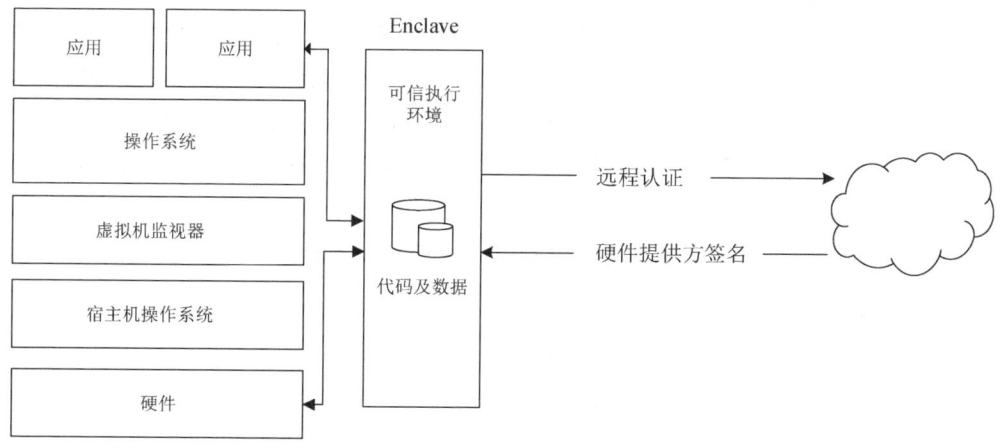

图 10-2　机密账本可信执行环境架构

Azure 机密账本技术通过 Azure 的机密计算平台和机密联盟框架提供高度完整的解决方案，如防篡改。Azure 机密账本应用包含三个或多个提供相同分布式账本服务的节点实例，每个实例都在一个专用的、经过充分验证的硬件可信执行环境中运行，而机密账本的完整性是通过基于共识的区块链维护的。

机密联盟框架（CCF）是一个开源框架，帮助用户生成安全、高可用及高性能的应用程序节点。CCF 基于可信执行环境技术、分散式系统以及密码学加密技术来支撑安全可靠的多节点分布式系统，提供了基于行业标准的 Web 接口能力，允许客户端通过 HTTPS

与 CCF 的应用程序交互。

CCF 网络由多个节点组成，每个节点都在可信执行环境中运行，其架构如图 10-3 所示。CCF 网络是分散并且高度可用的，网络中的节点都在一个基于硬件的可信执行环境中运行相同的业务程序代码，以确保正在使用的数据的处理计算过程得到机密性保护。

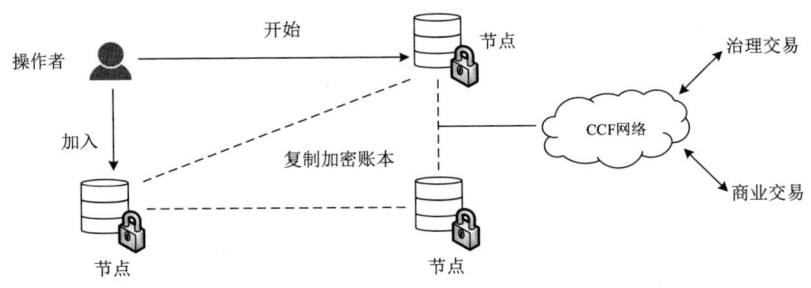

图 10-3　CCF 网络架构

用户业务以及管理事务的影响最终提交到机密账本，对键值存储的所有更改均由网络的节点加密并记录到分散的可审核账本中。账本的完整性通过默克尔树保证，其根由当前主节点或领导节点定期签名。CCF 网络由成员联盟管理，账本中记录的可脚本化章程定义了成员必须遵循的一组规则，成员可以提交用于修改键值存储状态的提案。

Azure 机密账本提供独特的数据完整性优势，包括不变性、防篡改，以及不可删除性，一些典型场景如下。

- 业务交易相关的记录，例如汇款或机密文档编辑。
- 更新可信资产，例如核心应用程序或合约。
- 系统运营日志和事件日志，例如安全操作日志。

10.3.2　蚂蚁隐私保护合约链

蚂蚁隐私保护合约链（简称蚂蚁链）是蚂蚁集团开发的工业级及金融级区块链系统，具有高可靠性、高可运维性、高安全性等优势，其架构如图 10-4 所示。蚂蚁链通过引入 P2P 网络、共识算法、虚拟机、智能合约、密码学、数据存储等技术，构建了稳定、高效、安全的图灵完备智能合约执行环境，可以进行账户的基本操作以及面向智能合约的功能调用。基于蚂蚁链，开发者能够完成基本的账户创建、合约调用、结果查询、事件监听等操作。

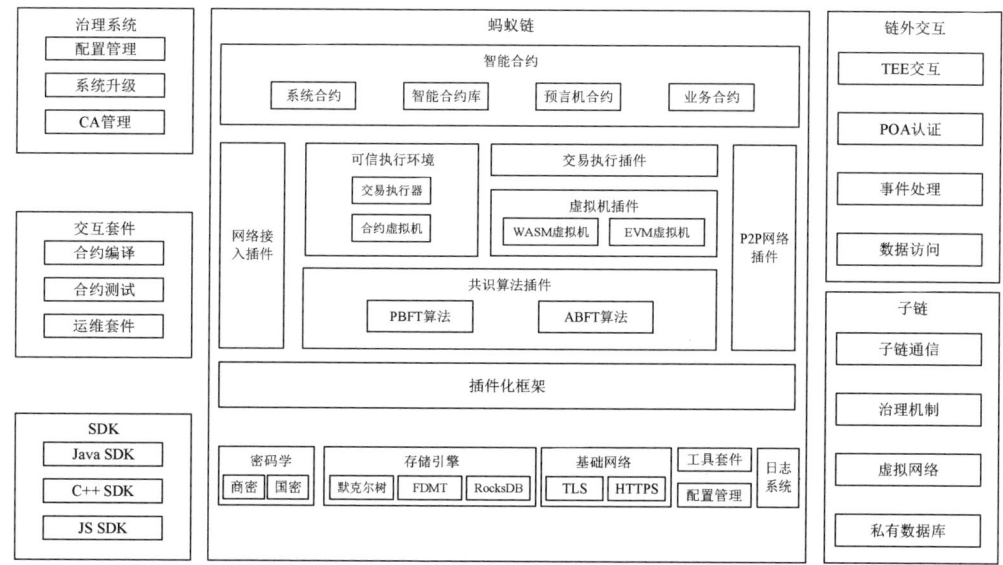

图 10-4　蚂蚁隐私保护合约链架构

蚂蚁链的可信执行环境安全版，即通用隐私保护合约链，提供基于可信执行环境的通用区块链隐私保护方案，可为金融企业用户提供通用、高性能、高安全的链上数据隐私保护及隐私数据授权解决方案，保障交易数据端到端、全生命周期的隐私安全。基于通用隐私保护合约链，用户可将存量普通合约链无缝迁移至通用隐私保护合约链。

在蚂蚁链平台通用框架下，通用隐私保护合约链利用可信执行环境技术将合约引擎、交易处理及密码学运算单元集成封装在可信执行环境安全区内，并配合一系列严谨的安全协议，达到隐私保护的目的，其处理流程如图 10-5 所示。通用框架充分利用蚂蚁链平台的特性，在包含智能合约平台非隐私能力的基础上方便用户构建及使用具有隐私保护能力的区块链应用，同时最小化安全可信基，使之符合安全技术方案设计的原则。

在通用隐私保护合约链中，合约分为明文合约和隐私合约。隐私合约的字节码和相应的状态数据被加密存储，仅在可信执行环境内部解密可见，相应的回执和状态均加密存储于外部数据库中。客户端发出的交易分为明文交易和隐私交易，明文交易体现为内容及执行过程均为明文，对链上节点及用户可见。隐私交易利用密码学技术保护交易，交易内容只在可信执行环境内才安全可见。隐私保护合约链与普通合约链的对比如图 10-6 所示。

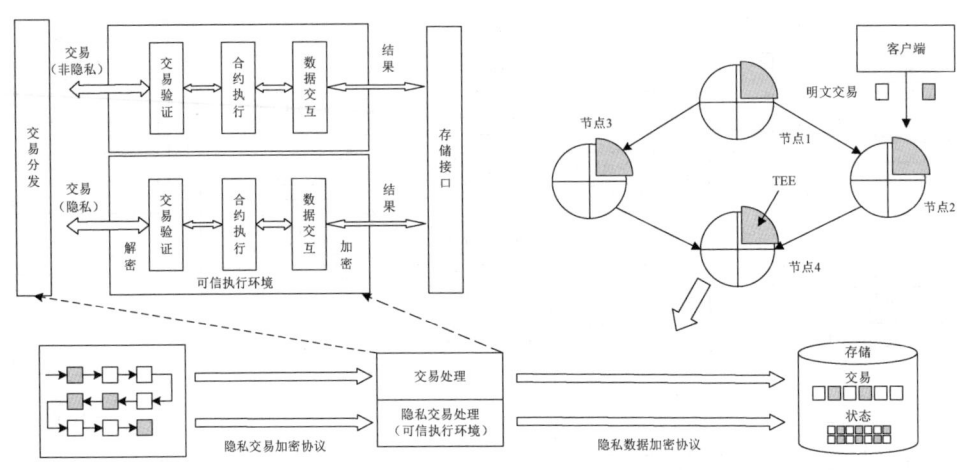

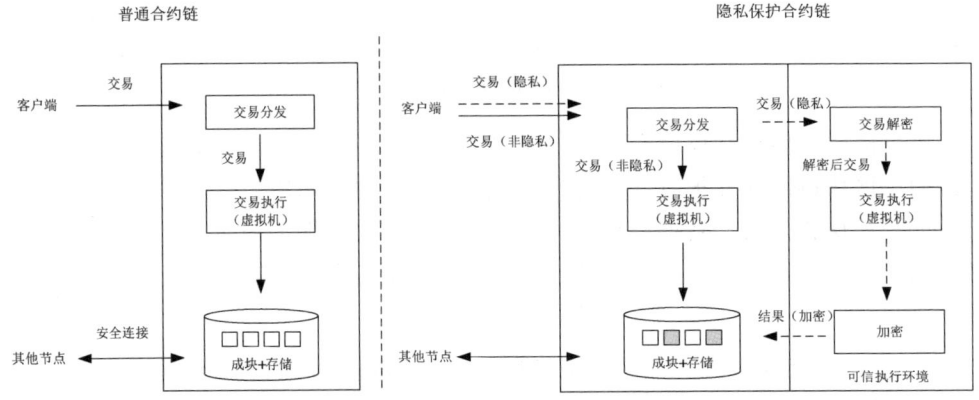

图 10-5 蚂蚁链平台处理流程

图 10-6 隐私保护合约链与普通合约链的对比

10.3.3 机密计算在隐私公链中的应用

隐私公链是专注于用户交易和数据隐私保护的区块链网络。与普通公链不同，隐私公链需要提供链上事务或记录的隐私保护能力，以确保在链上的操作是私密和安全的。

隐私计算中常用的技术可以用来增强区块链的隐私保护能力，如零知识验证、安全多方计算，以及机密计算构建的可信执行环境。Secret Network 就是一条采用机密计算可信执行环境技术实现隐私保护能力的公链。

Secret Network 最早由以太坊生态中的 Enigma 项目发展而来，后期迁移到 Cosmos SDK 并发展成一个侧重于隐私保护的公链系统。基于 Secret Network 可以构建以隐私保护为中心的智能合约平台。Secret Network 旨在为区块链应用带来隐私，包括去中心化金融（DeFi）、医疗、娱乐、商业等。作为 Cosmos 生态中的一员，Secret Network 可以通过集成跨链通信协议，接入 Cosmos 生态中的其他公链系统。

Secret Network 通过机密计算中的可信执行环境技术对事务合约处理的输入、输出和中间状态进行机密性保护，其验证器节点如图 10-7 所示。Secret Network 的共识层和计算层结合，使验证器的可信域部分运行在 SGX 构建的可信执行环境中，从而处理事务交易。

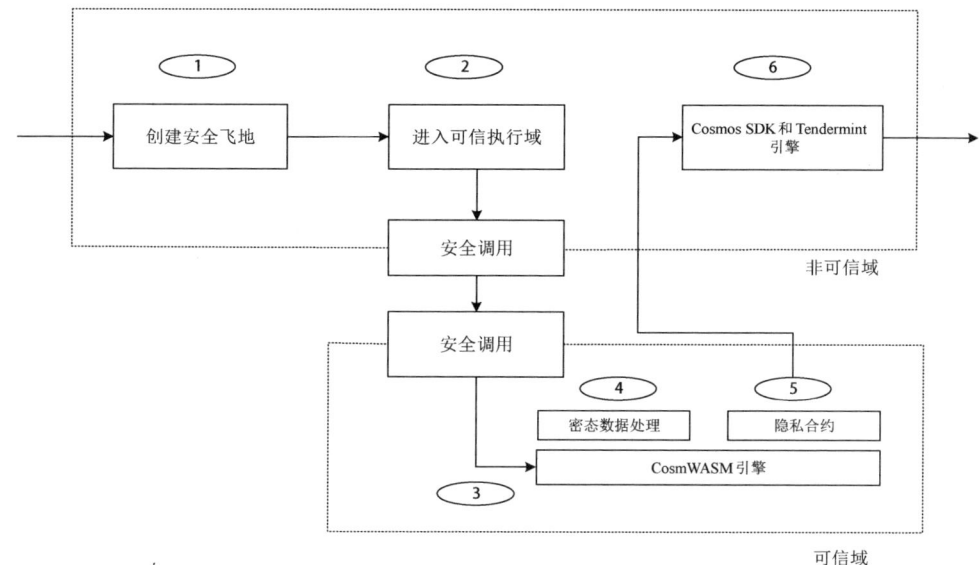

图 10-7　Secret Network 验证器节点

隐私合约中使用的私有数据在被发送到 Secret Network 中的验证器之前会被加密，而数据仅可以在被证实的验证器的可信执行环境中解密，链上的其他计算环节或者节点无法访问原始数据。运行在验证器中的合约逻辑基于解密的数据进行，事务合约输出的数据在被送出可信执行环境前被重新加密，链上保存的事务记录以及运算结果均以加密状态存储。

Secret Network 的验证器节点通过验证下面的信息来确保节点中运行的事务逻辑的机密性、完整性及可信性：事务应用的身份信息、事务应用的完整性信息、运行验证器的可信执行环境信息。

Secret Network 的验证器节点中运行的事务逻辑包含可信域和非可信域两部分。可信域部分包含数据的密态处理单元和隐私合约的执行单元，其调用流程如下。

（1）构建运行可信域需要的可信执行环境。

（2）进入可信执行域。

（3）构建执行隐私合约的 CosmWASM 环境。

（4）密态处理单元解密隐私合约需要的输入信息。

（5）执行隐私合约的业务逻辑，并利用密态处理单元将合约执行的结果进行密态保存。

（6）返回非可信域上下文的 Cosmos SDK 和 Tendermint 引擎处理后续逻辑。

第 11 章

异构计算

随着技术的飞速发展和应用场景的扩展，计算架构已不再局限于传统的纯 CPU 模式，异构计算系统逐渐成为主流，纯 CPU 侧的可信执行环境已无法满足整个计算系统的安全保护需求。例如，当使用 GPU 进行深度学习模型的训练或推理时，CPU 侧的可信执行环境无法确保数据在从 CPU 传输到 GPU，以及在 GPU 内部处理过程中的安全性。因此，如何将可信执行环境技术扩展到异构计算场景中，成为当前安全领域研究的重要课题。本章以 GPU 为例，介绍异构场景下 CPU 和 GPU 之间的与机密计算相关的研究和方案设计。

11.1 异构计算与安全性挑战

11.1.1 异构计算

异构计算是指在一个计算系统中使用不同类型、不同架构的处理单元共同完成计算任务。这些处理单元可以是中央处理器、图形处理器、数字信号处理器、神经网络处理器等，它们各自拥有独特的计算能力和优化方向，能够针对不同类型的应用场景提供最佳的计算效率。

在现代计算领域，异构计算的应用无处不在。从高性能计算到云计算，从大数据分析到人工智能，几乎所有需要大规模并行处理和高速数据处理的场景都离不开异构计算的支持。通过将不同类型的处理单元有机结合在一起，异构计算系统能够充分发挥各处理单元的优势，实现更高的计算性能和更低的能耗。

异构计算的应用场景如下。

（1）高性能计算。包括汽车和航空航天建模仿真、电子自动化设计与验证、生命科学等。

（2）人工智能。不管是深度学习训练，还是深度学习推理，都需进行大量矩阵运算，尤其是大规模互联网应用场景，例如推荐、广告、搜索等。

（3）物联网与边缘计算。海量数据要在边缘或云端进行处理，在线推理任务需要大量的边缘和云端算力进行加速。

（4）5G 和通信。虽然部分网络功能以软件 NFV 的形式运行于 CPU 上，但仍有部分算法需要通过异构加速器（如 FPGA 或 ASIC）进行加速。

（5）多媒体处理和云游戏。在高清视频转码、视频图像渲染、图像超分辨率等场景中，为获得高吞吐和低延时，异构算力不可或缺。

（6）云计算。为了让云计算平台提供更高的性能、更低的成本，以及满足基础设施管理的需求，云计算企业逐渐在云中部署更多的异构加速器来加速计算、网络和存储。

11.1.2　优势分析

异构计算单元能在现代计算领域脱颖而出，主要得益于以下优势。

（1）并行处理能力。与 CPU 相比，GPU、NPU 等异构计算单元拥有更多的计算核心和更高的内存带宽，能够同时处理多个任务，实现并行计算。这种并行处理能力对于处理大规模数据集和复杂算法非常有利，可以显著提高计算速度和效率。例如，在深度学习领域，GPU 的并行处理能力可以大大加速神经网络的训练和推理过程，使模型能够在更短的时间内完成学习和预测任务。

（2）专用优化。不同类型的异构计算单元针对不同的应用场景进行了优化。例如，GPU 擅长处理图形渲染和矩阵运算等任务，这使它在游戏、虚拟现实和计算机视觉等领域具有显著优势。NPU 专门为深度学习和神经网络等 AI 应用而设计，通过优化硬件，能够更高效地执行张量运算、卷积等操作。这种专用优化使异构计算单元在处理特定任务时比通用处理器更加高效，从而满足各种应用场景的需求。

（3）低功耗。与 CPU 相比，一些异构计算单元在提供高性能的同时，具有更低的功耗。这使异构计算系统在保证计算性能的同时，能够降低能源消耗和运营成本。例如，在某些嵌入式系统和移动设备上，低功耗的异构计算单元可以在保证性能的同时延长设备的续航时间，提高用户体验。此外，在数据中心和云计算等大规模计算场景中，低功耗的异构计算系统有助于减少能源消耗和碳排放，实现绿色可持续发展。

异构计算单元通过并行处理能力、专用优化和低功耗等优势，在现代计算领域发挥着越来越重要的作用。

11.1.3　安全性挑战

人工智能已经深入我们生活的各个角落，特别是 ChatGPT 和 DeepSeek 等模型出现以来，其惊人的信息分析、整合、决策及对话能力令人瞩目。展望未来，AI 模型不断扩展、能力持续增强，它有望助力我们完成一系列高度个性化的复杂任务，如信息咨询、任务代理等。

然而，AI 技术的蓬勃发展离不开大数据与大模型的坚实支撑。训练一个参数多达上千亿个的大模型，需要消耗海量的高质量数据，并需要依据用户反馈不断进行优化升级。在这个过程中，AI 服务扮演三大核心角色：数据提供者、模型拥有者和算力提供者。数据可能包含个人敏感信息或企业多年的运营积淀，具有难以估量的商业价值；模型不仅体现了开发者对 AI 算法及应用领域的深刻理解，还代表了巨大的研发投入，是企业珍贵的知识产权。

一方面，在这场 AI 盛宴中，所有参与者都渴望在模型训练与应用过程中确保自身数据隐私的安全。随着《中华人民共和国网络安全法》《中华人民共和国数据安全法》《中华人民共和国个人信息保护法》的相继出台与实施，数据隐私保护已不仅是参与者的自发需求，更是法律法规的明确要求，实现数据的"可用不可见"和"可控可计量"成为行业的新标准。任何数据或模型的泄露，都可能引发严重的社会影响和经济损失。

另一方面，随着云计算技术的飞速发展，模型训练对超大规模算力有迫切需求。现代计算机系统纷纷引入各类异构计算单元来加速计算，其中，GPU 的应用最为广泛，而 DPU、NPU 等专用加速器也崭露头角。这些独立于 CPU 之外的硬件凭借卓越的数据吞吐量和强大的计算能力，在数据分析、机器学习、深度神经网络等领域的大规模计算任务中发挥着举足轻重的作用。无论是对于边缘计算设备还是高性能计算服务器，异构计算单元都已成为满足不断增长计算需求的关键组件。

然而，在异构计算单元被广泛应用的同时，其安全问题也不容忽视。多数异构计算单元侧重计算效率，对安全性的考虑往往不足。目前，这些计算单元的操作，如上下文创建、数据传输、计算命令提交等，都高度依赖操作系统中的驱动程序，存在外部环境威胁风险。攻击者可能利用操作系统层面的漏洞干预驱动程序与异构计算单元的交互过程，破坏上下文隔离或直接访问内存中的计算数据。考虑到异构计算单元常用于处理隐私信息（如人脸信息、目标图像等），解决这些安全性问题迫在眉睫。

（1）数据泄露风险。在异构计算系统中，数据通常需要在不同处理单元之间传输和共享。在这个过程中，如果没有足够的安全措施，敏感数据就可能被非法访问或窃取。此外，如果异构计算单元本身存在安全漏洞，那么攻击者可能利用这些漏洞获取对数据的访问权限。

（2）恶意攻击。异构计算系统作为一个复杂的计算环境，可能受到来自外部或内部的恶意攻击。这些攻击可能包括针对系统漏洞的利用、恶意软件的植入、拒绝服务攻击（DoS/DDoS 攻击）等，不仅可能造成数据泄露或系统崩溃，还会对整个计算环境的安全性和稳定性构成严重威胁。

（3）兼容性和可维护性问题。由于异构计算系统中包含多种类型和架构的处理单元，因此可能存在兼容性和可维护性问题。这些问题可能会导致系统在运行过程中出现故障或性能下降，从而增加安全风险。此外，如果系统缺乏统一的安全管理和监控机制，也可能导致安全漏洞无法被及时发现和修复。

11.2 异构机密计算

为了应对异构计算面临的数据安全挑战，一系列相关技术逐渐受到学术界和工业界的关注，机密计算技术便是其一。基于硬件的可信执行环境可以保证机密计算的任务和数据不被恶意程序窃取，硬件级的安全保障使高权限的操作系统甚至虚拟机监控器无法窥探和篡改机密计算中的数据和代码。学术界和工业界开始将异构计算与机密计算结合，通过在异构计算环境中使用机密计算技术来保护数据的安全和隐私。如 Graviton 提出通过修改 GPU 来构建安全计算环境，HIX（Heteroqeneous Iso Lated Execution for Commedity）[23]通过修改 CPU 加固 I/O 路径，将可信执行环境扩展到 GPU 设备上，HETEE（Heterogenenous TEE）[24]改进了互联的方法，是跨时代的工作。

在异构机密计算的研究中，主流的三种设计理念是修改 CPU、修改设备（如 GPU），以及修改 CPU 和设备之间的互联通道。

为支持异构机密计算，这些设计理念可以总结归纳如下。

（1）设备支持。异构计算平台中的某些硬件设备组件，如 GPU、FPGA 等，可以提供硬件级别的加密和安全功能。机密计算可以利用这些硬件功能保护数据的安全和隐私，确保数据在计算过程中不被泄露或篡改。

（2）安全协议。在异构计算环境中，可以使用各种安全协议保护数据的安全和隐私。例如，可以使用安全多方计算协议确保在协同计算过程中的任何参与方都无法获取其他参与方的原始数据，从而保护数据的隐私。

（3）加密算法。机密计算可以使用各种加密算法对数据进行加密，以保护数据在传输和计算时的安全和隐私。

11.2.1 发展历程

在学术界，Graviton 最早提出了构建异构可信执行环境的思路，通过修改 GPU（英伟达 GPU），结合 CPU 的可信执行环境（如 SGX），构建出异构可信执行环境。

Graviton 对 GPU 的核心、MMU 或内存控制器没有进行任何更改，仅更改外围组件，如 GPU 命令处理器和 PCIe 控制引擎。Graviton 假设 GPU 的物理内存安全且属于 TCB，原因是其不易受到物理攻击而被直接读取。通过重新定义 GPU 驱动程序与硬件之间的接口，Graviton 可以增强 GPU 内部访问管理的安全性。

Graviton 将 GPU 内存划分为三个区域——未保护区域、保护区域和隐藏区域，每个区域具有不同的访问权限。未保护区域的内存允许主机通过 PCI BAR 寄存器访问，驱动程序可以在该区域访问非敏感内存数据。保护区域对主机可见，但不可由主机访问，驱动程序可以在该区域创建页面映射，但无法直接通过 MMIO 访问该区域，因此，该区域只能被 GPU 内存引擎访问。隐藏区域对主机 CPU 或 GPU 引擎均不可见，或不允许其访问，此区域的内存无法通过 PCI 访问，也未映射到任何通道的虚拟地址空间，专供命令处理器使用，用于维护元数据，例如受保护内存页面的所有权状态和每个通道的加密密钥。

为了实现安全的数据交互，Graviton 在创建 CPU 与 GPU 通信上下文期间，会使用会话密钥，并且只允许运行时的所有者进行访问操作，以确保数据仅在可信执行环境内部是明文，而在可信执行环境外部进行加密传输，如图 11-1 所示。

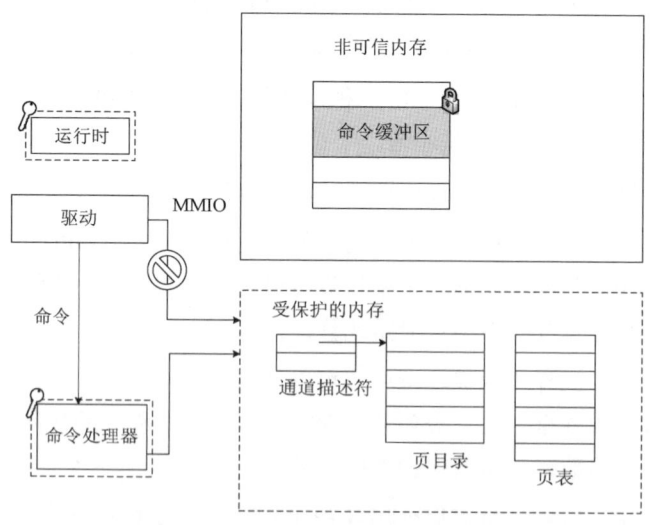

图 11-1　Graviton 中 CPU 与 GPU 内存数据访问设计

11.2.2 商用机密计算 GPU

2022 年,英伟达首次将 GPU 加速能力引入机密计算,并将其推向市场,代表产品如 H100。H100 将加速计算扩展至机密计算领域,并将 CPU 的可信执行环境扩展到 GPU。英伟达 Hopper GPU 安全设计如图 11-2 所示。

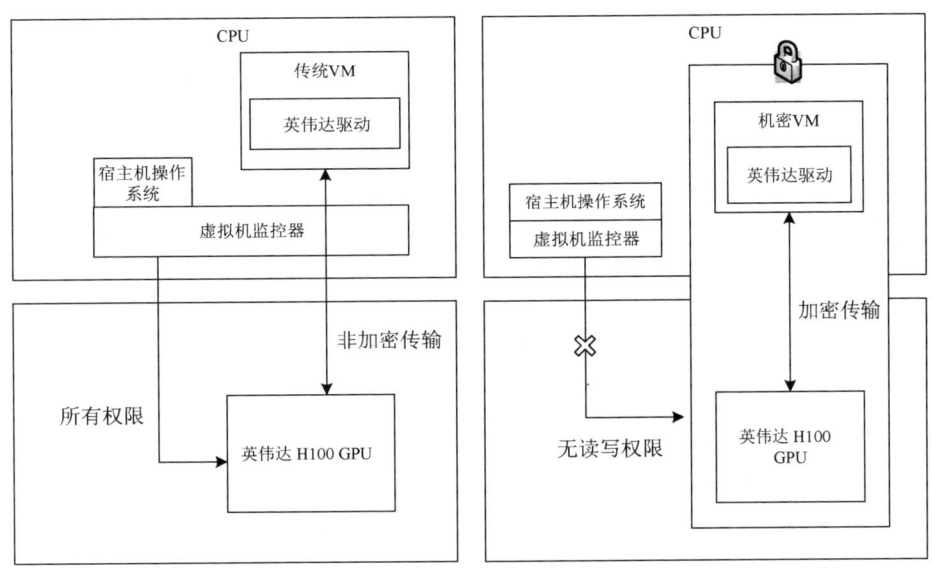

图 11-2　英伟达 Hopper GPU 安全设计

英伟达机密 GPU 创建了一个基于硬件的可信执行环境。该环境可以保护和隔离在单个 H100 GPU 上、节点内的多个 H100 GPU 上,或安全的多实例 GPU(MIG)上运行的工作负载。

在机密虚拟机启动时,将加载英伟达 GPU 驱动程序,这将触发机密虚拟机与 GPU 之间的首次通信。机密虚拟机和 GPU 之间的通信会创建一个安全会话,数据在传输时被加密和解密,如图 11-3 所示。

创建安全会话的原因如下。

- GPU 无法直接访问机密虚拟机的私有内存,这意味着流入和流出 GPU 的数据必须通过未受保护的共享内存缓冲区,而 TCB 之外的组件(如虚拟管理程序)可以读取/写入共享内存缓冲区。

- PCIe 不是虚拟机和租户之间的安全私有通道,在其上传输的数据可能被 TCB 外部的组件读取或损坏。

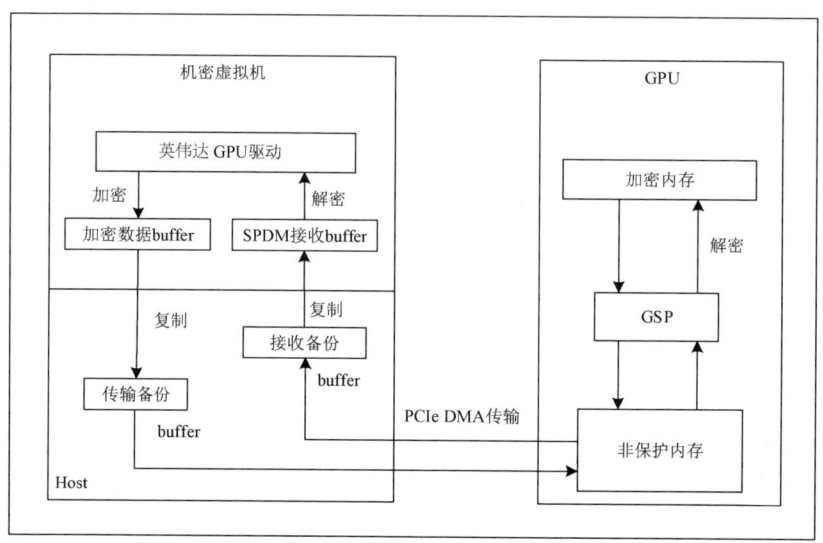

图 11-3　机密虚拟机与 GPU 的数据交互

创建安全会话主要涉及两部分:用于设置共享对称会话密钥的 Diffie-Hellman 密钥交换;检索包含硬件和软件组件测量值的设备认证度量报告。

GPU 上运行的所有固件和微码均由英伟达编写和签名。检索和认证报告是建立对设备的信任的关键步骤,一旦通过了英伟达根 CA 的签名验证,并且建立了对称密钥,虚拟机与 GPU 就建立了信任,并且创建了安全通道。机密 GPU 安全度量机制如表 11-1 所示。

表 11-1　机密 GPU 安全度量机制

度量组	类型	细节	内容举例
静态硬件配置	静态度量（会话期间）	在出厂阶段配置的状态,包括设备特性和标识等	Fuse 配置,包括是否开启 debug、微码 revocation、CC 工作模式配置等安全设置
固件/BIOS		写到 EEPROM 中的组件	从 VBIOS 和其他执行环境加载的固件签名、设备初始化数据表
驱动微码		由驱动加载的微码	引擎的微码签名和执行环境,如 security enclaves

（续表）

度 量 组	类 型	细 节	内 容 举 例
硬件初始时状态	静态度量（会话期间）	由 VBIOS 和 PF 驱动在初始化阶段所做的工作，主要与 security enclaves 有关；用于建立和维护 GPU 可信执行环境的配置	引导时初始化，如 PCIe firewalls、debug 接口状态等
运行时状态		由运行时可信 GPU 软件配置的硬件状态，基于 CC 配置编程后的硬件和软件状态	CC 策略，如 Production vs Development；硬件引擎处于安全/非安全模式；可信执行环境间资源隔离
动态状态	动态度量	由驱动或其他软件编程后的软件状态	
报告信息	静态度量	用于辅助 Attestation Report 验证的、经过签名的明文元数据	机密内存大小配置；SKU 类型、MIG 状态配置；驱动版本和 VBIOS 版本；Event Log

11.3 应用案例

11.3.1 异构计算中的远程认证

认证对于确保可信执行环境的安全性、完整性和信任关系至关重要，它是构建安全、可靠的应用程序和系统的基础之一，特别是在处理敏感数据和执行关键操作时。它可以验证可信执行环境是否真实存在、是否由可信的实体创建，以及是否符合安全策略。认证的频率和方式是由策略决定的，可以在可信执行环境启动时和运行时定期进行。

英特尔和英伟达分别提供在 CPU 和 GPU 上建立独立可信执行环境的机密计算技术。对用户来说，需要两个不同的认证服务分别收集验证 CPU 和 GPU 可信执行环境可信度所需的证据。

在 2023 年机密计算峰会上，英特尔和英伟达分享了 H100 GPU 认证架构，如图 11-4 所示。

- 英特尔可信中心（Intel Trust Authority，ITA）客户端从 CPU 和 GPU 可信执行环境收集证据，并调用 ITA SaaS 进行证明验证。
- ITA 客户端通过英伟达驱动程序收集 GPU 证据，并通过 ITA SaaS 调用英伟达远程认证服务（NRAS）。
- 微代码：一次调用即可收集并验证所有引证证据。
- 只需对应用程序进行最小化更改，便可添加机密计算证明。

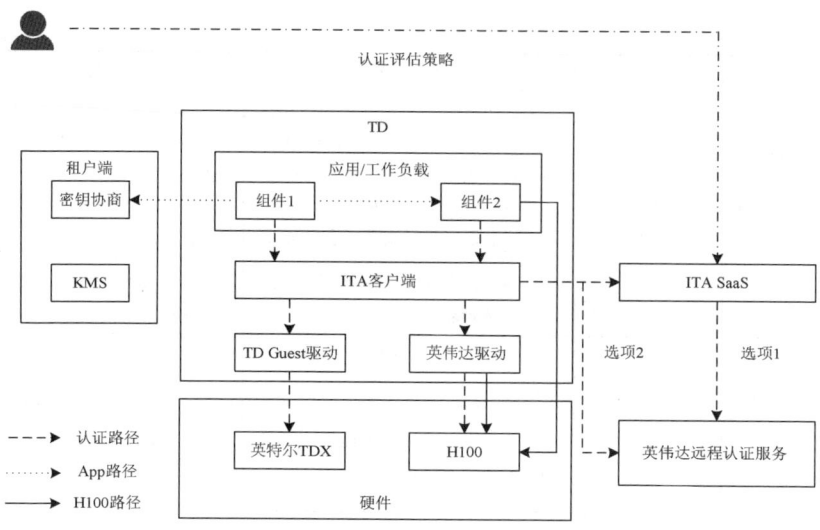

图 11-4 H100 GPU 认证架构

用户可以单独调用 ITA 客户端以获取完整平台认证并接收单个组合令牌，也可以单独调用 ITA 客户端以获取 CPU 认证和 GPU 认证并接收单个令牌。ITA SaaS 验证 CPU 证明证据，英伟达 NRAS 验证 GPU 证明证据。

ITA 与 IETF-RATS 架构保持一致，支持护照模型（主要用于身份标识）和背景调查证明模型（用于验证环境安全性等信息）。ITA 拥有丰富的策略框架，支持针对 CPU 和 GPU 可信执行环境的客户定义评估策略。ITA 与英伟达 NRAS 的通信链路如图 11-5 所示。

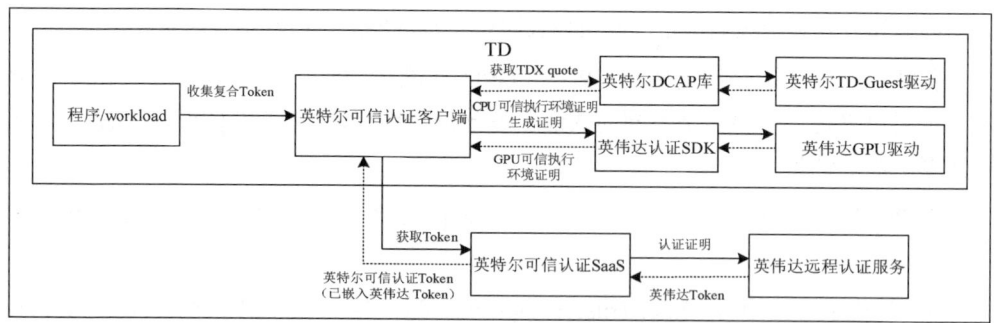

图 11-5 ITA 与英伟达 NRAS 的通信链路

TDX 与 H100 GPU 认证的具体流程如下。

- 应用程序调用 ITA 客户端中的 collectCompositeToken() API。
- ITA 客户端从 ITA SaaS 获取签名的随机数。

- ITA 客户端使用英伟达 Attestation SDK 和随机数向 CPU 可信执行环境（可信域）中的英伟达 GPU 驱动程序请求证明报告。
- ITA 客户端从 GPU 驱动程序接收证明证据（由 ITA 生成的随机数被传递到 GPU 驱动程序，以向 GPU 发出 SPDM 度量请求）。
- 客户端调用 ITA SaaS 请求，提交 GPU 证明证据以及 GPU 的任意证明策略的签名 EAT 令牌。GPU 证明策略也可以由应用程序所有者在 ITA SaaS 中预定义。
- ITA SaaS 通过英伟达 SDK 调用 NRAS 并发送证据，从 NRAS 中收集英伟达签名令牌。
- ITA SaaS 验证英伟达令牌，并为 ITA 客户端生成一个包含嵌入英伟达令牌的 ITA 签名复合令牌。
- 依赖方可以从 ITA SaaS 中获取签名令牌和令牌签名证书，并使用证书验证令牌。

11.3.2　构建机密 AI 训练

机密训练结合 TDX 和 H100，可以提供一个安全、可信且高性能的计算环境，适合处理敏感数据和执行 AI 训练任务。图 11-6 展示了机密训练的参考架构。

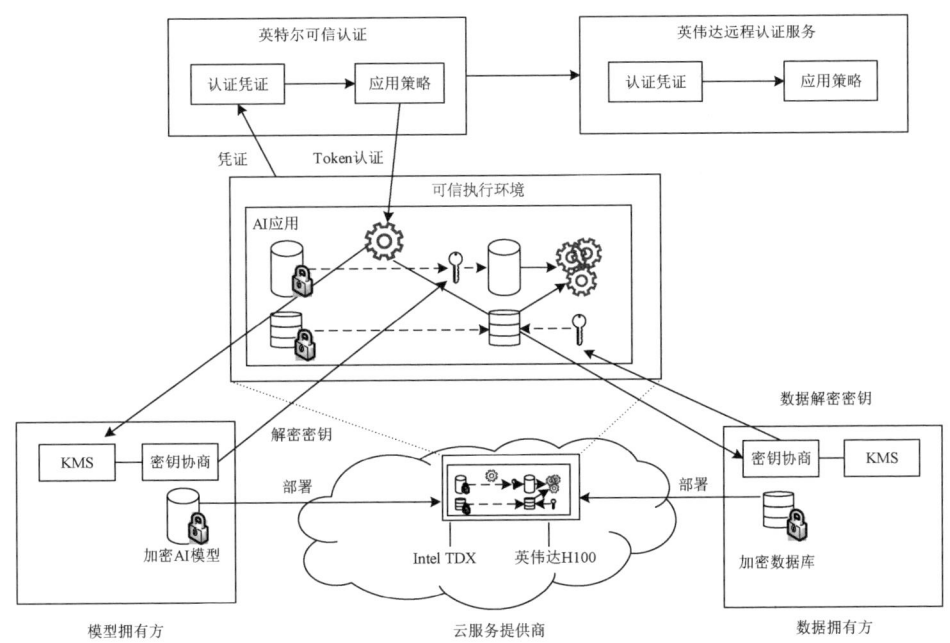

图 11-6　结合 TDX 与 H100 的机密训练架构

- 可信执行环境包括 TDX CPU 可信执行环境和 H100 GPU 可信执行环境，密钥代理和分发服务必须在将密钥发布到可信执行环境之前处理 CPU 和 GPU 的证明报告。
- 一旦 TDX CPU 的认证和 H100 GPU 的认证均经过 ITA 验证，密钥代理服务就直接将模型和数据解密密钥发布到可信域中。
- 如果密钥代理服务不释放解密密钥，那么应用程序将退出。

该架构将确保向并行模型构建者和数据所有者提供证据，这些证据可用于证明模型（参数、权重、检查点数据等）和训练数据运行在受保护的可信执行环境中。

第12章

远程认证服务

远程认证是机密计算中不可或缺的一环，它通过数字签名算法向使用方提供保证：一方面确保机密计算的硬件环境是真实可靠的，各微码固件的安全版本是满足最低执行环境要求的；另一方面证明机密计算环境中运行的软件实体没有被恶意篡改过。作为下载敏感数据集和工作负载的先决条件，远程认证流程的完备性、可靠性和伸缩性都是至关重要的。

用户进行远程认证，通常有两种方式：一种是从硬件厂商获得必要的安全背书数据后，使用机密计算硬件厂商提供的软件开发套件自行认证，如使用 Intel DCAP 套件对 SGX、TDX 平台进行远程认证；另一种是连接独立的 ITA SaaS 服务，获得远程认证结果，微软的 MAA（Microsoft Azure Attestation）服务、英特尔的 ITA 服务都属于此类。前者的优势是灵活，安全可信所依赖的实体更少，绝大部分远程认证在本地进行；后者的优势是简单易用，用户不必了解太多技术细节，可扩展性更高。下面我们分别对 MAA 服务和 ITA 服务进行论述。

12.1 MAA

12.1.1 MAA 概览

MAA 是面向客户的统一认证服务和框架，用于远程认证平台的可信度及其内部运行的二进制文件的完整性。该服务能够认证 Intel SGX 安全飞地、基于虚拟化的安全（VBS）飞地、可信平台模块（TPM）、Azure 虚拟机的可信启动，以及 Azure 机密虚拟机等可信执行环境的安全状态。

MAA 支持前沿的安全模式，如 Azure 机密计算和智能边缘保护，可以独立验证机器的位置、虚拟机的状态，以及 VM 上安全飞地的运行环境。

MAA 从计算实体接收证据，将其转换为一组声明，根据可配置的策略对其进行验证，并为基于那些声明的应用程序（例如依赖方和审计机构）生成加密证明。

MAA 支持基于 AMD SEV-SNP 的机密虚拟机的平台认证和客户虚拟机认证。基于 MAA 的平台认证在机密虚拟机的关键启动路径中自动进行，无须客户操作。

12.1.2 MAA 应用案例

下面通过 SGX 安全飞地介绍 MAA 的使用流程，如图 12-1 所示。

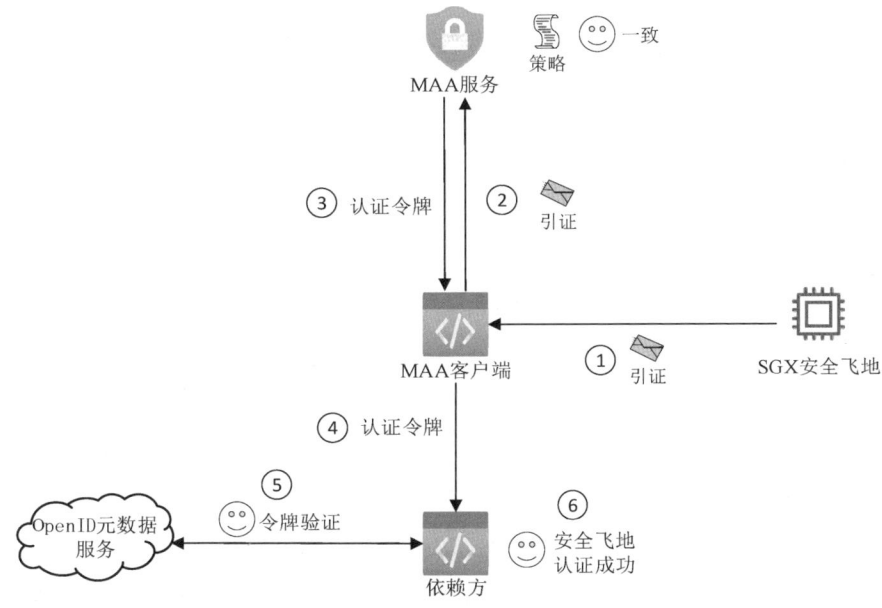

图 12-1 MAA 的使用流程

① MAA 客户端从 SGX 安全飞地收集引证。引证是有关 SGX 安全飞地环境以及在 SGX 安全飞地内运行的客户端程序的信息。

② MAA 客户端向 MAA 服务发送引证。MAA 客户端有一个指向 MAA 服务实例的统一资源标识符（URI）。MAA 客户端将引证发送给 MAA 服务。

③ MAA 服务验证提交的信息，并根据配置的策略对其进行评估。如果验证成功，则 MAA 服务会颁发一个认证令牌并将其返回给 MAA 客户端。如果此步骤失败，则 MAA 服务会向 MAA 客户端报告错误。

④ MAA 客户端将认证令牌发送给依赖方。

⑤ 依赖方调用 MAA 服务的 OpenID 元数据服务来检索签名证书。

⑥ 依赖方验证认证令牌的签名，以确保飞地的可信度。

12.2 ITA

12.2.1 ITA 架构

远程认证在现实部署中需要解决以下几个方面的问题。

1. 独立性

从安全模型的分层角度考虑，云服务提供商作为机密计算资源的提供方，不应同时作为远程认证结果的提供方。计算资源的提供方和远程认证服务方应分属不同的责任人实体。整个认证过程和验证结果由一个可信的第三方提供，可以让机密计算平台的安全可信更有说服力。

2. 扩展性

机密计算应用可能会被部署到多家云服务提供商或本地、边缘计算，这对远程认证的统一性和可扩展性提出了挑战。

3. 部署便捷性

远程认证与业务负载结合最为紧密，从软件分层的设计角度考虑，远程认证适合以 SaaS 服务的形态与现有软件栈对接。如此一来，远程认证可以从现有软件栈中分离出来，作为一个独立组件复用到不同的计算形态，然后执行与具体场景相关的策略，例如边缘计算、混合云和主流的云服务。

针对远程认证在实际部署中的共性需求，ITA 从以上三个方面出发，帮助机密计算的资源提供方和最终用户解决问题，如图 12-2 所示。ITA 是一种软件服务，提供远程认证机密计算运行环境以及业务负载真实性和完整性的服务，可用于 SGX、TDX 的远程认证请求。ITA 能够从流程上确保机密计算运行环境及其业务负载数据没有漏洞，并且不被损害。ITA 可以独立于云服务和边缘计算服务运行，将第三方计算服务以最低代价接入远程认证服务，无须云服务提供商了解远程认证的底层逻辑。

ITA 满足工业标准 ISO 27001:2022，获得了该标准的认证证书。

ITA 的目标如下。

- 为 SaaS 服务提供 99.9% 的 SLA。
- 支持云上和边缘业务复杂的混合部署。

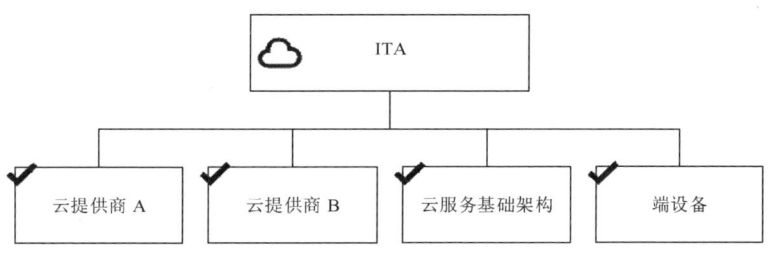

图 12-2 ITA 支持服务

- 兼容不同类型的可信执行环境实现。
- 支持跨物理区域的联邦模型。
- 提供可证明的完整性验证流程。

从组件视角解析 ITA 架构，如图 12-3 所示。ITA 对外提供远程认证服务，可信执行环境计算平台和依赖方都需要安装 ITA 客户端插件。计算平台的 ITA 客户端通过 RESTful API 接入 ITA SoaS ITA，依赖方的 ITA 客户端进行策略鉴定、有效期验证等操作，计算平台的 ITA 客户端负责提取远程认证的信息。

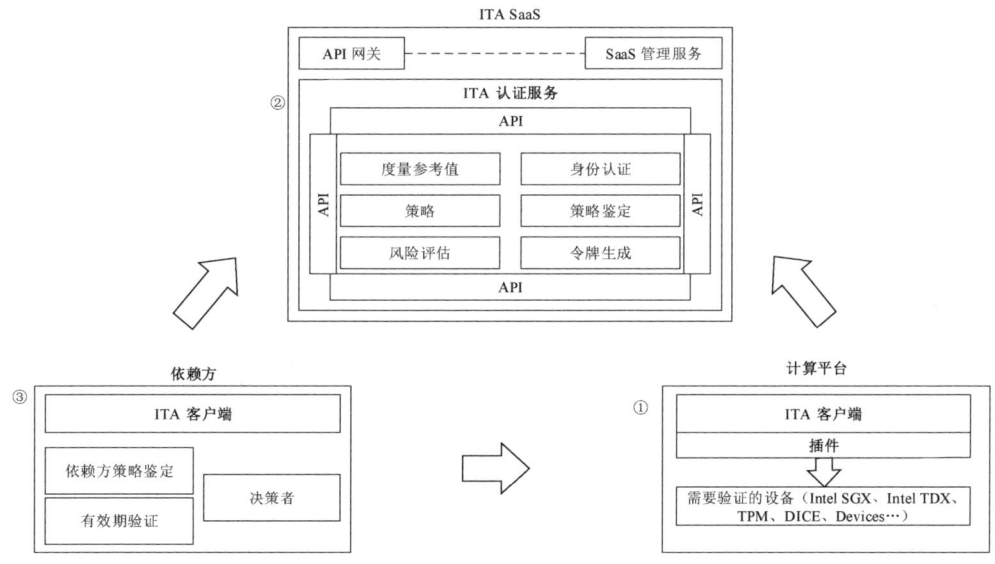

图 12-3 ITA 架构

ITA 的验证模式有两种，如图 12-4 所示。

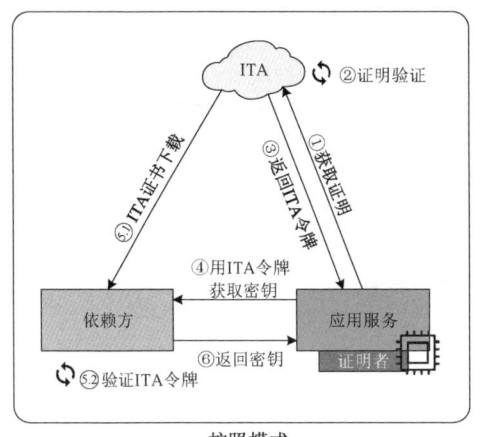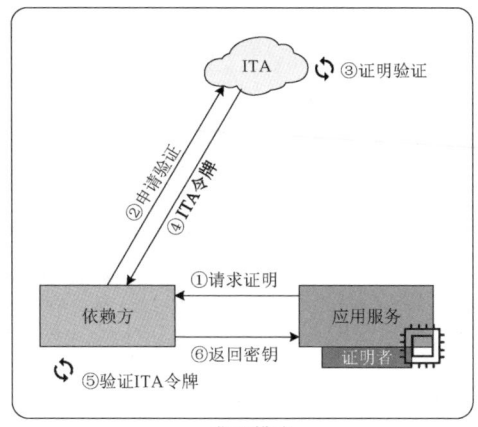

图 12-4　ITA 的验证模式

（1）护照模式。

① 应用服务从 ITA 获取证明。

② ITA 服务对证明信息进行验证。

③ 在验证成功后，ITA 生成令牌（Token）并返回给证明者。

④ 证明者向依赖方提供令牌，申请部署服务到证明者的可信执行环境中。例如，依赖方是密钥服务器，证明者需要向其申请密钥。

⑤ 依赖方向 ITA 申请下载证书，并通过证书对证明者的令牌进行验证。

⑥ 依赖方返回证明者申请服务所需要的业务负载，例如密钥。

（2）背调模式。

① 证明者向依赖方提交远程认证信息，申请将服务部署到可信执行环境中。

② 依赖方连接 ITA，申请远程认证的验证操作。

③ ITA 服务对远程认证信息进行验证。

④ 在远程认证验证成功的情况下，ITA 服务返回令牌给依赖方。

⑤ 依赖方对令牌进行验证。

⑥ 令牌验证成功，依赖方返回证明者申请服务所需要的业务负载，例如密钥。

12.2.2 ITA 应用案例

败血症又称血液中毒或全身炎症反应综合征，是一种危及生命的疾病，如果不及早发现并及时治疗，就会导致休克、多器官衰竭，甚至死亡。对于瘫痪患者，败血症可能始发于尿路（膀胱）感染、肺炎、压疮或其他感染。通过机器学习技术可以对不同医疗机构中患者的病理特征进行分析，构建检测败血症的模型。在医疗领域中，各医院、医疗机构的数据存储系统相对独立，患者的检验报告、病历等数据难以在不同机构间自由流通，导致科研人员在开展疾病研究、开发新的诊断模型时，面临数据样本单一、模型的准确性和普适性受限的问题。联邦学习让医疗机构无须共享原始医疗数据即可协作训练模型。例如，针对罕见病，多家医院通过联邦学习，在不泄露患者隐私的情况下，共同训练预测模型，提高诊断和治疗水平。

传统的联邦学习在数据加密和解密过程中可能会消耗大量的计算资源和时间，而机密计算可信执行环境基于硬件加速的特性，可以高效地进行加密计算。在医疗场景下，大量的医疗数据需要快速处理和分析，可信执行环境能够加速数据处理过程，减少模型训练时间，更高效地支持医疗决策。

在联邦学习中，机密计算可信执行环境提供了一个硬件隔离的安全区域，在这个区域内，数据的计算和处理在加密状态下进行。即便数据被非法获取，由于缺少解密密钥，攻击者也无法读取和篡改数据内容。例如，在对败血症患者的数据进行分析训练时，利用可信执行环境可以确保患者信息不被泄露。利用基于 TDX 的横向联邦学习架构可以实现这一目标，如图 12-5 所示。

在多方参与的联邦学习中，参与方的加入和退出较为常见。除了借助可信执行环境提供的机密计算保护能力，验证各参与方的可信性也是必要的。通过远程认证，可以在新的参与方加入时快速准确地验证其身份和资质，保障联邦学习网络的稳定性和安全性。例如，当一家新的医疗机构希望参与某个疾病的联邦学习项目时，远程认证能确保其合法合规，使协作过程更加顺畅。

在联邦学习中，可以通过 ITA 有效降低通信过程的中间人劫持风险，保证各参与方的身份真实性得到验证，确保数据在可信的节点之间传输。图 12-6 展示了 ITA 如何辅助联邦学习进行医疗数据协作。

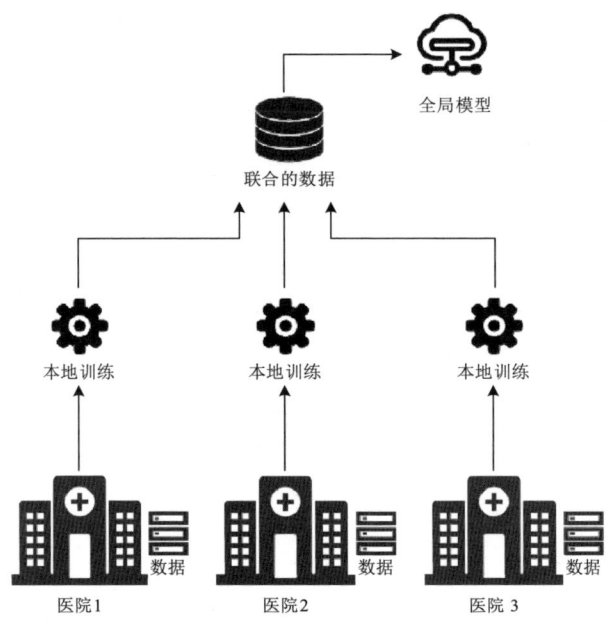

图 12-5　基于 TDX 的横向联邦学习架构

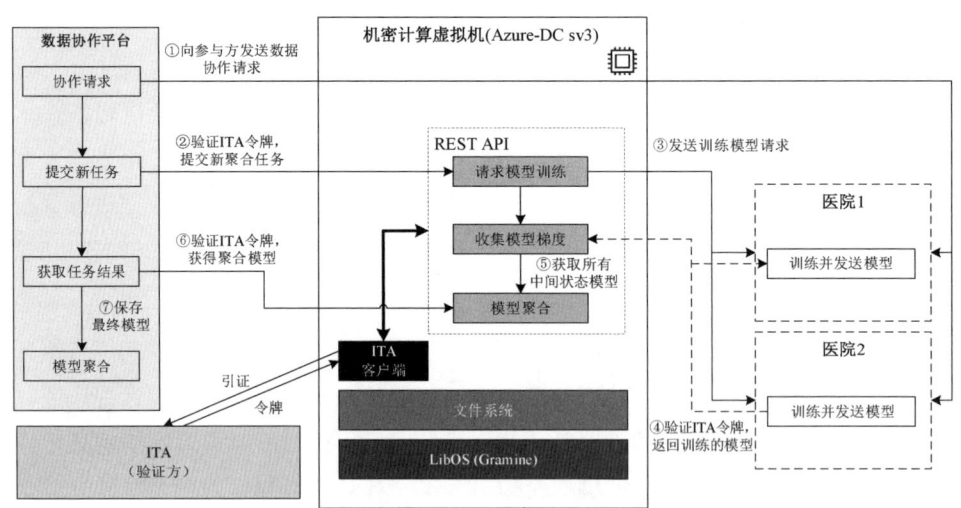

图 12-6　ITA 辅助联邦学习进行医疗数据协作

① 数据协作平台创建机密计算安全实例，通过 ITA 客户端向 ITA 提供远程认证信息，发起申请令牌请求，并获得令牌。数据协作平台向其他参与者发起联邦学习任务的协作请求。

② 数据协作平台获取聚合服务器的 ITA 令牌，针对令牌进行验证，并提交新的聚合任务给聚合服务器。

③ 聚合服务器发送训练模型请求给参与者。

④ 参与者验证 ITA 的令牌，返回训练的中间状态模型给聚合服务器。

⑤ 收到所有参与者的中间状态模型后，聚合服务器进行聚合操作。重复步骤③～步骤⑤，直到满足训练结束条件。

⑥ 数据协作平台验证 ITA 令牌，获取聚合后的训练模型。

在该示例中，数据协作平台和参与者都需要对聚合服务器所在的可信执行环境进行远程认证，确保聚合服务器在可信环境中执行，从而保证训练后的模型不会被第三方恶意篡改和获取。

第四篇

未来展望

数字化浪潮正重塑现代社会，人类社会和数字世界的融合刚刚起步。在这一过程中，数据安全和隐私保护构成了数字文明发展的基石。作为一项致力于数据安全和隐私保护的重要技术，机密虚拟化，乃至更大范畴的机密计算，正迎来前所未有的机遇和挑战！

机密计算是一种数据隐私保护计算技术，旨在实现对数据处理过程的保护，降低数据在运算阶段的安全风险。互联网的发展以及云计算的普及，使数据安全以及隐私保护的需求日益迫切，于是，机密计算技术引起业界的广泛关注。

在今天的云计算场景中，虚拟化是各种服务部署的基础。机密计算与虚拟化结合而产生的机密虚拟化技术，可以在虚拟化环境中对数据处理过程进行机密性保护。这种技术兼容现有的各种服务及应用，用户无须改造现有系统，即可将业务升级为机密计算。近年来，机密计算在芯片层面的硬件可信执行环境实现、标准规范，以及生态和应用等方面都取得了长足发展。

英特尔的 SGX 技术是第一项得到广泛应用的机密计算技术，可以为应用提供机密计算的执行环境，基于 SGX 技术构建的可信执行环境仅可以承载用户态应用。AMD 于 2017 年发布的安全加密虚拟化技术可以运行虚拟化实例；同一时期，英特尔发布多密钥内存加密引擎技术，迈出了虚拟化与机密计算融合的第一步。当然，这些技术仅实现了虚拟化实例内存的加密隔离，还算不上机密计算的可信执行环境。

机密计算与虚拟化的融合发展为云计算及数据保护带来广阔的应用前景。英特尔于 2020 年发布 Intel TDX 技术，通过虚拟化层面的微架构扩展实现了能够运行虚拟化实例的机密计算环境。TDX 构建的机密虚拟机环境完备地满足机密计算的安全需求，即保障数据机密性、数据完整性以及代码完整性。AMD 也对基于 SEV 的加密虚拟化技术持续完善，通过 SEV-ES 实现虚拟机与虚拟机控制器的状态隔离，并通过 SEV-SNP 技术满足机密计算内存完整性保护的需求。英特尔的 TDX 技术以及 AMD 的 SEV-SNP 技术通过融合机密计算与虚拟化，实现了虚拟化向机密虚拟化的升级。ARM 于 2021 年发布了基于 ARM v9 架构的机密计算架构，通过 Realm 硬件及固件扩展，实现了虚拟机的机密性隔离，进入了机密虚拟化时代。

机密计算技术发展迅速，应用前景广阔，但作为新兴技术依然面临很多挑战，主要体现在安全性需要持续提升、性能开销大、标准化及生态不健全不完善等方面。

机密计算的机密性和安全性等高度依赖加密算法自身的安全性，而加密算法是持续发展的，并非绝对安全的。侧信道攻击是近些年的主要安全威胁，现在的计算机架构与机密计算普遍缺乏足够的防御侧信道攻击的能力。作为系统性的安全技术方案，机密计算需要实现安全防护的环节众多且架构复杂，同时缺乏系统化和标准化的安全评估与验证能力，需要在持续发展的过程中不断完善。

为了确保安全和隔离性，当前的机密计算技术引入了额外的性能开销，如数据加解密、安全相关的微架构及指令开销，以及实现内存及 I/O 外设的安全隔离开销等。这些性能开销在一定程度上降低了机密计算的性能，尤其是在大规模数据交互及运算的场景中。另外，计算机架构在长期发展的过程中形成的提升性能的优化措施在机密计算环境中可能无法使用，如数据缓存等，这也降低了机密计算的整体效率，业界也在持续优化这类性能问题。未来，通过硬件加速、系统架构优化以及与安全架构匹配的软件优化，有望进一步降低机密计算性能开销。

尽管机密计算解决的是用户数据安全问题，是系统性解决方案，但是其基础是硬件芯片构建的可信执行环境，与芯片架构选择和硬件厂商的实现强耦合。机密计算需要统一的标准化框架，包括硬件层、软件层、服务层和应用层，以确保各组件之间的安全性、可靠性及互操作性。

第 13 章

安全防护的持续完善

随着互联网和云计算的迅猛发展，数据保护和隐私安全变得尤为重要，机密计算得以快速发展。作为新兴技术，机密计算尚未完全成熟，而技术进步推动了攻击手段的多样化和攻击能力的增强，机密计算的基本防护能力仍需持续完善。

13.1　侧信道防御能力提升

侧信道攻击也称旁路攻击，是一种通过获取计算系统的软硬件实现中获取的旁路信息实现安全突破的新型攻击模式。常用的旁路信息包括计算系统的时序信息、能量信息、内存访问模式及缓存访问模式，攻击者通过提取和分析这类信息，挖掘计算系统的安全漏洞或者获取敏感信息。

机密计算技术通过构建硬件隔离的可信执行环境，减少了攻击者执行侧信道攻击的攻击面，提升了攻击难度。但是一个计算系统只要与外界的软硬件进行交互，就无法完全规避攻击者通过提取侧信道信息来寻求攻击机会的可能。为应对侧信道攻击，侧信道防御技术成为近些年计算架构安全领域的研究热点。攻与防之间，攻者可能仅取一处，而防者则需千虑，实现侧信道防御的核心是减少攻击者可以利用的旁路信息的泄露。当然，侧信道防御技术的应用，对系统的成本及效率都会带来很多影响，这也是今天防御侧信道攻击的难点所在。

在机密计算系统中，机密性和安全性至关重要。为了增强机密计算系统抵御侧信道攻击的能力，可以针对关键安全路径，遵循侧信道安全防护的最佳实践或者应用侧信道防御技术。

（1）信息掩盖技术。在敏感程序逻辑执行或敏感数据块访问阶段加入随机化扰动量，可以掩盖程序执行或数据访问产生的原始旁路信息，从而干扰攻击者利用侧信道信息实施攻击。

（2）信息隐藏技术。隐藏技术的本质是隐藏电路本身泄露的信息，常见的方法包括随机化和均匀化。随机化方法通过加入随机量让信息变得难于还原到原始运行模式；均匀化方法则让电路产生的信息单一化，从而无法获取原始的程序执行模式。这两种方法都利用特定电路来隐藏旁路信息。

（3）抗侧信道密码学算法。通过抗侧信道攻击的密码学算法能够减少针对系统加解密环节的攻击，例如，采用恒定执行时间的密码学算法来避免依赖加密控制流或者内存访问模式进行的侧信道攻击。

侧信道攻击是机密计算面临的一大挑战，需要在硬件、软件和协议等层面采取防御措施，是需要持续研究和投入的重要课题。

13.2 可信性的增强

确保机密计算环境的真实可信是机密计算的基石。在机密计算中，可信性证明指对机密计算所依赖的硬件和软件单元等组件进行完整性和真实性验证，是建立对可信执行环境的信任并确保后续计算过程安全可信的关键环节。通过对服务和应用的执行环境进行可信性验证，用户可以在将敏感数据或者业务送到托管其应用或服务的执行环境前对其做出是否安全可信的判断。无论是传统的可信计算，还是新兴的机密计算，证明都是确认系统可信性的基本手段，常用的证明技术包括远程认证和本地认证。

13.2.1 主要局限

远程认证允许客户端（验证者）通过验证远程系统或服务的执行环境未被篡改且未违反安全策略来建立对远程执行环境的信任。认证过程通常通过将远程系统提供的证明可信性的度量信息与已知的安全配置或者参考值进行比较来完成。将远程认证应用在云计算场景中，可以帮助用户对是否能够信任托管其应用或数据的云端服务环境做出明智的决定。

对应远程认证，本地认证用来认证同一物理或者逻辑边界以内的系统或者组件的完整性和安全性，在不涉及外部系统的前提下证明其可信性。常用于验证运行在同一系统中的硬件、固件或者软件环境是否可信。

远程认证使远程系统外部的组件的可信性得以验证，而本地认证侧重于验证同一系统内部组件的可信性。这两种机制在保证计算环境安全可信方面发挥着关键作用，被广泛应用于云计算及边缘计算中。

可信性证明是计算环境进行安全性和完整性验证的基础手段，构成了机密计算的基本技术要素。但是今天被广泛采用的远程认证和本地认证技术并不能完美地解决机密计算对系统可信性证明的需求问题，有如下典型的局限性。

（1）硬件依赖性。常见的可信性证明技术实现依赖一些硬件层面的能力，如平台或处理器的可信根。这种依赖性限制了可信性证明的可用性和易用性。

（2）标准化的缺失。可信性证明缺乏业界规范，同时其技术实现具有天然的硬件依赖性，设备厂商常常采用专有的技术实现，给系统的互操作性带来挑战，难以实现跨平台的兼容和互通。

（3）隐私泄露及安全风险。今天主流部署的远程认证技术需要在认证过程中涉及的各实体间传输一些安全或者隐私的敏感信息，如承载执行环境的平台标识、执行环境本身的标识、安全配置策略等，而在证明过程中一般会有一个可信第三方为硬件平台的可信性背书，这些都可能为机密计算引入隐私泄露问题及安全风险，已经成为机密计算的"阿喀琉斯之踵"。

（4）可部署性的欠缺。可信性证明始于承载执行环境的硬件平台的可信证明，但是其完成建立在对运行用户业务或访问用户数据的软件环境的整体性可信性证明上，是一个层层度量、层层验证的过程，验证组件需要涵盖平台硬件和固件，以及执行环境的软件系统，这为复杂云系统的部署、配置和管理带来了巨大的复杂度。适应大规模或超大规模云服务的部署需求，实现弹性、有效、可靠的可信性证明机制，是推动机密计算得到广泛应用所亟须解决的问题。

13.2.2 发展方向

机密计算的发展和广泛采用需要突破上述技术局限性，通过持续推进标准化工作、使用最新的隐私防护技术、持续创新安全技术，可以为可信性证明技术创造新的机遇和方向。多种技术的综合应用以及持续创新正在重塑可信性证明机制的能力，一些主要的进展和趋势如下。

（1）可信性证明的标准化。可信性证明技术的标准化工作已经引起厂商和行业联盟的关注，可信计算联盟和互联网工程任务组（Internet Engineering Task Force，IETF）都在推动开发用于远程认证的协议和接口规范，促进不同厂商的平台及服务之间的互操作性的提高。

（2）隐私和安全保护能力的增强。解决可信性证明过程本身引入的隐私和安全风险一直是研究的重点。近年来，通过结合零知识证明、安全多方计算等隐私保护技术，在不泄露关键标识及配置策略等安全敏感信息的前提下实现对执行环境和承载执行环境的平台的可信性证明成为可能。

（3）持续集成持续部署的整合。持续集成持续迭代是云计算场景中常用的软件部署模型，通过与软件供应链安全管理技术整合，可以实现贯穿软件开发、集成测试、运维部署全周期的可信性管理能力，有效降低复杂云环境中部署机密计算需要的可信性证明能力的复杂度。

13.2.3 零知识证明应用

零知识证明是基于密码学的安全协议，能够使某一方（证明者）向另一方（验证者）证明某项声明的真实性而不透露该项声明之外的信息。零知识证明的初衷是允许证明者证明其对某项事实或者秘密的了解，而不必披露该项事实本身的任何信息。

典型的零知识证明的工作流程如下。

（1）事实声明。证明者向验证者发布某项声明为真。通常来讲，声明可以是任何内容，如证明者掌握某项事实、某个密钥。

（2）信息交互。证明者和验证者通过一系列的消息交互来说明证明者掌握该项事实而无须披露任何关于该项事实的敏感信息。

（3）产生证明。证明者利用密码学技术针对声明的某项事实的合法性和真实性生成一个证明，证明的构建需要确保证明者在无须了解该项事实细节内容的前提下，能够验证该项证明是否为真。

（4）验证证明。验证者利用定义好的验证算法，验证证明者针对某项声明发布的证明是否真实，若证明为真，则验证者可认为证明者声明的事实为真。

零知识证明被广泛应用于各领域，包括隐私保护、数字货币、多方计算等，可以使各方在不泄露敏感信息的前提下证明某项内容的真实性，增强数字交互中的隐私保护和安全性。

将零知识证明的基础机制应用于可信性证明的原语实现，使客户端（验证者）能够在无须服务环境（证明者）泄露其托管的应用或数据等敏感信息的前提下，验证该服务环境是否安全可信。然而，由于零知识证明在证明的生成过程需要引入大量的密码学运算，在今天的硬件架构下做规模化部署依然不成熟。随着技术的快速进步，相信在不远的将来，零知识证明的应用可以有效地提升机密计算可信性，以及证明阶段本身的隐私和安全能力。

总之，可信性证明可以帮助机密计算中的各参与方验证服务承载环境的完整性、真实性及安全性，是构建机密计算的基石。随着技术的发展进步，可信性证明技术本身的安全性将不断得到提升，并进一步增强机密计算的可信度和安全性。

13.3 异构计算的协同保护

互联网、大数据推动了人工智能的爆发式发展，大语言模型的参数量呈指数级增长，对算力资源的需求大幅增加。以 GPGPU、AI 加速器为代表的异构计算正与传统的通用计算共同支撑起人工智能时代算力的需求，业界认为 "AI 计算将占据未来计算量的 60%～80%"。而在数据处理过程中，通用处理器和异构加速的协同甚至融合是一个重要发展趋势。

- 协同优化：任务管理器将一个工作任务分解为多个计算环节（如算子），并将部分计算环节从通用处理器中运行的软件系统卸载到专用硬件加速单元实现，如数据处理单元（DPU）、智能处理单元（IPU）或 GPU，通过通用处理器与异构加速器的协同优化可以大幅提升整体计算性能。
- 架构融合：通过在处理器或者加速器的流水线层面直接对多种计算架构提供支持，可以满足由异构加速和通用计算分别支撑的多种计算需求。这种在处理器或者加速器的流水线层面直接融合对多种计算架构的支持的方式也称异构超级计算单元。

可信计算、机密计算和机密虚拟化的提出和发展都是为了解决传统通用计算阶段的数据安全问题。在当前的计算架构中，数据在异构计算单元之间移动已经成为常态，因此数据使用阶段的安全保护不再仅是通用计算架构或通用处理器的需求。

数据在处理和使用阶段的安全保护依赖的环节和组件非常多。机密计算的实现涉及程序在体系微架构层面的权限隔离、数据在内存系统的密态隔离、可信边界以内各组件的可信性证明等。数据在异构计算架构下各处理环节的机密性保护面临诸多挑战。

（1）需求规范。机密计算是一个新领域，即使在通用计算架构下，也是近十年才逐渐发展起来的。异构加速器的架构实现非常多，依赖的软硬件生态复杂，因此机密计算的需求在异构计算及其生态系统中还未形成一套完善且被广泛接受的规范和约束。

（2）标准和生态。异构计算系统由多种不同架构的处理器组成，缺乏统一的标准和规范，不同厂商的软硬件生态差异大，互操作性和兼容性差，这给异构计算系统实现高度安全和可靠的机密计算造成很多困难。

（3）系统安全性。评估计算环境的配置和状态是否可信需要一套复杂的流程，涉及硬件、固件、系统软件及云软件栈。在异构加速场景中，要评估和验证数据在异构计算各环节的程序执行环境是否可信则更加烦琐，涉及不同处理器架构体系以及芯片厂商具体的硬件和软件实现，系统安全性、规模化部署的能力及综合性能成本都有待提升。

要实现异构计算场景下端到端的机密计算方案，通用处理器和异构加速设备间安全高效的输入输出接口能力是关键，即 TEE-I/O 的能力。TEE-I/O 主要涉及两个方面的需求，一是数据在高速传输链路层的保护需求，二是将异构设备的处理环境绑定到通用处理器上运行的可信执行环境中的需求，以便实现基于内存或总线的数据互操作。

PCI-SIG（PCI Special Interest Group）和 CXL 联盟在 2020 年前后正式将高速 I/O 外设的数据机密性和完整性等安全需求纳入 PCIe 5.0 和 CXL 2.0 技术规范。

设备可信及密钥管理：需要实现对设备的认证、鉴权、度量及密钥交换，主要参考标准是由分布式管理任务组（Distributed Management Task Force，DMTF）定义的安全协议数据模型（SPDM），设备接口层面则需要增加用于设备度量和信息交换的接口。

数据在传输链路的保护：通过在传输事务层添加机密性、完整性，以及重放保护相关的物理单元，确保链路上的数据不被窃听、篡改、插入，不遭遇重放攻击。

英特尔于 2021 年发布基于 TDX 的 TEE-I/O 技术规范，即 TDX Connect，系统地定义了机密计算对输入输出外设的需求和架构实现，并发布了基于至强处理平台支持 TEE-I/O 技术能力的路线图。TDX Connect 技术规范基于 DMTF 和 SPDM 中定义的设备认证协议以及 PCI-SIG 和 CXL 标准组定义的高速 I/O 外设数据安全传输协议，明确了高速 I/O 外设中设备可信执行环境绑定到通用处理器的机密虚拟机环境的协议和流程，也被称为可信执行环境设备接口安全协议，包含以下三个功能。

- 建立机密虚拟机与设备之间的信任关系。
- 构建主机和外设之间数据传输的高速 I/O 通路。
- 动态地将可信执行环境设备接口绑定到主机侧运行的机密虚拟机的可信边界内。

英伟达的 H100 是全球首款支持机密计算的异构 GPU 加速器，它通过硬件层面的安全和隔离能力满足数据异构加速处理阶段对机密计算的需求。

H100 集成了硬件可信根以及相应的基于安全启动和度量的流程的机制，可以帮助宿主机程序在使用加速器之前对加速器提供的数据处理环境进行安全性验证。

H100 支持虚拟化的多实例 GPU（Multi-Instance GPU，MIG）技术，可以将物理 GPU 分割为多个 GPU 实例，每个实例配备单独的处理单元，具备状态和数据隔离的能力，提供基于虚拟化实例的安全保护，抵御跨实例的软硬件的攻击。

H100 尚未支持基于物理链路层的数据保护协议，通过软件驱动配合，帮助主处理器侧的机密计算环境与加速器运行的 GPU 实例之间构建一个加密的数据传输通道，实现异构可信执行环境之间的数据流动过程的安全保护，而基于软件的加密传输保护在性能上存在一定局限性。

继 H100 之后，英伟达在 2024 年发布的基于 Blackwell 架构的产品线正式支持完整的 TEE-I/O 能力，可以实现与主处理器侧的可信执行环境之间的高效的 I/O 访问。

当然，目前的这些异构计算场景中的机密计算方案依然处于初级阶段，市场上的产品较为有限，软硬件生态的能力离规模化应用还有距离，有些方案甚至处于白皮书和技术规范阶段，尚未形成可以商用的产品。但是，随着人工智能的广泛应用，异构计算对机密计算的需求会越来越强劲。在通用计算和异构计算逐渐融合的背景下，如何高效、透明、安全地实现数据处理全链路的"可用不可见"是未来计算产业发展的一大挑战。学术界及工业界需要持续加大研发投入，以提升异构计算场景下的机密计算能力，满足行业对数据安全的需求。

第 14 章

生态系统的协同发展

机密计算技术的初衷在于保护数据隐私和安全，确保在数据共享和处理过程中，用户的敏感信息不被泄露或滥用。在数字时代，数据安全和隐私保护是保障个人权益和人类尊严在数字社会生产生活中得以实现的重要基石。所以说，机密计算是一项关乎社会和人类发展的技术，其应用和发展不仅涉及技术层面的创新，还要综合考虑法律法规、产业生态、标准规范等方面的协同发展。

14.1 法规与监管体系

随着社会对数据安全和隐私保护日渐关注，相应的法规和监管体系也在构建并逐步加强。这一方面可以提升社会和个人的数据安全尤其是隐私保护意识，另一方面可以推动相关技术（如隐私计算、机密计算）的应用及持续创新，使社会发展与科技发展形成正向的协同效应。

14.1.1 隐私保护立法

为隐私保护立法可以追溯到 20 世纪初，长久以来，伴随着社会的发展以及隐私保护意识的不断增强，各国家和地区都在不断加强和完善隐私保护的立法体系。截至本书编写时，已经有上百个国家和地区为数据安全和隐私保护立法，如欧盟的《通用数据保护条例》、美国的《加州消费者隐私法》，我国也制定了《中华人民共和国个人信息保护法》，这些法律法规要求企业或组织在收集、处理和存储个人信息时严格遵循相应的规定，以确保数据的安全和隐私得到保护。

2016 年 4 月，欧盟议会通过了《通用数据保护条例》，这是一项具有全球影响力的数据安全保护法规，旨在统一各成员国的个人数据保护标准，强化数据拥有者对数据的控制权和隐私权。《通用数据保护条例》确立了一系列个人数据保护的基本原则，包括合法性、公平性、透明性、目的限制、数据最小化、准确性、存储限制、完整性和保密性、责任和问责制等。作为一项具有全球影响力的法规，该条例为个人数据的合法、公正和透明地处理提供了坚实的法律基础，并为保障数据主体的权利和明确数据处理者的责任义务提供了清晰的指导。

我国于 2021 年正式实施《中华人民共和国个人信息保护法》。这是我国历史上第一部专门针对个人信息保护的基本法律，它规定了个人信息的收集、使用、处理和保护等方面的基本原则和具体要求，同时明确了个人信息处理者的责任和义务，强化了个人信息主体的权利保护。

隐私保护立法的最新进展普遍强化了数据主体的权利，包括访问、更正、删除、限制处理等。这些法律法规还要求企业提供透明的数据处理信息，提供相应的机制以允许数据主体行使权利，有力地推动了隐私保护技术，尤其是机密计算技术在社会和企业中的应用。

14.1.2　跨境数据流动体系建设

数据要素的有效利用可以拓展经济增长空间、推动高质量发展，是经济社会发展的重要动力。数据要素的流动是数字经济的重要基础，有机构预测，到 2025 年，全球数据要素流动对经济增长的贡献将达到 11 万亿美元。数据已成为支撑国际贸易、跨国科技合作的关键要素。

在经济全球化背景下，数据流动过程中不可避免地会涉及不同国家和地区的数据，而不同国家和地区的数据保护法规和标准存在差异。构建跨境数据流动监管体系，形成统一的数据安全和隐私保护标准，可以促进数据要素的跨境流动，以实现其在经济和社会中的价值。

《通用数据保护条例》和《中华人民共和国个人信息保护法》都规定了跨境数据流动的相关规则和要求，明确了个人数据跨境传输的条件以及数据处理者的责任和义务。但是，不同国家和地区的法律和监管体系具有独特的特点，甚至对相同的定义有不同的法律解释。一些国家和地区也通过签订跨境数据流动的双边或多边协议，进一步明确了跨境数据流动的条件和程序要求。例如，欧盟与日本于 2019 年签署了《数据保护相互认可协议》，确认双方法律体系中制定的数据保护法律法规的相当性和对等性，在满足特定条件时，数据可以自由地在欧盟和日本之间传输，而不需要获得特别的授权或采取其他措施。这项协议的签署不仅对欧盟和日本有重要意义，也为其他国家和地区之间的跨境数据传输提供了参考。

我国积极促进数据依法有序自由流动，先后制定并实施了《中华人民共和国网络安全法》《中华人民共和国数据安全法》《中华人民共和国个人信息保护法》，对数据出境活动做出了明确规定。为落实法律规定，国家互联网信息办公室进一步发布了《数据出境安全评估办法》《个人信息出境标准合同办法》，构建起数据出境安全管理制度。此外，国家互联网信息办公室先后发布了《数据出境安全评估申报指南》《个人信息出境标准合同备案指南》等，对数据处理者申报安全评估、备案标准合同的方式、流程以及需要提交的材料等做出了说明。这些法律法规可以切实保护数据安全，同时促进数据依法有序自由流动。

总体来说，数据要素正成为推动经济社会高质量发展和全球化进程的新动力，各国都在努力完善相关法规和监管体系，以促进数据要素的价值体现以及数字经济的高质量发展。

14.2　多元技术融合

机密计算技术通过与多项技术结合，可以更有效地解决社会生产生活中的复杂问题，实现更加广泛的应用。

14.2.1　隐私计算融合

隐私计算涵盖多个技术分支，如同态加密、安全多方计算、联邦学习，以及以构建安全可信执行环境为特点的机密计算。这些不同技术分支都有其特点和优势，在不同行业应用中取得了长足发展，例如，安全多方计算和联邦学习在金融监管和医疗领域有很多应用，而机密计算尤其是机密虚拟化在云计算及互联网等行业被广泛接受。然而，这些新兴技术普遍存在应用生态不完善、成本性能比缺乏竞争力的问题，例如，同态加密和安全多方计算等技术的效率和性能仍然是一个挑战。

数据安全和隐私保护的需求日渐增加，互联网和人工智能的高速发展不断引入新的需求，隐私计算的这些分支技术旨在满足数据安全和隐私保护的需求，机密计算与这些技术的融合可以创造出更为强大和全面的技术方案，实现安全、高效以及普惠的数据安全和隐私保护机制。

安全多方计算是隐私计算中的一个技术分支，可以被应用于各个领域，如医疗保健、金融、数据分析等，为多个参与方之间的合作提供了一种安全、可信的方式，可以在不泄露各方隐私信息的前提下完成共同的计算任务。由于安全多方计算通常需要较大的计算和通信开销，且随着待处理的数据集的规模呈线性增长，现有硬件依然很难支撑其产业化部署，限制了其在大数据集处理和时间延迟敏感计算任务中的应用。

在隐私计算的实际应用场景中，参与计算的各方及其数据并不处于同样的安全和信任等级。例如，政府统计机构与政府各机关或关键企业针对财务情况完成一项统计任务时，个别机关或企业的财务数据高度敏感，对这些数据的处理过程受高等级安全和信任规程约束，而统计机构和其他参与方的数据安全等级较低。在这样的场景中，可以结合安全多方计算与机密计算可信执行环境技术，制定混合信任模型的隐私计算方案，如图 14-1 所示。

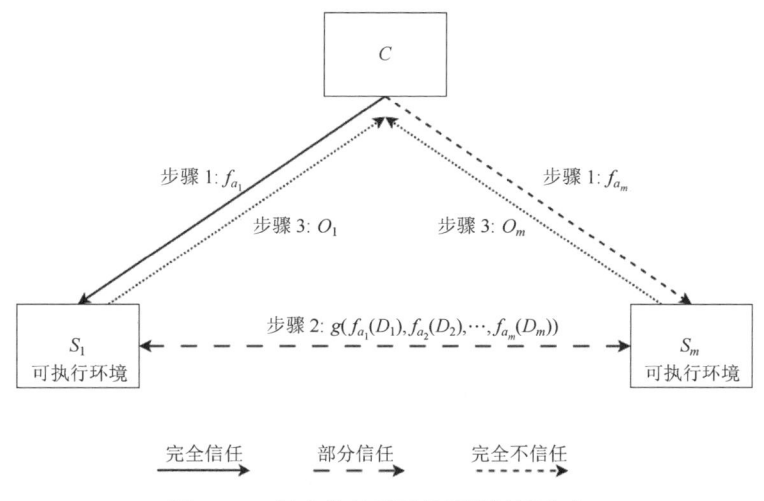

图 14-1　混合信任模型的隐私计算方案

多个计算参与方需要完成某项计算任务 f，各计算参与方 $S_i, i \in \{1,2,\cdots,m\}$、$C$ 分别处于不同的安全和信任等级，相互之间的信任关系分别为完全信任、部分信任，以及完全不信任。完全不信任的各方要完成某项任务，需要构建一个安全多方计算函数 g，而信任方或者部分信任方之间的计算或数据交互，可以通过构建能够互相验证的机密计算可信执行环境来完成。

隐私计算的不同技术分支在不同应用场景和隐私需求下各有优势和局限性，机密计算技术吸收隐私计算领域的研究和发展成果，通过技术创新和技术融合实现快速发展，以满足日益增长的隐私保护需求。

14.2.2　软件供应链安全

随着全球供应链网络的复杂性和关联度增加，供应链安全成为各国政府和社会广泛关注的重要议题。供应链安全是指保护供应链系统免受恶意活动、数据泄露和其他安全威胁的一系列措施和实践，这里的供应链通常涵盖制造行业等众多领域。

软件供应链将制造业的供应链概念映射到软件开发流程和安全管理上，涉及在软件和应用服务开发过程中所需要的组件库、函数库，以及子服务模块等，也可以简化为进入软件的所有内容及其来源。当前的软件复杂度非常高，一个完整的软件产品可能会使用其他软件供应商的产品、开源软件，甚至调用由软件即服务或者功能即服务提供的服务接口。

软件供应链安全的定义是：在软件设计与开发的各个阶段中，来自编码过程、工具、设备或供应链上游的代码、模块和服务的安全，以及软件交付渠道及使用过程安全的总和。其旨在软件创建和部署过程中，确保各组件、模块，以及接口等遵循免受安全威胁的措施和实践，并且能够向软件或者服务的消费者提供真实有效的安全证明。

近年来，软件供应链成为黑客的主要攻击目标之一。基于软件供应链的攻击方法不断强化，包括恶意软件植入、源码篡改、依赖关系劫持等，给企业和用户带来了严重的安全威胁，也推动了软件开发和部署过程中对软件供应链攻击的防御技术的应用，如代码签名、静态代码分析、针对软件服务的安全审计等。政府和行业组织不断加强对软件供应链的监管，力图加强政府机构中的软件供应链安全。

为了确保软件供应链的安全性，需要提供对软件的构建过程和部署过程进行安全审计和验证的能力，包括检查软件组件的完整性机制、可追溯的签名机制、验证供应商的合规性、审计软件构建和部署过程等。机密计算技术有助于确保安全审计和验证过程的隐私性和安全性，防止敏感信息泄露和数据篡改。软件供应链安全需要构建一种机制，将机密计算的可信性证明环节用于验证软件构建和部署过程的可信性和安全性。

由于机密计算环境中运行的软件可能来自不同的供应商或开发者，或者依赖其他软件组件和服务，因此需要进行完整性验证。软件供应链安全机制通过在软件组件的构建和部署过程中生成可追溯的数字度量或数据签名，确保软件来源的可信性。机密计算则利用远程认证技术，在软件部署甚至运行时进行度量，并将其结果与软件供应链安全机制中产生的度量或者签名进行比对，以验证运行阶段的组件的完整性，防止恶意软件或用户通过软件供应链对软件进行篡改。

软件供应链安全技术可以为机密计算的安全性提供增强的保护，有效防止软件供应链中的安全威胁和攻击。

14.3　标准化生态

一项新兴技术的发展与标准化工作之间存在密切的关系。制定通用的规范和标准为新技术的研发和应用提供了基准和框架，有助于确保不同技术之间的互操作性和兼容性，促进技术的整合，进一步加速新技术的推广和落地。

机密计算领域的解决方案具有多样性，单是处理器层面的硬件可信执行环境技术就有多种，如 x86 架构的 SGX、TDX、SEV-SNP，以及 ARM 架构的 CCA 等。从垂直技术栈来看就更为复杂，涉及硬件、固件、操作系统，以及云原生软件等。因此，将不同的技术方案和组件整合成高效安全、易于部署的应用系统的复杂度非常高。通过机密计算的标准化工作，确定统一的规范、接口及流程，有助于降低开发成本，以及研发和部署运维中的风险和不确定性，为用户提供可靠的保障。

计算系统安全性和可靠性的标准化始于 20 世纪 90 年代的可信计算技术，在国际标准化组织（International Organization for Standardization，ISO）和可信计算组织的推动下，该工作不断发展。机密计算技术由可信计算技术发展而来，继承了可信计算技术标准化的基因及成果，很多技术组件和技术方案具有相似性。机密计算联盟、互联网工作组和欧洲电信标准化协会（European Telecommunication Standards Institution，ETSI）是机密计算标准化主要的推动组织。机密计算联盟于 2019 年 8 月成立，由硬件厂商、云服务商等组成，成立的初衷是推动机密计算技术的标准化和商用进程，对机密计算的形成及标准化过程的作用尤为重要。值得一提的是，该联盟的成立就建立在业界对机密计算定义的共识及标准化之上。该联盟帮助业界第一次将机密计算明确为基于硬件的可信执行环境，实现对数据处理阶段的保护。机密计算联盟的主要工作目标是通过开放协议和标准化来规范和指导机密计算领域的需求规范、框架架构，以及接口互通协议等。

互联网工作组中对机密计算技术领域的标准化工作主要涉及两个技术工作组。远程认证流程（Remote ATtestation ProcedureS，RATS）工作组专注于机密计算中远程认证的标准化工作，保证机密计算各环节参与方通过标准的消息和流程实现可信性证明的互操作；可信执行环境配置部署（Trusted Execution Environment Provision）工作组致力于推进和实现跨设备和平台的可信执行环境配置和管理的标准化。

总体来说，标准化工作与技术发展相辅相成。标准化工作促进了机密计算行业的协作与竞争，使不同利益方可以共同制定行业规范和最佳实践，不断整合行业内的信息和资源，通过建立统一的规范和标准，促进技术的创新、应用和发展。

综上所述，机密计算生态的协同发展需要政府、企业、学术界和社会各界的共同努力，通过建立法律和监管体系、融合多种技术、标准化，以及产业合作等手段，推动生态健康发展，促进技术创新和产业进步。

参 考 文 献

[1] 潘森杉，仲红，潘恒，等. 现代密码学概论[M]. 北京：清华大学出版社，2017.

[2] RABIN M O. How to exchange secrets with oblivious transfer[J]. Cryptology ePrint Archive, 1981.

[3] YAO A C C. How to generate and exchange secrets[C]//27th annual symposium on foundations of computer science (Sfcs 1986). IEEE, 1986: 162-167.

[4] SHAMIR A. How to share a secret[J]. Communications of the ACM, 1979, 22(11): 612-613.

[5] QUISQUATER J J, QUISQUATER M, QUISQUATER M, et al. How to explain zero-knowledge protocols to your children[C]//Proceedings of the 9th Annual International Cryptology Conference on Advances in Cryptology. Berlin, Heidelberg: Springer-Verlag, 1989: 628-631.

[6] GENTRY C. Fully homomorphic encryption using ideal lattices[C/OL]//Proceedings of the Forty-first Annual ACM Symposium on Theory of Computing. New York, NY, USA: Association for Computing Machinery, 2009: 169-178[2025-03-03]. DOI:10.1145/1536414.1536440.

[7] GENTRY C. Fully Homomorphic Encryption Using Ideal Lattices (PDF). ACM Symposium on Theory of Computing (STOC). 2009, pp. 169-178

[8] DWORK C, MCSHERRY F, NISSIM K, et al. Calibrating noise to sensitivity in private data analysis[C/OL]//Proceedings of the Third Conference on Theory of Cryptography. Berlin, Heidelberg: Springer-Verlag, 2006: 265-284[2025-03-03]. DOI:10.1007/11681878_14.

[9] LEVY A, CAMPBELL B, GHENA B, et al. Multiprogramming a 64kB computer safely and efficiently[C/OL]//Proceedings of the 26th Symposium on Operating Systems Principles. New York, NY, USA: Association for Computing Machinery, 2017: 234-251[2025-03-03].

[10] NARAYANAN V, HUANG T, DETWEILER D, et al. RedLeaf: isolation and communication in a safe operating system[C]//Proceedings of the 14th Usenix Conference on Operating Systems Design and Implementation. USA: USENIX Association, 2020: 21-39.

[11] BOOS K, LIYANAGE N, IJAZ R, et al. Theseus: an experiment in operating system structure and state management[C/OL]//14th USENIX Symposium on Operating Systems Design and Implementation (OSDI 20). 2020: 1-19.

[12] MCMAHAN B, MOORE E, RAMAGE D, et al. Communication-efficient learning of deep

networks from decentralized data[C/OL]//Proceedings of the 20th International Conference on Artificial Intelligence and Statistics. PMLR, 2017: 1273-1282.

[13] YANG Q, LIU Y, CHEN T, et al. Federated machine learning: Concept and applications[J]. ACM Transactions on Intelligent Systems and Technology (TIST). 2019, 10(2):1-19.

[14] 杨强，张宇，戴文渊，潘嘉林. 迁移学习[M]. 北京：机械工业出版社，2020.

[15] XU Z, ZHANG Y, ANDREW G, et al. Federated learning of gboard language models with differential privacy[J]. arXiv preprint arXiv:2305.18465, 2023.

[16] FATE. 在 FATE 平台上的跨银行反洗钱应用[EB/OL]. [2025-02-24].

[17] FATE. 基于联邦学习的计算机视觉平台[EB/OL]. [2025-02-24].

[18] DAYAN I, ROTH H R, ZHONG A, et al. Federated learning for predicting clinical outcomes in patients with COVID-19[J]. Nature medicine, 2021, 27(10): 1735-1743.

[19] LI M, ZHOU L, YANG Z, et al. Parameter server for distributed machine learning[C]//Big learning NIPS workshop. 2013, 6(2).

[20] 英特尔. 英特尔机密计算助力构建阿里云瑶池全密态数据库[Z]. [2024].

[21] 华为. 面向云服务的 GaussDB (openGauss)全密态数据库[Z]. [2020].

[22] Woetzel C. A Privacy-Preserving Secret Contract & Decentralized Application Platform[Z]. [2021].

[23] JANG I, TANG A, KIM T, et al. Heterogeneous isolated execution for commodity GPUs[C/OL]//Proceedings of the Twenty-fourth International Conference on Architectural Support for Programming Languages and Operating Systems. New York, NY, USA: Association for Computing Machinery, 2019: 455-468.

[24] ZHU J, HOU R, WANG X, et al. Enabling rack-scale confidential computing using heterogeneous trusted execution environment[C/OL]//2020 IEEE Symposium on Security and Privacy (sp). 2020: 1450-1465.

[25] 中华人民共和国商务部. 中国数字贸易发展报告[Z]. [2024].

[26] Wu, Pengfei, et al. Hybrid Trust Multi-party Computation with Trusted Execution Environment[J]. Journal of Computer Security, 2022, 30(4): 112-130.